Detlef Kellermann, Werner Köhler
SATT

DETLEF KELLERMANN
WERNER KÖHLER

SATT
KOCHBUCH

marixverlag

Inhalt

8   Gaumenkitzler

44   Das Grüne Programm

82   Freudvolle Begleiter 1
        Die Kartoffel & ihre Verwandten

106   Freudvolle Begleiter 2
        Nudeln, Reis und Polenta

142   Geschichten vom Suppenkasper

156   Von Seen, Flüssen und Meeren

190   Von Kühen, Hühnern und anderen Freiläufern

236   Elementarteilchen:
        Saucen, Dips, Brühen, Fonds

254   Die letzte Versuchung:
        Nachspeisen und Kuchen

277   Die Autoren

279   Von Wörtern und ihrer Bedeutung

289   Register

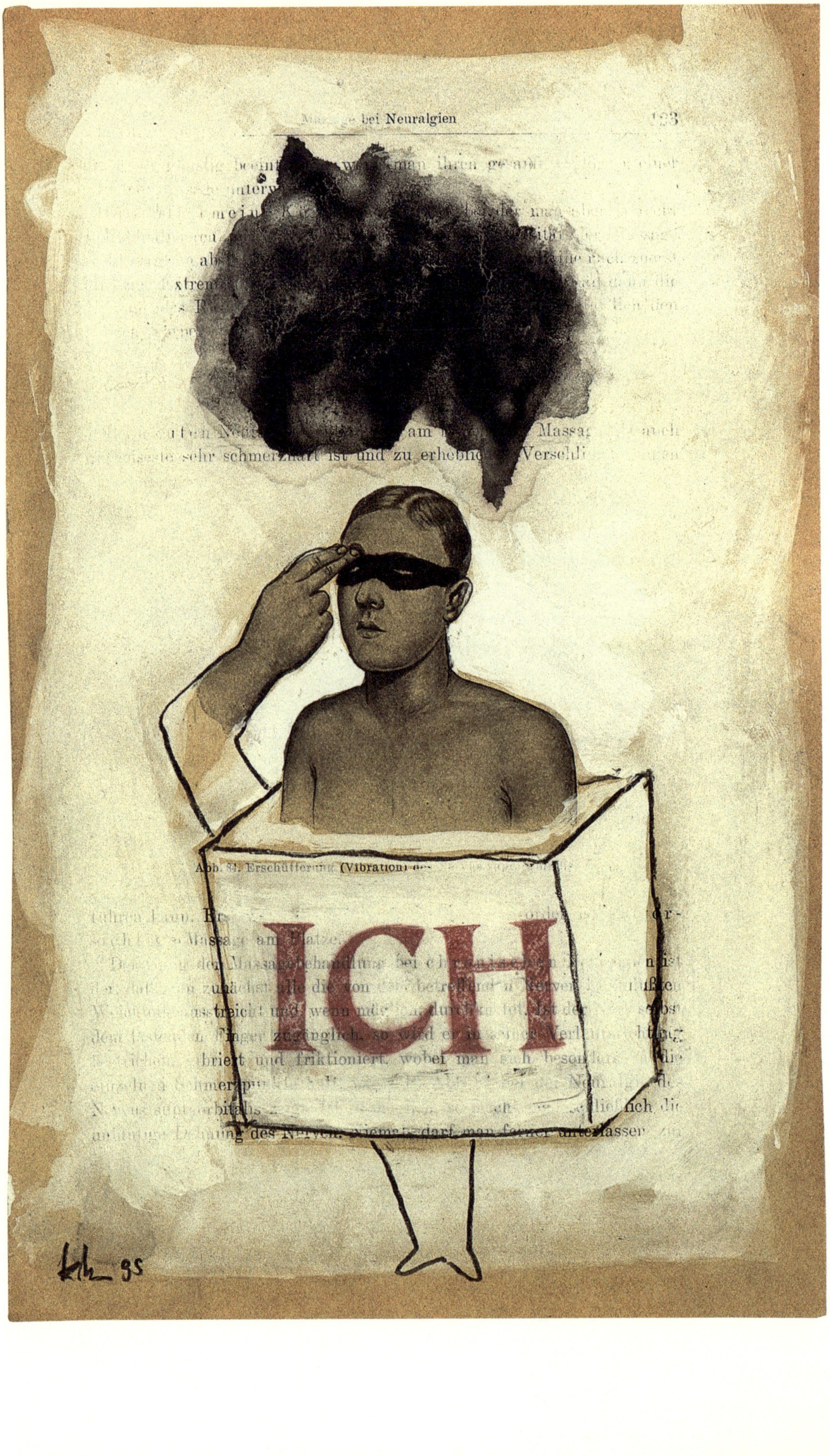
ICH

SATT   Die Idee

Die Rezeptauswahl dieses Buches ist höchst subjektiv. Aus Hunderten von Familienrezepten, aus Rezepten von Freunden, aus Büchern und Zeitschriften, über 30 Jahre hinweg gesammelt, sollte ein Buch entstehen, das zunächst nur mir selbst und einigen interessierten guten Freunden ein Begleiter in der Küche sein sollte.

In meiner Küche gibt es, außer der Qualität selbst, keine Ausschlusskriterien mehr. Reine Länder- oder Regionalküchen sind mir ein Graus. Lasagne, Sauerbraten oder Quiche Lorraine, für mich sind das alles Hausrezepte, die mich seit frühester Jugend begleiten. Im Sommer werde ich zum Italiener oder Spanier, im Winter zum Franzosen oder Deutschen und in wilden Phasen dazwischen auch schon einmal zum Asiaten – zumindest was meine kochende Mentalität betrifft. Es kann gar nicht genug andere Kulturen im Land geben.

Meine eigene Entwicklung in der Küche ist vergleichbar mit der vieler anderer Hobbyköche. Zunächst brutzelt man herum, dann wird man etwas ambitionierter und widmet sich schließlich nur noch höchst komplizierten Rezepten. Ich bekenne, auch ich war auf diesem falschen Weg. Nicht nur falsch übrigens, sondern auch lustfeindlich und höchst dogmatisch. Heute bin ich zum entspannten Kochen und Trinken in der Küche zurückgekehrt. Einfache Rezepte, beste Zutaten und möglichst viel Spaß bei der Arbeit.

Und so sind auch die Rezepte im Buch. Sie sind einfach, verlangen allenfalls etwas Arbeit und natürlich hochwertiges Material. Dafür ernten Sie höchstes Lob. Dabei ist alles, was in den folgenden Kapiteln vorgestellt wird, lediglich ein Angebot. Variieren Sie ganz nach Lust und Laune und denken Sie gelegentlich an den eigentlichen Sinn der Aktion: Am Ende möchten wir SATT sein!!!

Ich habe dieses Buch mit meinem Freund, dem Maler und Illustrator Detlef Kellermann, zusammen gestaltet. Auf unseren Wanderungen, in der Küche, im Atelier, kurz: in jeder möglichen Situation haben wir über unser Buch gesprochen. Viele Ideen wurden geboren und auch wieder beerdigt. Oft schossen wir über das Ziel hinaus, bis wir endlich die Entsprechung zwischen Optik und Text gefunden hatten. Sinnlichkeit, Genuss und Kreativität haben wir mit reichlich Freude vermengt, um schließlich auszulöffeln, was wir gemeinsam angerichtet haben. So verstehen sich die Rezepte und so verstehen sich die Bilder. Und damit finden diese unterschiedlichen Kunstformen eine gemeinsame Sprache, aber vor allem: Wir hatten unseren Spaß!

GAUMEN

KITZLER

Kennen Sie das? Sie studieren im Restaurant die Speisekarte und beißen sich an den Vorspeisen fest. Nirgendwo sonst auf der Karte ist das Angebot vielfältiger. Wie oft würde ich gerne drei Vorspeisen anstelle von Vor-, Haupt- und Nachspeise essen. Eine Einschränkung vielleicht: In deutschen Restaurants geht es mir nicht so. Aber bei den Italienern, Spaniern, Franzosen, Türken ...! Gemischte Gemüseteller, Vitello tonnato, Meeresfrüchtesalat, Bruschetta und, und, und. Und so ist dieses Kapitel fast mein Liebstes, vor allem im Sommer!

Und da so eins zum anderen kommt und man so schön zeigen kann, was wo seinen Ursprung hat, finden Sie in diesem Kapitel auch Quiches und Eierspeisen und natürlich Pizzas. Diese Gerichte könnten auch an anderer Stelle stehen, aber mir gefallen sie hier!

Mariniertes Schweinefilet

Zutaten

- 500 g Schweinefilet
- Salz, Pfeffer
- 6 EL Olivenöl
- 8 EL Weißwein
- 4 EL Balsamessig
- 2 Zweige Rosmarin

Zubereitung

Das Filet von den weißen Sehnen und Häuten befreien und mit Salz und Pfeffer einreiben. Öl in einer Pfanne erhitzen und das Filet vorsichtig von allen Seiten anbraten. Die Hitze so reduzieren, dass das Fleisch nicht bräunt und damit an der Außenseite fasert. 4 EL Wein mit dem Balsamessig mischen. Die Rosmarinnadeln über das Fleisch streuen und die Marinade nach und nach löffelweise über das Fleisch gießen. Immer wieder bei sanfter Hitze einkochen lassen. Wenn das Filet dem Fingerdruck Widerstand entgegensetzt, ist es innen rosa und wird aus der Pfanne genommen und in Alufolie eingeschlagen. Den Bratensatz mit dem restlichen Wein ablösen und in ein Gefäß schütten. Wenn das Filet erkaltet ist, den ausgetretenen Fleischsaft zur Marinade schütten und das Fleisch hauchdünn aufschneiden. Auf einer Platte anrichten und mit der Marinade übergossen servieren.

Tipp Dieses Gericht verlangt Aufmerksamkeit und etwas Übung. Das Ergebnis belohnt jedoch für die Mühe. Wichtig ist, dass das Fleisch rosa bleibt und keine harte Außenhaut bekommt. Immer wieder prüfen und mit wirklich kleiner Hitze arbeiten.

Zucchini mit Joghurt

Zutaten

- 4 kleine Zucchini
- Olivenöl
- 2 Knoblauchzehen
- 150 g Joghurt
- 3 EL gehackte Petersilie
- Zitronensaft
- Balsamessig
- Salz

Zubereitung

Die Zucchini in Scheiben schneiden und in Olivenöl von beiden Seiten braten. Anschließend auf Küchenkrepp entfetten. Knoblauch hacken und mit Joghurt und Petersilie mischen. Mit Zitronensaft, Balsamessig und Salz abschmecken und die Zucchini vorsichtig unterheben. Mit geröstetem Weißbrot servieren.

Eingelegte Zucchini

Zutaten

- 500 g Zucchini
- Olivenöl
- 3 Knoblauchzehen
- Salz, Pfeffer
- 1 Bund Basilikum
- Balsamessig

Tipp: Für dieses Gericht eignen sich ausschließlich kleine dünne Zucchini, die man übrigens ausgezeichnet in unseren heimischen Gemüsegärten selbst ziehen kann.

Zubereitung

Die Zucchini waschen, abtrocknen und in dünne Scheiben schneiden. In einer Pfanne lagenweise von beiden Seiten in Olivenöl ausbacken. Anschließend zum Entfetten auf Küchenkrepp legen. Die Knoblauchzehen fein hacken, mit Salz und Pfeffer mischen. Die Basilikumblätter klein reißen. Die Zucchini jetzt lagenweise in eine Auflaufform schichten. Dabei jede Lage zunächst mit der Knoblauchmischung, dann mit Basilikum bestreuen. Mit etwas Balsamessig beträufeln. So lange fortfahren, bis alle Zucchini aufgebraucht sind. Zum Schluss nochmals Balsamessig und 1–2 EL Olivenöl darüber gießen. Mit Küchenfolie abdecken und 24 Stunden an einem kühlen Ort marinieren lassen. Nicht zu kalt servieren.

Zucchini in Tomatensauce

Zutaten

- 1 kg kleine Zucchini
- Olivenöl
- 400 ml Tomatenpüree oder dicker Tomatensaft
- 3 Knoblauchzehen
- Salz
- Pfeffer
- 2 Bund Basilikum

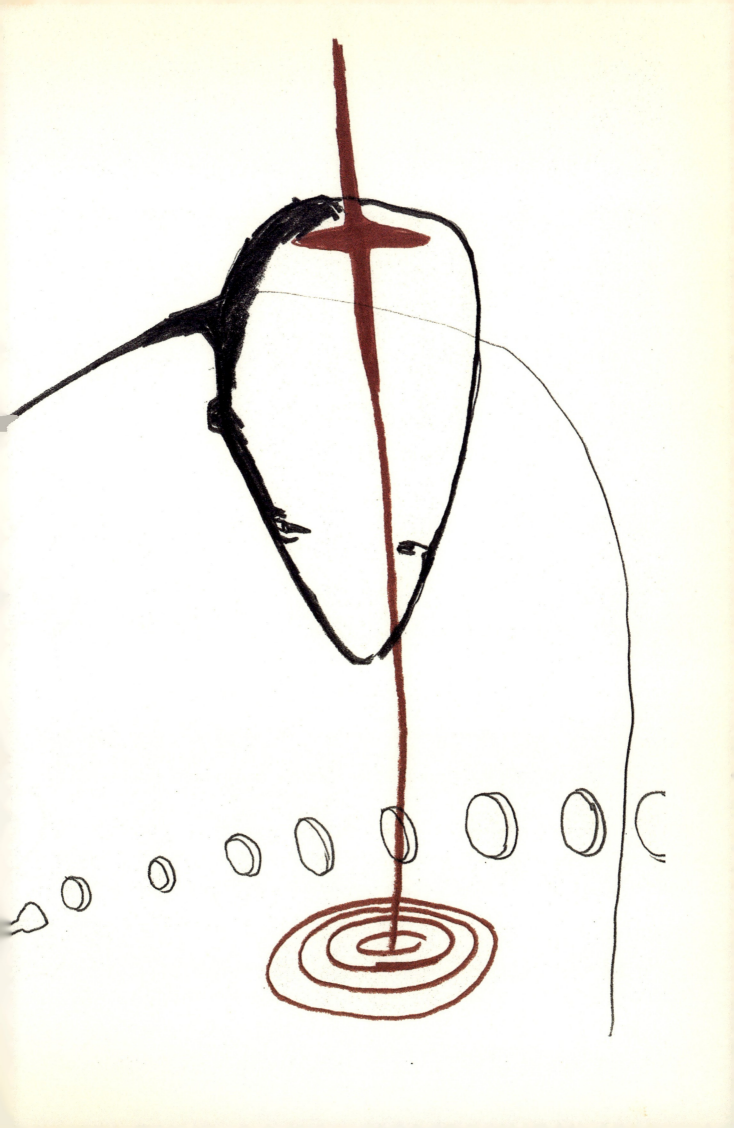

Tipp: Dies ist auch ein idealer Verwendungszweck für übrig gebliebene Tomatensauce. Dadurch entsteht zwar ein etwas anderer Geschmack als bei der frisch zubereiteten Tomatensauce, der aber keineswegs unangenehm ist. Alternativ zu den Zucchini schmeckt diese erfrischende Gemüsezubereitungsart auch mit ausgebackenen Auberginenscheiben oder mit in Salzwasser im Ganzen gegarten und anschließend geviertelten Fenchelknollen.

Zubereitung

Die Zucchini waschen und der Länge nach in 1/2 cm dicke Scheiben schneiden. In einer Pfanne Olivenöl erhitzen und das Gemüse von beiden Seiten goldbraun braten. Danach zum Entfetten auf Küchenkrepp legen.
Tomatenpüree, Olivenöl und fein gehackten Knoblauch mischen und mit Salz und Pfeffer kräftig abschmecken. Die Basilikumblätter klein reißen und unterheben. Die Zucchini in eine Schüssel legen und mit der kalten Sauce vorsichtig mischen. Für mindestens 12 Stunden an einem kühlen Ort marinieren lassen.

Eingelegte Paprikaschoten

Zutaten

je 2 rote, gelbe und grüne Paprikaschoten
3 dicke Knoblauchzehen
Salz
4 EL Weißweinessig
8 EL Olivenöl
weißer Pfeffer

Tipp: In einem Einmachglas können eingelegte Gemüse gut aufbewahrt werden. Sie müssen allerdings kühl und möglichst dunkel stehen. Wenn verschiedene Gemüse zur Verfügung stehen, ist immer ein schnelles Abendbrot oder ein leichter Mittagssnack zur Hand. Die Knoblauchmengen können, wie auch in den nachfolgenden Rezepten, ohne Geschmackseinbußen erhöht oder verringert werden.

Zubereitung

Die Paprikaschoten aufschneiden und von den Kernen befreien. Mit der Hautseite nach oben auf ein mit Alufolie ausgelegtes Backblech legen und so lange unter den heißen Grill schieben, bis die Haut schwarz verbrannt ist. Herausnehmen und in ein feuchtes Küchentuch einschlagen. Etwas abkühlen lassen.
In der Zwischenzeit die Knoblauchzehen mit dem Salz im Mörser zu einer feinen Paste zerstoßen. Mit Essig und Öl mischen und mit Pfeffer abschmecken. Nun die Paprikaschoten häuten und in Streifen schneiden. In eine Schüssel geben, mit der Marinade übergießen und mindestens 12 Stunden an einem kühlen Ort ziehen lassen.

Tipp Knoblauch sollte man im Frühjahr einlegen und dann gleich einen ordentlichen Vorrat. Auf diese Weise hat man bis in den Winter hinein frischen, jungen Knoblauch zur Verfügung. Er kann roh gegessen werden oder für alle Gerichte verbraucht werden, in denen sein etwas schärferes Aroma nicht stört.

Eingelegte Knoblauchzehen

Zutaten

4 Knollen junger, frischer Knoblauch	2 getrocknete Chilischoten
Salz	1 Zweig Rosmarin
1 EL Essig	200 ml Olivenöl

Zubereitung

Die Zehen ungeschält aus der Knolle brechen und in Salzwasser mit Essig ca. 3 Minuten kochen. Unter kaltem Wasser abschrecken und anschließend pellen. Zusammen mit dem grob zerhackten Chili und dem Rosmarin in ein Einmachglas geben. Olivenöl darüber gießen und verschlossen an einem kühlen Ort marinieren. Der Knoblauch hält sich so über 1 Jahr vorzüglich.

Auberginen mit Tomaten und Schafskäse

Zutaten

4 mittelgroße Auberginen	1 Bund frischer Thymian
Salz	Saft von 1 Zitrone
Olivenöl	4 kleine Tomaten
2 Knoblauchzehen	200 g korsischer Schafskäse
weißer Pfeffer	

Tipp Es kommt wie immer auf die Qualität der Zutaten an. Die Tomaten müssen fest und dunkelrot sein. Der Schafskäse frisch und kräftig.

Zubereitung

Die Auberginen waschen und der Länge nach in 1/2 cm dicke Scheiben schneiden. Auf Küchenkrepp ausbreiten und von beiden Seiten salzen. Dadurch ziehen die Auberginen Wasser, das wiederum vor dem Braten mit Küchenkrepp abgetupft wird. Das Olivenöl stark erhitzen und die Auberginen von beiden Seiten ausbraten. Anschließend auf Küchenkrepp entfetten. Nach der letzten Lage die Knoblauchzehen in das heiße Öl pressen. Die Auberginenscheiben mit dem Knoblauchöl bepinseln, pfeffern und in ein Gefäß schichten. Mit Thymian bestreuen und mit Zitronensaft beträufeln. Für etwa 3 Stunden kühl stellen. Zusammen mit den aufgeschnittenen Tomaten und dem darüber zerbröckelten Schafskäse servieren.

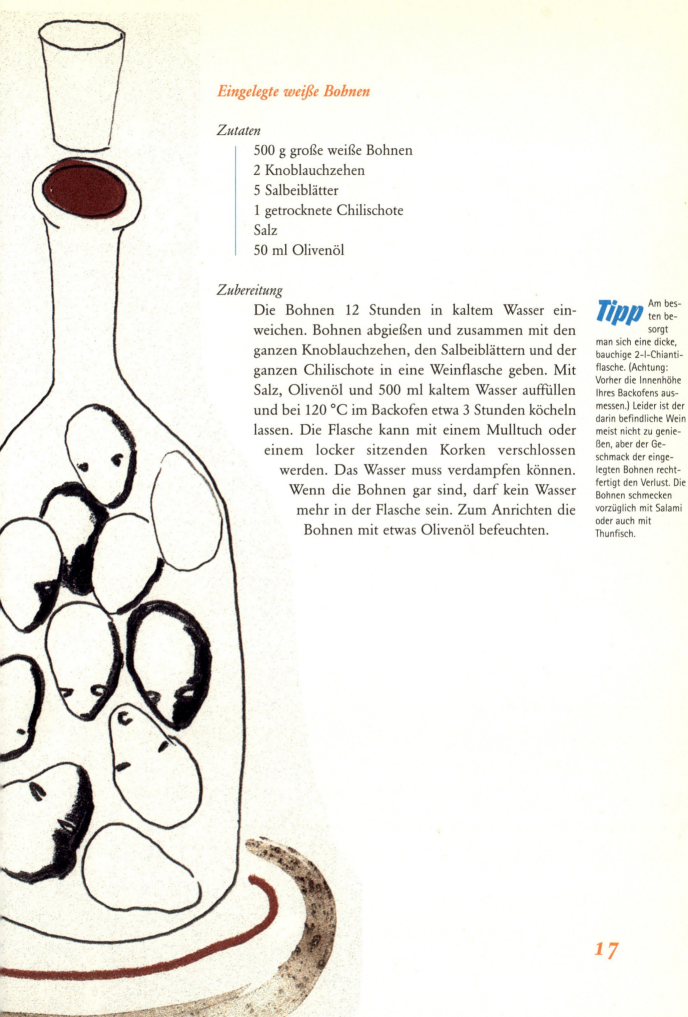

Eingelegte weiße Bohnen

Zutaten

500 g große weiße Bohnen
2 Knoblauchzehen
5 Salbeiblätter
1 getrocknete Chilischote
Salz
50 ml Olivenöl

Zubereitung

Die Bohnen 12 Stunden in kaltem Wasser einweichen. Bohnen abgießen und zusammen mit den ganzen Knoblauchzehen, den Salbeiblättern und der ganzen Chilischote in eine Weinflasche geben. Mit Salz, Olivenöl und 500 ml kaltem Wasser auffüllen und bei 120 °C im Backofen etwa 3 Stunden köcheln lassen. Die Flasche kann mit einem Mulltuch oder einem locker sitzenden Korken verschlossen werden. Das Wasser muss verdampfen können. Wenn die Bohnen gar sind, darf kein Wasser mehr in der Flasche sein. Zum Anrichten die Bohnen mit etwas Olivenöl befeuchten.

Tipp Am besten besorgt man sich eine dicke, bauchige 2-l-Chiantiflasche. (Achtung: Vorher die Innenhöhe Ihres Backofens ausmessen.) Leider ist der darin befindliche Wein meist nicht zu genießen, aber der Geschmack der eingelegten Bohnen rechtfertigt den Verlust. Die Bohnen schmecken vorzüglich mit Salami oder auch mit Thunfisch.

Balsamico-Schalotten mit Chili

Zutaten

1 kg kleine Schalotten oder Perlzwiebeln	4 EL Balsamessig
Salz	250 ml Geflügelbrühe
100 g Zucker	10 Salbeiblätter
6 EL Olivenöl	1 rote Chilischote

Zubereitung

Die Schalotten mit Schale kurz in kochendes Salzwasser werfen. Abgießen und häuten. Den Zucker und einige Tropfen Wasser in einem breiten Topf goldbraun karamellisieren. Olivenöl einrühren, die Schalotten zufügen und unter Rühren 3–4 Minuten köcheln. Mit Balsamessig ablöschen und mit Brühe auffüllen. Salzen und klein geschnittene Salbeiblätter zufügen. Im offenen Topf leicht köcheln lassen, bis nur noch wenig Flüssigkeit vorhanden ist. Die in feine Streifen geschnittene Chilischote beifügen und nach 2 Minuten alles zusammen in eine Schüssel geben. Kalt servieren.

Obatzta

Aus Bayern kommt diese wunderbare Käsespeise. Sie ist deftig und herzhaft und schmeckt an einem Sommerabend mit Bier genauso gut wie im Winter mit Rotwein. Immer aber braucht sie ein Brot dazu. Ob Weißbrot, kräftiges Bauernbrot oder Schwarzbrot: Erlaubt ist, was schmeckt!

Zutaten

200 g vollreifer Camembert	weißer Pfeffer
50 g Butter	Paprikapulver
3 EL Magerquark	3 rote Radieschen (scharf)
1 Schalotte	2 EL Schnittlauch
Salz	

Tipp: Von dem Camembert zuerst die Rinde rundherum abschneiden. Dadurch wird die Konsistenz des Obatzta feiner und er schmeckt milder.

Zubereitung

Den Käse mit der zimmerwarmen Butter intensiv mit einer Gabel zerdrücken. Dabei nach und nach den Quark untermischen, bis eine homogene Masse entstanden ist. Die sehr fein gehackte Schalotte zufügen und mit den Gewürzen herzhaft abschmecken. Radieschen in sehr feine Stifte schneiden, etwas salzen und zusammen mit dem sehr fein geschnittenen Schnittlauch untermischen.

Grüner Obatzta

Eine schöne Variante, die aber besser zum späten Frühjahr als in den Winter passt.

Zutaten

1 Bund Basilikum	Salz
100 g Butter	Paprikapulver
300 g vollreifer Camembert	1 TL Kümmel
200 g Frischkäse	3 Frühlingszwiebeln

Zubereitung

Basilikum hacken und mit der zimmerwarmen Butter pürieren. Camembert zerdrücken und mit der Basilikumbutter und dem Frischkäse zu einer homogenen Masse verarbeiten.
Herzhaft würzen und zum Schluss die fein geschnittenen Frühlingszwiebeln unterheben.

Geröstetes Knoblauchbrot (Bruschetta)

Eine der einfachsten Vorspeisen weltweit. Sie wird insbesondere in Italien, aber auch in Spanien (pan con tomate) häufig gegessen. Die Qualität der Produkte ist hier besonders wichtig!

Zutaten

| 4 dicke, große Scheiben grobes Weißbrot | bestes Olivenöl |
| 4 frische Knoblauchzehen | grobes Salz |

Zubereitung

Die Brotscheiben im Ofen von beiden Seiten goldbraun rösten. Je 1 Knoblauchzehe auf ein Brot reiben, mit Olivenöl beträufeln und mit grobem Salz würzen. Sehr heiß servieren.

Variante Geröstetes Knoblauchbrot mit Tomaten

Zutaten

2 vollreife Strauchtomaten	4 dicke, große Scheiben grobes Weißbrot
1 kleine Schalotte	bestes Olivenöl
frisches Basilikum	grobes Salz

Tipp Versuchen Sie alles auch mal mit kräftigem, dunklem Bauernbrot.

Zubereitung

Tomaten häuten und entkernen. Das Fruchtfleisch in Würfel zerschneiden. Mit der in feine Streifen geschnittenen Schalotte und dem grob zerkleinerten Basilikum mischen. Die Brotscheiben, wie im obigen Rezept angegeben, belegen.

Crostini mit Olivenpaste

Die toskanisch verfeinerte Variante der Bruschetta.

Tipp: Diese der Tapenade ähnliche Sauce können Sie auch mit Nudeln essen – schmeckt allerdings sehr intensiv und ist nur für Olivenfetischisten zu empfehlen.
Für diese Paste ist die Qualität der schwarzen Oliven entscheidend. Sie müssen klein sein und der Kern sollte sich schwer entfernen lassen. Wenn der Kern leicht herausgeht, handelt es sich meist um eingefärbte grüne Oliven. Also, je mehr Arbeit Sie haben, desto besser der Geschmack!

Zutaten

2 eingelegte Sardellenfilets
1 getrocknete Chilischote
150 g schwarze Oliven, entkernt
4 Knoblauchzehen
1 TL Rosmarin
1 TL Thymian
6 Salbeiblättchen
1 EL Kapern
ca. 100 ml Olivenöl
1 TL Zitronensaft
Salz, Pfeffer
15 Scheiben Baguette oder Ciabatta

Zubereitung

Sardellenfilets wässern und trocknen. Die Chilischote fein hacken. Alle Zutaten bis auf das Öl und das Brot in eine Küchenmaschine geben und fein pürieren. Zum Schluss das Olivenöl langsam darunter laufen lassen. Mit Zitronensaft, Salz und Pfeffer würzen. Geröstetes Weißbrot dick mit der Paste bestreichen.

Crostini mit Hühnerlebercreme

Zutaten

200 g frische Hühnerleber
125 ml Rotwein
1 Lorbeerblatt
1 kleine Schalotte
1 Stange Staudensellerie
1 Möhre
2 EL Olivenöl
2 EL Butter
2 EL Tomatenmark
Schale und Saft von 1/2 Zitrone
1/2 Bund glatte Petersilie
1 EL Kapern
Salz, Pfeffer
15 Scheiben Baguette oder Ciabatta

Zubereitung

Die Leber putzen und klein schneiden. Mit dem Rotwein und dem Lorbeerblatt über Nacht marinieren.
Schalotte, Sellerie und Möhre sehr fein schneiden und im Olivenöl und 1 EL Butter kräftig anbraten. Während dessen die Leber gut abtropfen lassen. Leber zum Gemüse geben und kurz mitbraten. Tomatenmark und die Marinade ohne Lorbeerblatt angießen und 10 Minuten köcheln lassen. Mit Zitronensaft, abgeriebener Zitronenschale, Kapern, Salz und Pfeffer würzen. Gehackte Petersilie dazugeben. Abkühlen lassen und im Mixer fein pürieren. 1 EL Butter einrühren und abgeschmeckt auf die gerösteten Brotscheiben verteilen.

Tipp Sollten Sie keine Meerrettichwurzel erhalten, geht es zur Not auch mit Meerrettich aus dem Glas. Dann aber auch die Sahne weglassen, da die Glasware meist bereits mit Sahne verfeinert ist.

Crostini mit Meerrettich-Mandel-Creme

Zutaten

- 150 g geschälte Mandeln
- 200 g frischer Meerrettich
- 5 EL Olivenöl
- 2 EL Schlagsahne
- Salz
- 1 Baguette oder Ciabatta
- 100 g Butter

Zubereitung

Mandeln in einer Pfanne ohne Fett leicht rösten. Sie dürfen nicht verbrennen! Grob hacken. Meerrettich schälen und in eine Schüssel reiben. Mandeln, Olivenöl, Sahne und Salz dazugeben. Gut mischen. Das in Scheiben geschnittene Brot rösten und zuerst mit Butter und dann mit der Meerrettichpaste bestreichen. Die Menge ergibt ca. 25 Crostini.

Eingelegte Champignons

Zutaten

- 150 ml Olivenöl
- Saft von 2 Zitronen
- 1 Lorbeerblatt
- 2 Knoblauchzehen
- 6 Pfefferkörner
- 1/2 TL Salz
- 500 g sehr kleine, ganze Champignons

Zubereitung

Das Olivenöl, den Zitronensaft, das Lorbeerblatt, die zerdrückten Knoblauchzehen, die Pfefferkörner und das Salz zusammen mit 100 ml Wasser in einem Topf zum Kochen bringen. Die Hitze reduzieren und etwa 15 Minuten köcheln lassen. Die Marinade durch ein feines Sieb geben und zurück in den Topf gießen. Die Pilze in die Brühe legen und für 5 Minuten mitköcheln lassen. Den Topf vom Herd holen und erkalten lassen.
Vor dem Servieren die Pilze mit einem Schöpflöffel aus der Marinade heben und nach dem Abtropfen auf die Teller geben.

Tipp Diese Pilzspeise ist für sich alleine gegessen etwas langweilig. In Verbindung mit anderen eingelegten Gemüsen schmeckt sie jedoch vortrefflich. Achtung: Nicht länger als 2 Tage aufbewahren!

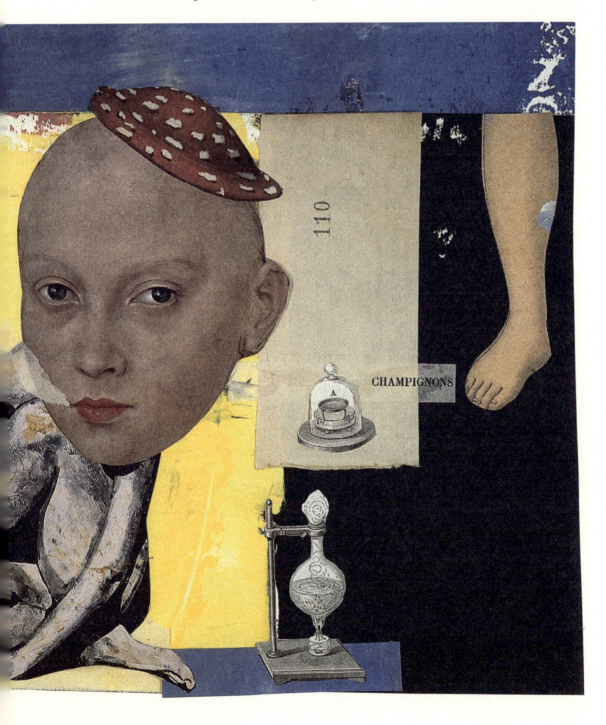

Tipp Achten Sie darauf, dass der Ziegenkäse nicht zu frisch ist, er zerfällt sonst im Glas. Zu fest darf er aber auch nicht sein, da er sonst kaum noch Geschmack annimmt.

Eingelegte Ziegenkäse

Diese wunderbare Vorspeise kann in einem Menü auch als Käsegang serviert werden.

Zutaten

12 kleine Ziegenfrischkäse	1 Flasche Traubenkernöl
je 50 g grüne und rote Pfefferkörner	50 ml Balsamessig
12 Zweige Thymian	Salz
12 Knoblauchzehen	Pfeffer

Zubereitung

Den Ziegenkäse abwechselnd mit den Pfefferkörnern und dem Thymian in ein Einmachglas schichten. Die Knoblauchzehen schälen und leicht andrücken. Ebenfalls in das Glas geben. Öl, Essig, Salz, Pfeffer gut vermischen und in das Glas schütten. Gut verschließen und 4 Tage an einem kühlen Ort ziehen lassen. Zum Servieren je einen Käse, einen Thymianzweig, eine Knoblauchzehe und zwei Löffel Marinade mit Pfefferkörnern auf ein Tellerchen geben. Dazu Baguette reichen.

Buttermilchparfait

Super erfrischend an heißen Sommerabenden.

Zutaten

500 ml Buttermilch	50 g gehackte Kräuter
6 Blatt Gelatine	(Schnittlauch, Petersilie, Kerbel)
250 ml Sahne	Salz, Pfeffer, Zitronensaft

Zubereitung

Etwas Buttermilch leicht erwärmen und die eingeweichte und gut ausgedrückte Gelatine darin auflösen. Zur restlichen Buttermilch geben. Die Sahne steif schlagen und zusammen mit den gehackten Kräutern unter die Buttermilch heben. Mit den Gewürzen abschmecken und in eine Terrinenform füllen. Für 12 Stunden im Kühlschrank gelieren lassen.
Mit einer Kräutervinaigrette servieren. Dazu passen auch marinierte Krabben oder Shrimps (siehe Seite 176).

Rindercarpaccio mit Pesto

Zutaten

- 300 g Rinderfilet
- Olivenöl
- 1 Portion Pesto
- Parmesan

Zubereitung

Eine dicke Alufolie 30 x 60 cm auslegen und mit etwas Olivenöl bestreichen. Das Filet in dünne Scheiben schneiden und jede Scheibe zwischen 2 Küchenfolien sehr platt klopfen. Das hauchdünne Fleisch auf die Alufolie legen. So lange fortfahren, bis alles verbraucht ist, dabei die Ränder der Folie etwa 5 cm breit frei lassen. Danach sollte eine gleichgroße Fläche entstanden sein. Das Fleisch leicht salzen und pfeffern und mit einer Küchenpalette oder einem Spachtel den Pesto dünn auf die gesamte Fleischfläche auftragen.

Nehmen Sie jetzt die Ihnen zugewandte Seite der Alufolie in die Hand und ziehen Sie dieses Ende in Richtung des anderen Endes. Dabei sollte sich das Fleisch zu einer festen Rolle aufrollen, welche Sie dann in die jetzt wieder freie Alufolie wickeln. Die Enden der Rolle zuklappen und alles in den Tiefkühler stecken. Hier hält sich das Carpaccio sicher 1 Monat. Bei mir wird es allerdings nie so alt.

Zum Servieren kurz in heißes Wasser legen, damit die Alufolie entfernt werden kann. Jetzt in hauchdünne Scheiben schneiden, mit denen Sie einen Teller auslegen. Leicht antauen lassen (dauert etwa 10 Minuten) und mit Parmesanraspeln bestreut servieren. Eine wahre Delikatesse!

Tipp Bei mir ist dieses Carpaccio immer ein ›Abfallprodukt‹. Das Ende eines ganzen Filets taugt nicht wirklich zum Braten, ist aber ideal für dieses Gericht.

Kalbfleisch mit Thunfischsauce (Vitello tonnato)

Zutaten

- 1 Stange Sellerie
- 1 Möhre
- 1 Lorbeerblatt
- 1 Flasche Weißwein
- Saft von 1 Zitrone
- 600 g bestes Kalbfleisch
- Salz, Pfeffer
- 2 Eigelb

- 2 EL weißer Balsamessig
- 1 TL Senf
- 150 ml Pflanzenöl
- 50 ml Olivenöl
- 200 g bester Thunfisch aus dem Glas
- 3 Sardellenfilets
- 3 EL Kapern

Zubereitung

Sellerie und Möhre putzen und klein schneiden. Mit Lorbeer und Wein sowie der Hälfte des Zitronensaftes mischen. Das Fleisch dazugeben und 1 Tag im Kühlschrank marinieren. Dabei mehrfach wenden. Am nächsten Tag in der mit etwas Salz gewürzten Marinade bei geschlossenem Topf in 1 Stunde gar ziehen lassen. Das Fleisch darf nicht kochen. In der Brühe erkalten lassen.

Für die Mayonnaise das Eigelb, den Essig, den Rest Zitronensaft und den Senf in eine Schüssel geben. Mit dem Rührmixer aufschlagen. Dabei nach und nach zunächst das Pflanzenöl einlaufen lassen, anschließend das Olivenöl.

In einen separaten Topf den Thunfisch und die Sardellenfilets geben und mit etwas Kochflüssigkeit begießen. Mit dem Pürierstab fein pürieren. Anschließend vorsichtig unter die Mayonnaise mischen. Mit Salz, Pfeffer und eventuell etwas Zitronensaft abschmecken. Die Kapern untermischen und gut kühlen.

Das Kalbfleisch hauchdünn aufschneiden und mit der Thunfischsauce überziehen.

Salate

Jeder Haushalt hat seine eigenen Salatsaucen. Immer wenn's mal schnell gehen soll, machen wir einen kleinen Salat. Ich benutze nicht immer das gleiche Dressing. Ich rühre halt so lange herum, bis mir die Sauce schmeckt. Dabei ist mir heute nach süß, morgen nach säuerlich oder schon mal auch nach dick-mayonnaisig. Ich finde Salatsaucen sollte man nach Lust und Laune zusammenrühren, deshalb an dieser Stelle nur einige aufwendigere Salate, die auch gut auf einem Büffet aussehen.

Zwiebel-Orangen-Salat

Zutaten

2 Orangen	*Für die Sauce*
300 g Fenchel	Saft von 1 Orange
Salz	8 EL Olivenöl
Pfeffer	Salz, Pfeffer, Zucker
Saft von 1/2 Zitrone	1 TL Senf
100 g korsischer Schafskäse	2 EL Apfelessig
50 g Frühlingszwiebeln	
150 g weiße Zwiebeln	
50 g kleine schwarze Oliven	
12 kleine Minzeblättchen	

Zubereitung

Alle Saucenzutaten kräftig mit dem Schneebesen verrühren. Die Orangen schälen. Die weißen Häutchen müssen komplett entfernt werden. Quer in dünne, runde Scheiben schneiden. Den Fenchel hauchdünn aufschneiden und die Fenchelscheiben auf einem Tuch ausbreiten, salzen, pfeffern und mit dem Zitronensaft beträufeln. Anschließend vorsichtig mit den Orangenscheiben mischen. Mit 2 EL der Sauce begießen und ziehen lassen.

Den Schafskäse in kleine Würfel schneiden, die Frühlingszwiebeln in längliche, die weißen Zwiebeln in runde dünne Streifen schneiden. Alle Zutaten schön gemischt auf Tellern anordnen, dabei ruhig etwas Phantasie entwickeln. Mit der Marinade begießen. Oliven und je 3 Minzeblättchen darauf legen und kühl servieren.

Salat niçoise

Zutaten

2 EL Balsamessig	40 g Frühlingszwiebeln
1 TL Senf	1 Knoblauchzehe
Salz	100 g Fenchel
Pfeffer	Saft von 1 Zitrone
50 g Zwiebelwürfel	50 g schwarze Oliven, entsteint
4 EL Olivenöl	1 EL Kapern
200 g gekochte Haricots vert	200 g Tomaten
200 g Pellkartoffeln	1 kleiner Kopfsalat
1 EL Obstessig	4 Sardellenfilets, gut gewässert
2 EL Olivenöl	2 hart gekochte Eier
je 100 g rote und gelbe Paprikaschoten	150 g bester Thunfisch
	50 g Rucola

Zubereitung

Aus Balsamessig, Senf, Salz, Pfeffer, Zwiebelwürfeln und Olivenöl eine Marinade schlagen und die Bohnen hineinlegen.

Die Pellkartoffeln schälen und in Scheiben schneiden. Essig, Öl, Pfeffer und Salz mischen und die Kartoffeln damit übergießen.

Die gehäuteten Paprika (siehe Seite 14) in Streifen schneiden und mit den klein geschnittenen Frühlingszwiebeln, etwas Olivenöl und etwas Essig mischen. Den Fenchel in dünne Scheiben schneiden. Die Fenchelscheiben mit etwas Zitronensaft beträufeln und zur Paprika geben. Die Hälfte der Oliven würfeln und die Tomaten häuten, entkernen und grob hacken. Die Kapern und das Tomatenfleisch zu dem Paprika geben. Sardellenfilets grob hacken und den Kopfsalat in einzelne Blätter zerlegen. Mit diesen Blättern eine große Salatschüssel auslegen. Darauf die Bohnen mit Dressing legen. Jetzt die Kartoffelscheiben und die Paprikamischung dazugeben. Die restlichen Oliven, die Sardellenfilets, die geviertelten Eier und den Thunfisch beigeben. Mit grobem Pfeffer aus der Mühle würzen. Zum Schluss den Rucola beifügen und alles sehr vorsichtig mischen.

Tipp Das einzelne Marinieren ist wichtig, um einen intensiven Gesamtgeschmack zu erreichen. Sollten Sie schöne, große und tiefe Teller besitzen, empfiehlt es sich, den Salat ohne den Kopfsalat in einer Schüssel zu mischen. Mit den Kopfsalatblättern dann die Teller auslegen und den Salat portionsweise einfüllen.

Caesar's Salad

Für alle Amerikafans bzw. Fans der amerikanischen Salatbars darf dieser Salat wohl nicht fehlen.

Zutaten

200 g Weißbrotwürfel	2 EL Zitronensaft
1 großer Kopf Römersalat	1 TL Salz
40 g Parmesan	1 Eigelb
	200 ml Traubenkernöl
Für die Sauce	75 ml Olivenöl
2 große Knoblauchzehen	Pfeffer
2 EL Worcestershiresauce	

Zubereitung

Knoblauch, Worcestershiresauce, Zitronensaft und Salz im Mixer mischen. Das Eigelb dazugeben und bei laufendem Gerät 150 ml Traubenkernöl sowie das ganze Olivenöl einlaufen lassen. Mit Pfeffer würzen und kalt stellen.
Die Weißbrotwürfel im restlichen Öl goldgelb ausbacken. Den Salat putzen und anschließend in grobe Stücke schneiden. Gut trockenschleudern und mit Dressing und frisch geriebenem Parmesan mischen. Croûtons unterheben und nochmals herzhaft pfeffern.

Tipp: Dies ist ein idealer Salat für eine Party. Der Römersalat fällt nicht zusammen, hält sich also auch mit Sauce sehr gut. Dies bedeutet, Sie können leicht die doppelte bis dreifache Menge vorbereiten.

Bohnensalat mit Schinken

Dies ist auch ein idealer Partysalat. Dafür einfach die Mengen erhöhen.

Zutaten

200 g weiße italienische Bohnen	8 EL Olivenöl
Salz, Pfeffer	1 Schalotte
3 EL Rotweinessig	200 g Parmaschinken

Zubereitung

Die weißen Bohnen über Nacht in 1 l Wasser einweichen lassen. Am nächsten Tag dieses Wasser leicht salzen und die Bohnen darin in etwa 40 Minuten gar köcheln. Danach abgießen und gut abtropfen lassen.
Aus Olivenöl, Essig, fein gehackter Schalotte, Salz und Pfeffer eine Marinade rühren und mit den Bohnen mischen. Mindestens 4 Stunden durchziehen lassen und mit den Schinkenscheiben servieren.

Tipp: Sollten Sie guten Thunfisch zur Hand haben, wäre das neben einem Glas frischem Weißwein der ideale Begleiter.

Waldorfsalat

Der Klassiker aus den fünfziger Jahren. Ich liebe ihn aber heute noch, wenn auch in dieser, etwas ›schlankeren‹ Version.

Zutaten

- 300 g Sellerieknolle
- 2 Äpfel
- 100 g frische Ananasstücke
- 50 g Walnüsse

Für die Sauce
- 100 g Mayonnaise (siehe Seite 244)
- 60 ml saure Sahne
- 1 TL Weißweinessig
- Saft von 1/2 Zitrone
- Salz, weißer Pfeffer

Zubereitung

Die Mayonnaise mit der sauren Sahne, dem Essig und dem Zitronensaft mischen. Mit Salz und etwas Pfeffer würzen. Die Sellerieknolle fein raspeln und mit der Mayonnaise gut vermischen. Die Äpfel schälen, entkernen und in kleine Stifte schneiden. Die Äpfel und die Ananasstücke unter den Sellerie heben und nochmals abschmecken. Mindestens 3 Stunden durchziehen lassen. In der Zwischenzeit die Walnüsse grob hacken. Vor dem Servieren die Walnüsse unterheben.

Die Quiche und ihre Geschwister

Die Quiche hat ihren Ursprung im Gebiet des heutigen Elsass-Lothringen. Von hier aus hat sie ihren Siegeszug angetreten und gilt als eine der klassischen Vorspeisen.

Von Hause aus ist die Quiche zunächst ein Sattmacher, vergleichbar mit der italienischen Pizza. Außerdem ist der Quicheteig ein idealer Träger für die Resteverwertung. Man kann sie eigentlich mit allem füllen: von Fleisch über Gemüse bis zu Eiern. Es kann, wie bei der Morchelquiche, edel und teuer

zugehen oder, wie beim Zwiebelkuchen, deftig und preiswert. Der Kuchen selbst besteht immer aus ungesüßtem Mürbeteig, der in der Regel vorgebacken (blindbacken) ist.

Der Teig
Für eine Quicheform von ca. 28 cm Durchmesser

Zutaten
- 125 g Butter
- 250 g Mehl
- 1 Ei
- Salz

Zubereitung
Mit den Fingerspitzen die weiche Butter mit dem Mehl verkneten. Das Ei dazugeben und salzen. So lange weiterkneten, bis ein homogener Teig entstanden ist. Sollte der Teig zu trocken sein, mit etwas kaltem Wasser besprühen und nochmals kneten. In ein feuchtes Tuch oder eine Folie einschlagen und für ca. 1 Stunde in den Kühlschrank geben. Den harten Teig auf einer bemehlten Fläche mit dem Rollholz und dem Handballen auf 2-3 cm Stärke ausdrücken.

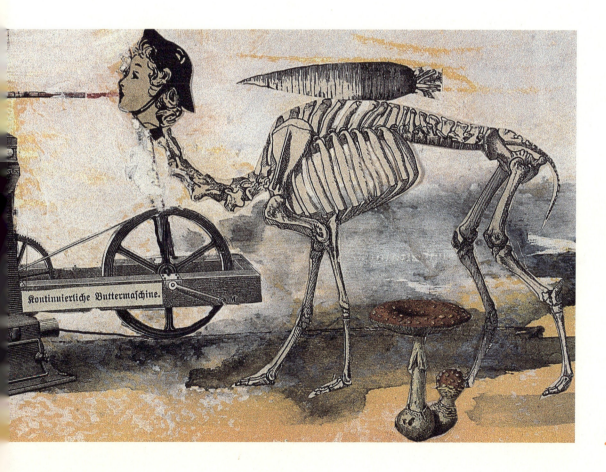

> **Tipp:** Quicheformen gibt es in allen Größen. Sie sind aus sehr dünnem und leichtem Weißblech. Dadurch wird die Hitze sehr gut geleitet. Es empfiehlt sich, gleich mehrere Formen in unterschiedlichen Größen zu kaufen. Der Rand der Formen ist jeweils ein separates Teil, der Boden liegt nur auf. Nach Ende des Backvorgangs stellt man die Form auf einen Gegenstand, der ca. 5 cm hoch und von deutlich kleinerem Durchmesser ist. So fällt die Seitenwand automatisch nach unten und die Quiche ist servierfertig.

Anschließend unter ständigem Anheben und Untermehlen 2-3 mm dick ausrollen. Eine Quicheform oder Springform buttern und den Teig mit Hilfe des Rollholzes über der Form ausrollen. An Boden und Seiten andrücken und den am Rand überstehenden Teig entfernen. Den Backofen auf 200 °C vorheizen. Den Teigboden mit Backpapier auslegen (auch die Ränder) und mit getrockneten Erbsen bis zum Rand füllen. Im Ofen ca. 20 Minuten backen. Diesen Vorgang nennt man ›blindbacken‹. Anschließend Erbsen und Papier entfernen und die Quiche bis zur Weiterverarbeitung zur Seite stellen. Die Erbsen können immer wieder zu diesem Zweck verwendet werden.

Quiche Lorraine

Die Quiche Lorraine ist eine der klassischen Quiches und ist auch unter dem Namen Lothringer Schinkentorte bekannt.

Zutaten

1 Quicheteig laut Grundrezept	150 ml Sahne
250 g magerer, geräucherter Speck	70 g Käse (z. B. Greyerzer)
etwas Butter	Salz
2 Eier	Pfeffer
2 Eigelb	Muskat

> **Tipp:** Als besonderen Pfiff kann man dem Grundteig eine frisch gepresste Knoblauchzehe sowie etwas Greyerzer Käse beimischen.

Zubereitung

Den Speck in dünne Streifen von ca. 4 cm Länge schneiden und anschließend in wenig Butter leicht braun auslassen. Auf Küchenkrepp abtropfen lassen.
Die übrigen Zutaten und den geriebenen Käse mit einem Schneebesen zusammenrühren und mit Salz, Pfeffer und etwas Muskat herzhaft abschmecken. Sollte ein kräftiger Käse zum Einsatz kommen, entsprechend vorsichtiger würzen. Ideal ist in jedem Fall ein Greyerzer (franz.: Gruyère).
Den Backofen auf 250 °C Grad aufheizen (nicht mit Heißluft backen). Den Speck auf der vorgebackenen Torte verteilen und die Eimasse darüber schöpfen. Auf der untersten Leiste des Backofens etwa 15-20 Minuten backen, bis die Torte eine goldbraune Farbe hat. Heiß oder lauwarm servieren.
Als Vorspeise reicht die Quiche für 8 Personen, als Hauptspeise mit einem grünen Salat für 4 Personen. Als feuchte Begleiter eignen sich frischer Riesling oder Silvaner.

Lauchtorte

Zutaten

1 Quicheteig laut Grundrezept	150 ml Sahne
700 g Lauch	60 g Greyerzer
etwas Butter	Salz, Pfeffer
1 TL Mehl	Muskat

Zubereitung

Den Lauch in dünne Streifen schneiden und in etwas Butter andünsten. Das Mehl anstäuben und mit der Sahne ablöschen. Aufkochen lassen und anschließend den geriebenen Käse einrühren. Kräftig abschmecken und die Masse in den vorgebackenen Quicheboden füllen. Bei 250 °C auf der untersten Schiene des Backofens so lange backen, bis die Oberfläche leicht braun ist.

Morchelquiche

Zutaten

1 Quicheteig laut Grundrezept	
30 g getrocknete oder	350 ml Sahne
400 g frische Morcheln	2 Eier
1 Schalotte	2 Eigelb
etwas Butter	Salz, Pfeffer, Muskat
	2 EL gehackter Schnittlauch

Zubereitung

Die getrockneten Morcheln für 1 Stunde in warmes Wasser legen. Anschließend vorsichtig abtrocknen. Frische Morcheln (in Delikatessgeschäften ab Anfang März bis Mitte Mai) nur mit Küchenkrepp vorsichtig vom Sand befreien und die Enden abschneiden.

Die Schalotten hacken und in der Butter anschwitzen. Die Morcheln dazugeben und austretende Flüssigkeit gänzlich verdampfen lassen. Anschließend 100 ml Sahne angießen, mit Salz und Pfeffer würzen und etwas einkochen lassen. Währenddessen die Eier und die Eigelb mit dem Schneebesen kräftig aufschlagen und die übrige Sahne beigeben. Mit den Gewürzen und Schnittlauch abschmecken. Nun zunächst die Morcheln mit der gezogenen Brühe und anschließend die Eiersahne in den vorgebackenen Quicheteig geben. Bei 200 °C etwa 30 Minuten auf der untersten Schiene des Backofens stocken lassen.

Gemüsequiche

Tipp: Herzhafter, aber auch mächtiger schmecken die Quiches, wenn in die Eiersahne noch 50 g geriebener Greyerzer gemischt wird. Sehr schön sind diese Quiches auf einem Partybüfett. Man kann sie gut vorbereiten und auf Wunsch im Backofen erneut erhitzen und anschließend warm halten.

Zutaten

- 1 Quicheteig laut Grundrezept
- 2 Eier
- 2 Eigelb
- 200 ml Sahne
- Salz, Pfeffer, Muskat
- diverse Gemüse (Lauch, Broccoli, Spargel, Grüner Spargel, Blattspinat, Zucchini, Tomaten, Sellerie oder auch Fenchel)

Zubereitung

Für diese Leckereien empfehlen sich ausschließlich die kleinen Formen. Die Eier und die Eigelb kräftig schlagen und mit der Sahne auffüllen. Würzen und zur Seite stellen. Die einzelnen Gemüse putzen und halb gar kochen. Nach dem Kochvorgang unter eiskaltem Wasser abschrecken. Bis hierher kann alles gut vorbereitet werden.

Zum Essen belegt man nur noch die vorgebackenen Quiches mit je einer Gemüsesorte und schöpft die Eiersahne darüber. Im Ofen bei 200 °C auf der untersten Schiene backen, bis die Küchlein eine schöne hellbraune Farbe angenommen haben.

Garnelenquiche

Tipp: Das gleiche Rezept kann auch mit Muscheln oder festen Fischfiletstücken wie z. B. Kabeljau, Lotte oder Seewolf zubereitet werden. Für alle Quiches empfiehlt es sich, das Blech, auf dem gebacken wird, mit Alufolie zu belegen. Da der blindgebackene Teig schon einmal Risse hat und die Quicheformen nicht geschlossen sind, tritt ab und an Eiermasse aus, was die Reinigung des Backblechs erschwert. Hier schützt die Folie bestens.

Zutaten

- 1 Quicheteig laut Grundrezept
- 200 g Garnelen, geputzt ohne Kopf und Schale
- 1 Bund Dill
- 200 ml saure Sahne
- Salz, weißer Pfeffer
- Zitronensaft

Zubereitung

Die Garnelen unter fließendem Wasser abspülen. Den Dill hacken und mit der Sahne und den abgetropften Garnelen mischen. Mit Salz, Pfeffer und etwas Zitronensaft abschmecken. In die vorgebackenen kleinen Quiches füllen und diese auf der untersten Schiene des Backofens bei 200 °C etwa 20 Minuten backen.

Kleine Lauchquiche mit Garnelen

Dies ist die etwas aufwendigere Variante des vorherigen Rezepts.

Zutaten

1 Quicheteig laut Grundrezept	200 ml Sahne
100 g Lauch	2 EL gehackte Kräuter
100 g durchwachsener Räucherspeck	(Petersilie, Schnittlauch, Kerbel)
1 Schalotte	Salz, weißer Pfeffer
1 Knoblauchzehe	80 g Greyerzer
2 Eier	200 g Garnelen
2 Eigelb	

Zubereitung

Den Lauch waschen und den Speck in dünne Scheiben von 3 cm Länge schneiden. Den Speck in einer Pfanne ohne Fettzugabe auslassen. Den Lauch in Streifen schneiden, die Schalotte und den Knoblauch hacken. Anschließend Lauch, Schalotten und Knoblauch zum Speck geben. Kurz anschwitzen und zur Seite stellen.

Die Eier mit dem Eigelb schlagen und die Sahne sowie die Kräuter beifügen. Mit Salz und Pfeffer abschmecken und den geriebenen Käse unterheben. Die Lauchmasse gleichmäßig auf 8 kleine, vorgebackene Quicheteige verteilen und die geputzten und gut abgetrockneten Garnelen auflegen. Mit der Eiersahne übergießen und für 20 Minuten bei 250 °C in den Backofen geben.

Elsässer Zwiebelquiche

Zutaten

1 Quicheteig laut Grundrezept	Salz, Pfeffer, Muskat
1 kg milde Gemüsezwiebeln	2 Eier
20 g Butter	100 ml Crème fraîche

Zubereitung

Die Zwiebeln zunächst in dünne Ringe schneiden und anschließend so fein wie möglich hacken. In einem Topf unter Zugabe von etwas Wasser langsam glasig dünsten. Die Butter zufügen und mit Salz, Pfeffer und Muskat würzen. Die Eier verquirlen und mit der Crème fraîche mischen. Anschließend unter die Zwiebeln heben. Die Masse in die vorgebackene Quicheform heben und auf der untersten Schiene des Backofens bei 250 °C so lange backen, bis sie goldbraun ist. Heiß oder lauwarm essen.

Tipp

Die Quiche wird in Kuchenstücke zerteilt serviert. Dabei geschieht es leicht, das sie verrutscht oder bricht, was nicht so schön aussieht. Ich mache daher immer kleine Quiche-Förmchen, so dass alle Mitesser eine eigene kleine Form auf dem Teller haben. Macht etwas mehr Arbeit, bringt aber auch viel Lob.

Kartoffelquiche

Ein etwas aufwendiges Gericht, das aber geschmacklich absolut vorne liegt. Ideal für einen verregneten Herbsttag.

Zutaten

1 Quicheteig laut Grundrezept	Salz, Pfeffer
3 Schalotten	8 mittelgroße Spätkartoffeln
3 EL Olivenöl	Olivenöl
8 Tomaten	3 Gemüsezwiebeln
2 Lorbeerblätter	50 g Butter
1 Prise Zucker	200 ml Crème fraîche
1 Zweig frischer Thymian	Salz, Pfeffer, Muskat

Zubereitung

Den Quicheteig dünn ausrollen und eine 30-cm-Form damit auskleiden. Für 30 Minuten in den Kühlschrank stellen. Anschließend im 220 °C heißen Backofen 15 Minuten blindbacken. Währenddessen müssen Tomatensauce, Kartoffeln und Zwiebeln getrennt zubereitet werden.

Für die Tomatensauce: Die gehackten Schalotten in Olivenöl glasig dünsten. Tomaten häuten, entkernen und würfeln. Die Tomatenwürfel dazugeben und mit dem sehr fein gehackten Lorbeer würzen. Salz, Pfeffer, Zucker und Thymian zufügen und auf kleiner Flamme bei geöffnetem Topf in etwa 1 1/2 Stunden dickflüssig einkochen lassen. (Je dicker und kräftiger, desto besser für die Quiche.)

Für die Kartoffeln: Die gleich großen Kartoffeln schälen und in Olivenöl von allen Seiten goldgelb anbraten. Danach mit dem Topf für 25 Minuten in den 220 °C heißen Backofen schieben.

Für die Zwiebeln: Die Zwiebeln schälen und in dünne Ringe schneiden. In der heißen Butter unter Zugabe von Salz und Pfeffer dünsten, bis sie weich sind. Sie sollten jedoch keine Farbe nehmen.

Jetzt die Tomatensauce auf dem Boden des Quicheteigs verteilen. Darauf die Zwiebeln legen. Die Kartoffeln in dünne Scheiben schneiden und diese fächerförmig darüber legen. Die Crème fraîche mit dem Handmixer aufschlagen und mit Salz, Pfeffer und Muskat würzen. Anschließend über den Kuchen streichen. Die Tarte nun für 8-10 Minuten in den auf 250 °C aufgeheizten Ofen geben.

Elsässer Flammkuchen

Der Flammkuchen ist wohl das verbindende Glied zwischen der französischen Küche und der italienischen. Schon der Grundteig ist identisch mit dem der Pizza.

Zutaten

- 20 g Hefe
- 500 g Mehl
- Salz
- 3 EL Olivenöl
- 400 g Gemüsezwiebeln
- 200 g durchwachsener Speck
- 400 ml Crème fraîche

Zubereitung

Die Hefe in einen geschlossenen Topf mit ca. 300 ml warmem Wasser geben. Mehl und Salz verrühren und die aufgelöste Hefeflüssigkeit dazugeben. Gut kneten und das Öl beifügen. Es muss ein homogener Teig entstehen, der nicht mehr allzu klebrig sein sollte. Bei 30 °C im Backofen oder an einem anderen warmen Ort etwa 1 Stunde gehen lassen.

Den Teig in gleich große Portionen teilen und hauchdünn ausrollen. Auf ein gefettetes Blech legen. Die Zwiebeln und den Speck in dünne Streifen schneiden. Den Teig zügig mit der Crème fraîche bestreichen und mit Speckstreifen und Zwiebelringen belegen. Für 20 Minuten bei 250 °C auf der untersten Schiene des Backofens backen. Während dieses Blech gegessen wird, kann das nächste bereits im Ofen sein.

> **Tipp** Der Flammkuchen erhält seinen Namen vom holzbefeuerten Steinbackofen. Er ist durch die Flammen am Rand schwarz, wie auch die Pizza. Es gibt heute Herde, die einen integrierten Pizzastein haben. Dies ist ein extrem hitzespeichernder Schamottstein, mit welchem das Ergebnis eines Steinbackofens auf verblüffende Weise in privaten Küchen nachempfunden werden kann. Sollte ein solcher Stein zur Verfügung stehen, wird der Kuchen natürlich ohne Unterlage direkt auf dem Stein gebacken. Er benötigt bei 300 °C etwa 2-3 Minuten. Für diesen Fall sollten die Zwiebeln und der Speck vorher in einer Pfanne leicht angeschwitzt werden. Außerdem kann man dem Flammkuchen noch durch die Beigabe von Kümmel ein besonderes Aroma verleihen. Der Kuchen wird dadurch bekömmlicher.

Pizza-Grundlagen

Es gibt ebenso viele Pizzarezepte wie Quicherezepte. Dabei ist es müßig darüber zu streiten, was nun eine ›echte‹ italienische Pizza ist und was nicht. Verbürgt ist, dass die Pizza im armen Süden des Landes eher als dickes Brot denn als dünner Fladen, wie im reicheren Norden, gegessen wird. Außer bei den Amerikanern hat sich jedoch die dünne Variante durchgesetzt. Die Zutaten für den Belag bleiben aber unterschiedlich. Ob die einfache Tomaten-Mozzarella-Variante oder die 4-verschiedene-Käse-Variante: Erlaubt ist, was schmeckt. Grundlage ist der Teig, eine Tomatensauce und Mozzarella. Da heute mehr und mehr Menschen unter Tomatenallergien leiden, haben wir eine Alternative entwickelt: eine rote Paprikasauce. Diese schmeckt übrigens aufgrund ihres etwas süßeren Geschmacks besonders Kindern sehr gut. Ferner kann man den bei uns oft geschmacksarmen, weil aus Kuhmilch hergestellten Mozzarella auch mit etwas geriebenem Greyerzer unterstützen.

Pizzateig

Zutaten

- 500 g Mehl
- 20 g Hefe
- 3 EL Olivenöl
- Salz

Zubereitung

Aus Mehl, Hefe, Olivenöl und ca. 300 ml warmem Wasser einen Teig herstellen, wie unter Flammkuchen beschrieben.

Tomatensauce

Zutaten

- 1 Zwiebel
- 1 Knoblauchzehe
- 1 große Dose Tomaten
- Olivenöl
- 1 EL konzentriertes Tomatenmark
- 1 EL gekörnte Brühe
- 1 Prise Zucker
- Salz, Pfeffer, Oregano

Zubereitung

Die Zwiebel und den Knoblauch hacken. Die Tomaten in ein Sieb gießen und mit einem scharfen Messer zerschneiden, so dass der Saft ablaufen kann. Das Öl in einem Topf erhitzen und die Zwiebeln mit dem Knoblauch anschwitzen. Das zerschnittene Tomatenpüree dazugeben und mit Mark, Brühe und Gewürzen abschmecken. Bei geschlossenem Deckel auf kleinster Stufe etwa 1 Stunde köcheln lassen. Zu Beginn häufiger durchrühren, damit die Sauce nicht ansetzt. Zum Schluss mit dem Pürierstab pürieren.

Tipp: Von der Sauce kann man größere Mengen herstellen, als man braucht. Sie kann eingefroren werden oder für 2-3 Tage im Kühlschrank auf das nächste Nudelgericht warten. Jedenfalls muss die Menge, die für die Pizza bestimmt ist, kräftig gewürzt sein, denn der Käse entzieht doch sehr den Geschmack.

Paprikasauce

Zutaten

4 große rote Paprika	Olivenöl
1 Zwiebel	1 TL gekörnte Brühe
1 Knoblauchzehe	Salz, Pfeffer

Tipp: Die Sauce muss lange und gut einkochen, damit die Paprikahäute weich genug zum Pürieren sind. Anderenfalls bleiben Fäden zurück, was das Geschmackserlebnis negativ beeinflusst. Man kann die Paprika auch vorher häuten.

Zubereitung

Die Paprika säubern und in dünne Streifen schneiden. Die Paprikastreifen klein hacken. Die Zwiebel und den Knoblauch ebenfalls. Olivenöl erhitzen und Zwiebel und Knoblauch anschwitzen. Die Paprikawürfel zufügen und mit der Brühe würzen. Bei geschlossenem Deckel auf kleinster Stufe 1 Stunde köcheln. Dabei immer wieder umrühren. Damit eine schöne Konsistenz entsteht, empfiehlt es sich, den Garvorgang genau zu beobachten. Die Paprika sollten immer leicht ansetzen, aber natürlich nie anbrennen, so lange bis sie Saft abgeben. Zum Schluss die Sauce pürieren und mit Salz und Pfeffer abschmecken.

Grundzubereitung der Pizza

Tipp: Alle gewünschten Zutaten können vor dem Backen roh beigefügt werden. Ob Gemüse, Pilze, Salami, Peperoni, verschiedene Käsesorten, Artischocken oder Thunfisch. Einfach ausprobieren.

Den Teig in Portionen teilen. Entweder auf Blechgröße oder beim Pizzastein auf normale Pizzagröße ausrollen. Immer wieder einmehlen, damit der Teig nicht kleben bleibt. Er muss zum Schluss wirklich hauchdünn sein. Mit der gewünschten Sauce bestreichen und mit Mozzarella und, wenn gewünscht, dem Greyerzer belegen. Für ca. 20 Minuten bei größtmöglicher Unterhitze in den Backofen geben. Mit einem Pizzastein braucht sie 2-3 Minuten bei 300 °C.

Omelett

Man kann das Omelett sicher wie hier unter die Vorspeisen einordnen. Öfter aber kommt es auch als kleine Mittagsmahlzeit auf den Tisch.

Zutaten

| pro Person 2 Eier | Salz, Pfeffer |
| pro Ei 1 EL Milch | etwas Butter oder Öl |

Zubereitung

Die Eier mit der Milch kräftig verschlagen. Mit Salz und Pfeffer würzen. Eine nicht haftende Pfanne erhitzen und mit wenig Butter oder Öl ausstreichen. Die flüssigen Eier hineingeben und mit einer Holzgabel häufig durchmischen. Dann nur noch stocken lassen. Alternativ können Sie noch Schnittlauch dazugeben.

Bemerkungen

Im Rührei kann man faktisch alle Reste verwerten. Sie können Tomaten und/oder Kartoffeln beifügen. Sie können Käsescheiben oder Pilze mitbraten. Sehr lecker auch Zucchini oder einfach Speck. In diesen Fällen sollten die Zutaten jedoch vorher angebraten sein, damit das Ei nicht zu lange in der Pfanne ist und damit trocken wird.

Tipp Sehr gut schmeckt das Omelett auch gedreht. Dafür das auf einer Seite leicht gebräunte Omelett auf einen großen Teller gleiten lassen und mit einem schönen Schwung auf die andere Seite gedreht zurück in die Pfanne befördern.

Omelett mit Ziegenkäse

Zutaten

4 kleine feste Ziegenkäse (Crottins de Chavignol)	3 TL frische Thymianblüten
20 kleine Scheiben Baguette	12 Eier
5 EL Olivenöl	Salz
	Pfeffer

Zubereitung

Die kleinen Käse in sehr feine Scheiben schneiden. Die Baguettescheiben auf ein Backblech legen, mit Öl einpinseln und mit 2 TL Thymian bestreuen. Im Ofen von beiden Seiten grillen. Währenddessen die Eier gut verquirlen und mit Salz, Pfeffer und dem Rest Thymian würzen. Den Käse dazugeben.
Etwas Olivenöl in einer großen beschichteten Pfanne erhitzen und die Eimasse hineinschütten. Mit einer Gabel kurz durchrühren und stocken lassen. Wenn das Ei gerade fest wird, rollen Sie es auf und geben es auf eine Platte. Mit den Brotscheiben umlegen und sofort servieren.

Tipp Entweder als Vorspeise oder mit Salat als Hauptspeise genießen.

DAS GRÜNE PROGRAMM

An sich war ich immer ein schlechter Gemüseesser. Ich bin auch heute noch kein wirklich guter, aber im Vergleich zu meiner Kindheit hat sich meine Leistung in diesem Bereich, seitdem ich selbst koche, vervielfacht. Vielleicht lag meine Abneigung an der jahrzehntelangen Vergewaltigung des Gemüses in deutschen Küchen. Erst nach der Geschmacksöffnung Richtung Süden wurde auch bei uns verstanden, dass nicht jedes Gemüse stundenlang in Wasser gekocht werden muss, dass es knackig sein darf und nicht in einer Pampe ersticken soll. Da ich keine wirklichen Favoriten habe, ist die Anordnung einfach alphabetisch gewählt.

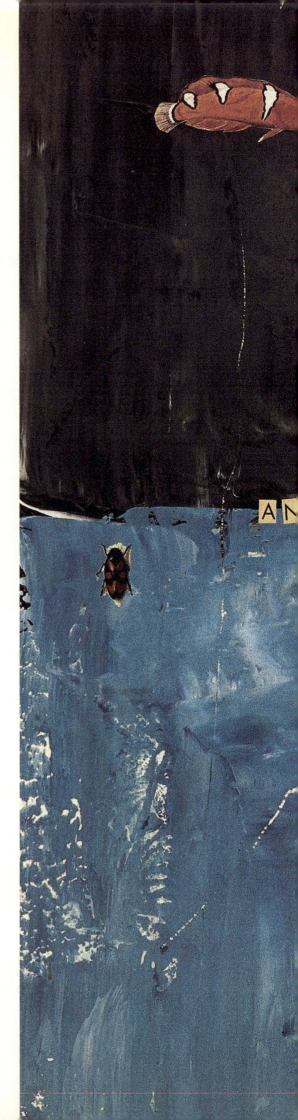

Auberginen

Beste Zeit: Juli–Oktober

Eigentlich besitzen Auberginen keinen Geschmack, weshalb man sie auch nie alleine isst. Die Aubergine wird immer zusammen mit anderem Gemüse geschmort. Vor allem Tomaten bringen den Geschmack. Roh ist die Aubergine ungenießbar. Erst gegrillt oder gebraten entfaltet sie ihren leicht nussigen Geschmack. Beim Braten saugt sie sich mit dem verwendeten Fett voll. Um dies zu verhindern, sollte der Frucht durch vorheriges Einsalzen zunächst das Wasser entzogen werden. Übrigens gibt es Erhebungen, nachdem der durchschnittliche Verbrauch in Deutschland bei 200 g Auberginen pro Kopf und pro Jahr liegt. Im Klartext: Man sieht sie überall, aber keiner isst sie. Mit den folgenden Gerichten könnten Sie sich zum Außenseiter machen.

Auberginenauflauf

Zutaten

1 kg Auberginen	1 Bund Basilikum
1 kg Tomaten	Salz, Pfeffer, Zucker
Olivenöl	100 g frischer Parmesan
2 Knoblauchzehen	300 g Mozzarella

Tipp: Essen Sie diesen Auflauf nicht heiß, sondern eher lauwarm oder sogar kalt. So schmeckt er am besten.

Zubereitung

Die Auberginen zum Braten vorbereiten. Das heißt: Stiele abschneiden und in dünne Längsscheiben schneiden. Auf Küchenkrepp legen und salzen. Eine zweite Lage Krepp darüber legen und das Ganze beschweren. Auf diese Weise werden den Auberginen die Bitterstoffe entzogen.

Für die Sauce die Tomaten häuten und entkernen. Das Fruchtfleisch hacken und in etwas Olivenöl anschwitzen. Gehackten Knoblauch und die Hälfte des ebenfalls gehackten Basilikums zufügen und auf kleiner Flamme dicklich einkochen. Zum Schluss salzen, pfeffern und mit einer Prise Zucker abschmecken. Die Auberginen portionsweise in einer beschichteten Pfanne in wenig Öl goldgelb ausbacken. Zum Entfetten wieder auf Küchenkrepp legen.

Eine Auflaufform mit Öl ausstreichen und mit einer Schicht Auberginen belegen. Mit etwas Parmesan und Mozzarellascheibchen belegen und mit der Tomatensauce bedecken. So weitermachen, bis die Form voll ist. Auf die letzte Schicht Tomatensauce nochmals ausreichend Parmesan und abschließend Mozzarellascheiben verteilen. Für 40 Minuten in den 200 °C heißen Backofen geben, dabei darauf achten, dass der Käse nicht verbrennt. Vorsichtshalber eine Alufolie auflegen.

Auberginenrouladen

Zutaten

- 2 große Auberginen
- 2 Knoblauchzehen
- 1 Bund glatte Petersilie
- 1 Bund Basilikum
- Olivenöl
- 3 EL Semmelbrösel
- 150 g Mozzarella
- 4 EL Parmesan
- Salz, Pfeffer
- 1 Portion kräftig eingekochte Tomatensauce (siehe Seite 113)

Tipp Die Sauce darf zu diesem Gericht ruhig auch etwas schärfer sein. Also, eventuell als ›arrabiata‹ reichen.

Zubereitung

Die Auberginen sehr dünn aufschneiden und die Bitterstoffe entziehen, wie im vorherigen Rezept beschrieben. Anschließend kurz abspülen und gut abtrocknen. Knoblauch und Kräuter sehr fein hacken. 4 EL Olivenöl in der Pfanne erhitzen, Semmelbrösel und Kräuter-Knoblauchmischung dazugeben. Vom Herd nehmen und mit Parmesan mischen. Nochmals 2 EL Öl untermischen und würzen. Die Kräuterpaste dünn auf die Auberginenscheiben streichen und mit sehr dünn geschnittenen Mozzarellascheibchen belegen. Die Auberginen zu Rouladen aufrollen und mit einem Holzspieß feststecken. In einer Pfanne rundherum knusprig ausbacken. Dabei so viel Olivenöl wie nötig benutzen. Mit der würzigen Tomatensauce servieren.

Ratatouille

Zutaten

- 3 mittelgroße Auberginen
- 3 große Tomaten
- 3 Zucchini
- 3 gelbe Paprikaschoten
- 100 ml Olivenöl
- 3 Knoblauchzehen
- Salz, Pfeffer
- 100 ml Gemüsebrühe
- 1 Lorbeerblatt
- 1 Bund Petersilie
- 4 Zweige Thymian
- Baguette

Zubereitung

Alle Gemüse in möglichst feine Würfelchen schneiden, die Tomaten zusätzlich vorher häuten und entkernen. In einem großen Schmortopf das Olivenöl erhitzen. Grob gehackten Knoblauch dazugeben und die Gemüse einrühren. Kurz anbraten, salzen und pfeffern und mit der Brühe ablöschen. Lorbeer, Petersilie und Thymian mit Küchengarn zusammenbinden und mit in den Topf geben. Bei sehr milder Hitze 30–40 Minuten ohne Deckel garen. Dabei immer wieder umrühren und darauf achten, dass nichts am Topfboden ansetzt. Gewürzsträußchen entfernen und warm mit Baguette servieren. Dazu passen aber auch Bratkartoffeln. Das Auberginengemüse kann auch sehr gut kalt gegessen werden.

Tipp: Sie können auch noch etwas von dem ausgeschabten Fruchtfleisch fein würfeln und mit dem Speck anbraten. So wird die Füllung voluminöser. Auf diese Weise können auch Zucchini gefüllt werden.

Gefüllte Auberginen

Zutaten

- 4 große Auberginen
- 100 ml Olivenöl
- 100 g durchwachsener Speck
- 2 Knoblauchzehen
- 1 Bund Petersilie
- 3 TL Semmelbrösel
- Salz, Pfeffer
- 1 Portion kräftige Tomatensauce (siehe Seite 113)

Zubereitung

Die Auberginen längs halbieren und das Fruchtfleisch auskratzen. Olivenöl erhitzen und den fein gewürfelten Speck darin auslassen. Gehackten Knoblauch und gehackte Petersilie dazugeben und die Semmelbrösel darüber verteilen. Salzen und pfeffern. Die Masse in die Auberginen füllen und diese für 30 Minuten in den 200 °C heißen Backofen schieben. Tomatensauce auf Teller verteilen und die Auberginen darauf setzen. Heiß servieren.

Auberginenpüree mit gebratenem Knoblauch

Dieses Püree schmeckt ausgezeichnet einfach mit Weißbrot. Es kann aber auch zu gegrilltem Fleisch oder sogar zu gebratenem Fisch gereicht werden.

Zutaten

- 500 g Auberginen
- 150 g Kartoffeln
- 100 g Schalotten
- 8 EL Olivenöl
- 150 ml Weißwein
- 4 EL Zitronensaft
- 300 ml Sahne
- Salz, weißer Pfeffer
- 3 Knollen (!) junger, frischer Knoblauch
- 1 TL Zucker

Zubereitung

Die Haut der Auberginen dünn abschälen und das Fruchtfleisch in kleine Würfel schneiden. Zusammen mit den ebenfalls geschälten und gewürfelten Kartoffeln und den Schalotten in einem großen Topf in 6 EL Olivenöl anbraten. Mit Wein und Zitronensaft ablöschen und auf die Hälfte einkochen lassen. Mit der Sahne auffüllen und würzen. Mit geschlossenem Deckel bei mittlerer Hitze 25 Minuten köcheln lassen. Häufiger umrühren. Zum Schluss den Deckel öffnen und die gesamte Flüssigkeit verkochen lassen. Jetzt mit dem Pürierstab oder im Mixer fein pürieren.

Den Knoblauch schälen und im restlichen Öl in einer Pfanne unter gelegentlichem Wenden goldbraun braten. Zum Schluss den Zucker darüber streuen und leicht karamellisieren lassen. Das Püree in eine Schüssel geben und mit dem gebratenen Knoblauch garnieren.

Bohnen
Beste Zeit:
Dicke Bohnen:
Mai–Juli
Grüne Bohnen:
Juni–Oktober

Bohnen sind aus unserer heutigen Küche nicht mehr weg zu denken. Dabei war ihr Siegeszug mühselig. Im Mittelalter kannte man nur die dicke Bohne. Die Hülsen galten als nicht essbar, was auch auf die damals bekannten Sorten zutraf. Erst aus Italien (sic!) kamen die grünen feinen Böhnchen. Von dieser Sorte essen wir heute verschiedene Qualitäten: die etwas derbe Brechbohne, die Prinzessbohne (Haricot vert) sowie die sehr feine Keniabohne aus dem Land gleichen Namens. Dann gibt es natürlich auch noch die dicke Bohne, auch Sau- oder Puffbohne genannt. Auch hierzu gibt es eine feinere Variante wiederum aus Italien, die weiße Canellinibohne, aus der die leckeren Bohnensalate der Toskana gemacht werden.

Grüne Bohnen

Zutaten

500 g Keniabohnen oder Haricots Verts	2 Knoblauchzehen
50 g Butter	Salz
	Pfeffer

Zubereitung

Bohnen waschen, putzen und in kochendem Salzwasser 5 Minuten blanchieren. Butter in einem Topf aufschäumen lassen und die gut abgetropften Bohnen hineingeben. Gehackten Knoblauch untermischen und mit Salz und Pfeffer würzen.

Tipp: Versuchen Sie auch die herzhaftere Variante mit zusätzlich 100 g ausgelassenem Speck in kleinen Stückchen. Dafür Frühstücksspeck in dünnen Scheiben kaufen und diesen zerteilen.

Grüne Bohnen mit Sardellen

Zutaten

500 g Haricot Verts	4 EL Olivenöl
1 Bund Petersilie	1 EL Butter
4 eingelegte Sardellenfilets	Salz
2 Knoblauchzehen	Pfeffer

Zubereitung

Bohnen putzen, waschen und kochen. Petersilie, Sardellen und Knoblauch sehr fein hacken. Olivenöl und Butter in einem Topf erhitzen. Sardellenpaste einrühren und die Bohnen darunter mischen. Mit Salz und Pfeffer würzen.

Dicke Bohnen mit Salbei

Zutaten

350 g weiße getrocknete Bohnen (Canellini)	500 g reife Tomaten
5 EL Olivenöl	2 Knoblauchzehen
10 frische Salbeiblätter	Salz
	Pfeffer

Zubereitung

Die Bohnen über Nacht in 2 l Wasser einweichen. Am nächsten Tag die Bohnen darin bei kleinster Stufe 1 1/2 Stunden köcheln. Bohnen abgießen, abtropfen lassen. Olivenöl in einem Topf erhitzen, die Salbeiblätter darin anbraten. Die Tomaten enthäuten, entkernen und würfeln. Bohnen und gehackten Tomatenstücke dazugeben. Kräftig würzen und zugedeckt 20 Minuten köcheln. Abschmecken und servieren.

Tipp: Weiße Bohnen immer erst zum Schluss salzen, da deren Haut sonst hart wird.

Bohnenpüree

Zutaten

100 g getrocknete weiße Bohnen (Canellini)	1 Zweig Rosmarin
3 EL Olivenöl	Salz, Pfeffer, Zucker
1 Stück Speckschwarte	200 ml Weißwein
1 EL gehackte Zwiebel	500 ml Geflügelbrühe
1 Knoblauchzehe	Saft von 1/2 Zitrone
1 Tomate	1 EL Speckwürfel
	1 EL Schnittlauchröllchen

Zubereitung

Die Bohnen über Nacht einweichen. Die Tomate häuten, entkernen und würfeln. 2 EL Olivenöl erhitzen und darin die Speckschwarte, die Zwiebel, den gehackten Knoblauch, die Tomatenwürfel und den Rosmarinzweig anschwitzen. Mit Salz, Pfeffer und Zucker würzen und mit Wein ablöschen. Den Wein ganz verkochen lassen und anschließend die Brühe angießen. Die eingeweichten Bohnen einfüllen und 1 1/2 Stunde ohne Deckel sanft köcheln lassen. Wenn die Flüssigkeit fast verkocht ist, die Speckschwarte und den Rosmarinzweig herausnehmen und den Topfinhalt fein pürieren. Speckwürfel anbraten. Das Püree mit etwas Olivenöl, Zitrone, Pfeffer und Salz abschmecken und mit Speckwürfeln und Schnittlauch garnieren.

Tipp Das Püree passt hervorragend zu getoastetem Weißbrot. Es kann zum Beispiel auch warm zu Rotbarben gegessen werden.

Erbsen

Beste Zeit: Mai–August

Erbsen sind mein Lieblingsgemüse seit meiner Kindheit. Das liegt an ihrer Süße, die beim Kochen durch Zucker noch gesteigert werden kann. Die tiefgefrorene Handelsware ist eigentlich ganz in Ordnung. Aber die ersten frischen Erbsen im Mai ..., welch eine Wonne. Hierbei handelt es sich fast ausnahmslos um die Markerbse, die süßeste Sorte. Die runde Palerbse ist nur sehr jung geerntet süß, danach verwandelt sie ihre Süße in Stärke und wird mehlig, weshalb aus dieser Sorte die gehaltvollen getrockneten Erbsen gewonnen werden. In der *haute cuisine* spielen die Zuckerschoten eine immer stärkere Rolle. Die Schoten werden geerntet, bevor sich die Samen im Inneren entwickeln können. Sie schmecken äußerst zart und süß und man isst sie vollständig, weshalb sie in Frankreich ›Mangetout‹ genannt werden.

Grünes Erbsengemüse

Aus ganz alter Zeit mag ich Erbsen sehr gerne in einer Sahnesauce. Nicht sehr modern, aber zum Beispiel zu Wiener Schnitzel die leckerste Variante, vor allem für Kinder.

Zutaten

> 400 g ausgepulte Erbsen
> oder Tiefkühlkost
> 50 ml Sahne
> 1 TL Mehl
> Salz, Pfeffer, Zucker
> evtl. 1 Schalotte

Zubereitung

Die Erbsen in Salzwasser kochen und abschütten. Das Mehl mit etwas Sahne klümpchenfrei verrühren. Restliche Sahne im Topf aufkochen und das angerührte Mehl hineinlaufen lassen. Ausquellen lassen und würzen. Die Erbsen einrühren und eventuell noch mit einem Stich Butter verfeinern. Die Sauce sollte nicht laufen, sondern dickflüssig sein. Es kann auch noch sehr gut eine sehr fein geschnittene Schalotte, die zuvor in Butter weich gedünstet wurde, unter die Erbsen gegeben werden.

Erbsen mit Schinken

So sieht dann die etwas modernere Art aus. Schmeckt selbstverständlich auch sehr lecker, aber nun ja, man hat halt seine Vorlieben.

Zutaten

- 2 EL Butter
- 2 Schalotten
- 100 g milder, roher Schinken
- 400 g Erbsen
- Salz, Pfeffer, Zucker
- 125 ml Gemüsebrühe

Zubereitung

1 EL Butter in einer Pfanne auslassen und darin die dünn geschnittenen Schalottenscheiben und den Speckrand des Schinkens andünsten. Die Erbsen dazugeben und mit Zucker, Salz und Pfeffer würzen. Die heiße Brühe dazugießen und die Erbsen darin gar ziehen lassen. Wenn die Flüssigkeit fast verdampft ist, den Schinken in Streifen schneiden und zusammen mit dem Rest Butter unter die Erbsen rühren.

Zuckerschoten

Zuckerschoten, auch als *Mangetout* bekannt, erhält man immer häufiger. Eine ideale Beilage zu Fleisch und Fisch.

Zutaten

- 400 g Zuckerschoten
- 30 g Butter
- 1 kleine Schalotte
- 50 ml Sahne
- Zucker

Zubereitung

Zuckerschoten putzen und Fäden ziehen, sofern vorhanden. Butter in einer Sauteuse auslassen und die sehr fein gehackte Schalotte zufügen. Die Zuckerschoten unzerkleinert beifügen und in 5 Minuten ohne Flüssigkeit unter häufigem Rühren anschmoren. Sahne angießen und vollständig verkochen lassen. So sind die Schoten nur leicht mit Sahne überzogen. Mit etwas Zucker würzen.

Fenchel

Beste Zeit: August–Oktober

Fenchel ist bei uns schon seit Hunderten von Jahren bekannt. Allerdings eher der Samen, der als Tee verwendet wurde. Abermals aus Italien stammt die Idee Fenchel als Gemüse zu kultivieren. So essen wir heute den italienischen Gemüsefenchel und gewöhnen uns zunehmend an diesen leicht anisartigen Geschmack. Beim Einkauf nur darauf achten, dass die Knolle keinerlei braune Stellen aufweist, ansonsten ist Fenchel pflegeleicht.

Gebratener Fenchel

Zutaten

4 kleine Fenchelknollen	Pfeffer
Olivenöl	1 Spritzer Pernod
Salz	50 ml Sahne

Zubereitung

Den Fenchel putzen und auf einer Aufschnittmaschine oder mit einem Messer hauchdünn aufschneiden. Das Öl in einer Sauteuse erhitzen und den Fenchel darin unter Rühren 3 Minuten sautieren. Salzen und pfeffern und mit einem guten Spritzer Pernod ablöschen. Die Sahne angießen und verkochen lassen. Schmeckt zu Fisch oder einfach so.

Überbackener Fenchel

Zutaten

Saft und Schale von 1/2 Zitrone	1 kleine Zwiebel
4 kleine Fenchelknollen	2 Knoblauchzehen
3 Fleischtomaten	6 EL Olivenöl
Salz, Pfeffer	4 EL Semmelbrösel
1 Bund glatte Petersilie	3 EL Parmesan

Zubereitung

1 l Wasser mit dem Zitronensaft aufkochen und den geputzten, halbierten Fenchel darin 20 Minuten kochen. Das Fenchelgrün aufbewahren. In ein Sieb abgießen und dabei den Kochsaft auffangen.

Backofen auf 200 °C vorheizen. Eine Auflaufform mit Öl auspinseln. Tomaten enthäuten, entkernen und würfeln. Gewürfeltes Tomatenfleisch hineingeben, Fenchelhälften zufügen und mit 125 ml Kochbrühe auffüllen. Salzen und pfeffern.

Petersilie, das übrig gebliebene Fenchelgrün, Zwiebel und Knoblauch fein hacken und in 4 EL Olivenöl andünsten. Semmelbrösel einrühren und goldbraun werden lassen. Vom Herd nehmen und den Parmesan untermischen. Die Masse über die Form verteilen und alles im Backofen 20 Minuten überbacken.

Fenchelpüree

Diese zarte Creme schmeckt hervorragend zu Fisch, insbesondere zu Jakobsmuscheln.

Zutaten
- 1 Zwiebel
- 4 kleine Fenchelknollen
- 2 EL Noilly Prat
- 1 EL Pernod
- Salz, Zucker
- Olivenöl

Zubereitung

125 ml Wasser mit der klein gewürfelten Zwiebel erhitzen. Fenchel putzen, in Stücke schneiden und zufügen. Noilly Prat, Pernod, Salz und Zucker beifügen und den Fenchel weich kochen. Wenn das Wasser verdampft ist, den Fenchel pürieren und mit etwas Olivenöl abschmecken. Warm servieren.

Kohl

Beste Zeit:
Rotkohl: September–Mai
Sauerkraut: ganzjährig
Spitzkohl: April–Mai
Wirsing: September–Mai
Rosenkohl: September–April
Kohlrabi: ganzjährig

Ganz ehrlich gesagt ist Kohl in allen seinen Varianten keine meiner Leibspeisen. Ich bereite ihn eigentlich nur auf besonderen Wunsch meiner Frau zu. Deshalb an dieser Stelle nicht allzu viel über die dumpfen Knollen oder Köpfe. Ich finde ja ohnehin, sechzehn Jahre Kohl genügen, da muss ich mein Kochbuch nicht auch noch über Gebühr damit belasten.

Rotkohl

Zutaten

1 kg Rotkohl
Salz, Pfeffer
100 ml Rotweinessig
1 Apfel
1 Zwiebel
30 g Butter
1 EL Zucker
125 ml Rotwein
100 ml kräftige Fleischbrühe
1 kleines Lorbeerblatt
1 kleine Zimtstange
1 Gewürznelke
50 g Preiselbeeren

Zubereitung

Die äußeren Blätter des Rotkohls entfernen. Den Kopf halbieren und den harten Strunk herausschneiden. Den Kohl auf dem Gemüsehobel oder mit einem scharfen Gemüsemesser in sehr dünne Streifen schneiden. In eine Schüssel geben, kräftig salzen und mit dem Essig übergießen. Mindestens 2 Stunden ziehen lassen. Apfel schälen und entkernen. Zwiebel und Apfel fein reiben. In einem Schmortopf die Butter auslassen und das Zwiebel-Apfel-Mus hineingeben. Rotkohl mit dem gezogenen Saft zufügen. Zucker dazugeben, kurz schmoren und dann salzen und pfeffern. Mit Rotwein und Brühe aufgießen. Die Gewürze in ein Mullsäckchen binden und mit hineingeben. Dann die Preiselbeeren einrühren und zugedeckt bei schwacher Hitze 30 Minuten garen. Das Gewürzbeutelchen vor dem Servieren entfernen.

Sauerkraut

Zutaten

40 g Schweineschmalz	1 EL Kümmel
700 g Sauerkraut	ca. 400 ml Riesling
1 Scheibe durchwachsener Räucherspeck	4 EL Apfelkompott
	1 kleine Kartoffel
3 zerstoßene Wacholderbeeren	Pfeffer
1 Lorbeerblatt	

Zubereitung

Das Schmalz in einem Schmortopf auslassen. Das Sauerkraut ungewaschen dazugeben und anschwitzen. Den Räucherspeck einlegen. Lorbeer, Kümmel und Wacholderbeeren dazugeben und mit der Hälfte des Weins ablöschen. Bei schwacher Hitze 40 Minuten garen. Nach der Hälfte der Kochzeit den restlichen Wein und das Apfelkompott zufügen. Zum Schluss eine geschälte rohe Kartoffel in das Kraut reiben und mit Pfeffer abschmecken.

Bemerkung

Das Elsässer Kraut wird auf die gleiche Weise zubereitet. Legen Sie hierbei nur noch Mettwürste und dünne Kasslerscheiben mit in den Topf. Sollte das Kassler zu dick sein, vorher kurz abkochen. Dazu brauchen Sie dann scharfen Senf, jede Menge Riesling und hinterher Schnaps.

Tipp: Kaufen Sie das Sauerkraut bei einem guten Metzger. Die abgefüllte Ware im Supermarkt ist wirklich nur noch sauer und muss in jedem Falle vor der Zubereitung gewässert werden. Feiner wird es, wenn Sie die Gewürze in ein Säckchen binden und hinterher entfernen. Die Kartoffel ist ein schönes Bindemittel.

Spitzkohl mit Speck

Zutaten

1 kg Spitzkohl	Salz
6 TL Zucker	Pfeffer
3 EL Obstessig	Muskat
2 EL Gänseschmalz	100 ml Weißwein
200 g Zwiebeln	100 g durchwachsener Speck
1 Knoblauchzehe	1 EL Butter
1 EL Kümmel	

Zubereitung

Den Ofen auf 180 °C vorheizen. Den Kohlkopf halbieren und den Strunk entfernen. Das Kraut in größere Stücke schneiden.
In einem Schmortopf 3 EL Zucker leicht karamellisieren und mit dem Essig ablöschen. Das Schmalz dazugeben und hierin die klein gehackten Zwiebeln und den Knoblauch anschwitzen. Kümmel dazugeben und das Kraut einfüllen. Mit Salz, Pfeffer und Muskat würzen. Den Wein angießen und den Topf verschließen. Für 1 Stunde in den Ofen geben. Bei Bedarf etwas Wasser nachgießen. Den Speck in Würfel schneiden und mit Butter in einer Pfanne langsam auslassen. Wenn das Kraut fertig ist, den Speck einrühren und servieren.

Tipp Das Kraut schmeckt sehr gut zu breiten Bandnudeln. Wirklich wahr! Hierzu brauchen Sie allerdings dann eine Sauce. Eine dunkle Bratensauce könnte hier ihre ideale Resteverwertung finden.

Wirsingrouladen mit Pfifferlingen

Zutaten

1 kg Wirsing	Salz
4 EL Gänseschmalz	Pfeffer
1 Knoblauchzehe	210 g Butter
80 g Zwiebel	100 ml Milch
Salz, Pfeffer, Muskat	1 EL Pflanzenöl
500 g Kartoffeln	300 g Pfifferlinge

Zubereitung

Die äußeren Blätter des Wirsings entfernen. 12 schöne große Innenblätter aussuchen und diese in Salzwasser blanchieren. In Eiswasser abschrecken und in einem Küchenhandtuch gut trockentupfen. Die dicken, weißen Mittelrippen mit einem scharfen Messer flach schneiden. Weitere 250 g Wirsing für das Püree abwiegen, blanchieren, abschrecken und trocknen. Gänseschmalz zerlassen und den klein gehackten Knoblauch und die Zwiebeln auslassen. Den in feine Streifen geschnittenen Wirsing dazugeben. Würzen und bei niedriger Hitze weich dünsten.
Warm stellen.

Kartoffeln schälen, waschen und klein schneiden. In Salzwasser weich kochen und abdämpfen lassen. 100 g Butter und heiße Milch angießen und fein stampfen. Wirsing dazugeben und nochmals abschmecken. In einer Pfanne etwas Öl und 50 g Butter erhitzen. Die Wirsingblätter mit dem Wirsingpüree füllen und zu kleinen Rouladen aufrollen. Bei mittlerer Hitze in einer großen Pfanne rundherum kross braten. (Achtung: Wirsing verbrennt sehr schnell!) Währenddessen die Pfifferlinge putzen und in der restlichen Butter braten. Würzen und über die Wirsingrouladen gießen.

Rosenkohl in Sahnesauce

Zutaten

400 g Rosenkohl	50 g Butter
125 ml Sahne	Salz, Pfeffer
40 ml Noilly Prat	Muskat

Zubereitung

Den Rosenkohl putzen und die Blätter einzeln abziehen. Den harten inneren Kern brauchen wir nicht. (Bekamen auf dem Bauernhof immer die Schweine.) Die Blättchen in ein Sieb geben und mit brühendem Wasser übergießen.
Sahne und Noilly Prat aufkochen und auf ein Viertel reduzieren. Die kalte Butter einrühren und abschmecken. Die Rosenkohlblättchen dazugeben und kurz durchziehen lassen.

Kohlrabi-Nudeln

Hier liegt der Erfolg des Gerichtes in der besonders feinen Schnitttechnik des Gemüses.

Zutaten

2 kleine Kohlrabi	100 ml Sahne
40 g Butter	Salz, weißer Pfeffer

Zubereitung

Die Kohlrabiknollen schälen und mit der Aufschnittmaschine oder einem einstellbaren Gemüsehobel in hauchdünne Scheiben schneiden. Mit einem Gemüsemesser die Scheiben in die Form von breiten Bandnudeln schneiden. Die Butter in einer Sauteuse zerlassen, die Kohlrabinudeln darin anschwitzen.
Die Sahne angießen und ganz verkochen lassen. Sollten die Kohlrabi dann noch nicht gar sein, noch etwas Sahne angießen. Mit Salz und weißem Pfeffer würzen. Passt sehr gut zu feinem Fisch wie z. B. Seezunge, Steinbutt, oder auch zu Langusten.

Tipp Auf diese Art geformte Gemüsenudeln können Sie auch mit Fenchel, Steckrüben oder Sellerie machen.

Lauch

Beste Zeit:
Winterlauch: Oktober–Februar
Sommerlauch: April–Juli
Der Winterlauch ist eher für deftige Speisen geeignet, der Sommerlauch wird bei feineren Lauchgerichten verwandt.

Lauchgemüse

Zutaten

> 500 g Lauch
> 40 g Butter
> 2 EL gehackte Schalotten
> 1 Knoblauchzehe
> Salz
> Pfeffer
> Muskat
> 3 EL Schlagsahne
> 1 EL gehackte Petersilie

Zubereitung

Das dunkelgrüne Ende der Lauchstangen abschneiden. Die restliche Stange der Länge nach halbieren und unter fließendem Wasser gut abspülen. Trocknen und in sehr feine Streifen schneiden. Butter in einer großen Pfanne auslassen. Zwiebeln und gehackten Knoblauch anschwitzen und das Lauchgemüse zufügen. Würzen und 6 Minuten dünsten. Geschlagene Sahne und Petersilie untermischen und nochmals gut erhitzen.

Linsen

Beste Zeit: ganzjährig, da getrocknet

Linsen sollten immer aus Le Puy kommen. Dieser Ort in Frankreich bringt eindeutig die beste Qualität. Es handelt sich um sehr kleine, grüne Linsen.

Linsengemüse

Zutaten

> 300 g grüne Linsen
> 1 Lorbeerblatt
> Salz
> Pfeffer
> 3 EL Karotten
> und Sellerie
> 50 g Butter
> 2 EL Balsamessig
> Schnittlauchröllchen

Zubereitung

Die Linsen mit dem Lorbeerblatt, Pfeffer und Salz in reichlich Wasser knackig kochen. Kurz vor Garende die in feine Streifen geschnittenen Karotten und Sellerie dazugeben. Abschütten und das Lorbeerblatt entfernen. Butter im Topf aufschäumen und das Gemüse dazugeben. Erhitzen und mit Balsamessig ablöschen. Abschmecken und mit Schnittlauch bestreuen. Passt sehr gut zu gekochtem und gebratenem Fisch.

Möhren

Beste Zeit: Mai – Juli

Möhren erhält man mittlerweile das ganze Jahr über. Besonders gut sind aber die früh geernteten Möhren im Mai, auch Bundmöhren genannt. Sie werden noch mit dem Grün verkauft. Verzichten sollten Sie auf die abgepackte Kaufhausware. Sie hat meist gar keinen Geschmack mehr. Möhren kauft man beim Bauern oder auf dem Wochenmarkt und zwar lose.

Glasierte Möhren

Möhren sind ein gutes Beispiel für die Sünden der deutschen Küche. Sie wurden früher in sehr viel Wasser gekocht und irgendwie mit etwas Butter oder Mehlschwitze auf den Tisch gebracht. Aus Asien lernen wir, je feiner das Gemüse geschnitten ist, desto kürzer ist die Garzeit, und damit braucht es nahezu kein Wasser mehr, sondern kann in der Pfanne kurz gar gerührt werden.

Zutaten

500 g Möhren	50 ml Mineralwasser
50 g Butter	Salz
1 EL Zucker	weißer Pfeffer

Zubereitung

Möhren in gleichmäßige, sehr feine Scheiben schneiden. Butter in der Pfanne auslassen. Den Zucker einrühren und leicht karamellisieren lassen. Möhren dazugeben und unter ständigem Rühren etwa 4 Minuten kräftig braten. Das Mineralwasser zugießen. Wenn es verkocht ist, sollten die Möhrchen fertig sein. Mit Salz und weißem Pfeffer abschmecken.

Tipp Anstatt Wasser können Sie auch Sahne angießen. Eventuell auch die Sahne nach dem Garen angießen. Möhren brauchen einfach etwas Fett, auch aus ernährungsphysiologischen Gründen. Unser Körper kann das Carotin der Möhren nämlich nur dann in Vitamin A umwandeln, wenn gleichzeitig Fett zugeführt wird. Interessant, oder? Übrigens, ich nehme die Sahne ausschließlich wegen des besseren Geschmacks.

Paprika

Beste Zeit: Juli–September

Paprika ist ein Importgemüse. Es braucht nämlich viel Sonne. Im Wesentlichen gibt es bei uns drei verschiedene Sorten: grün, rot und gelb. Der grüne Paprika ist unreif geerntet, hat die härteste Schale und das herbste Fruchtfleisch. Erst wenn die Früchte länger am Strauch hängen, wechseln sie ihre Farbe von grün zu rot oder gelb. Das bedeutet, dass diese Sorten süßer und in der Schale weniger fest sind.

Gefüllte Paprikaschoten

Zutaten

- 4 große rote und gelbe Paprikaschoten
- 1 altbackenes Brötchen
- 400 g Rinderhackfleisch
- 2 Eier
- 1 EL Reis
- Salz
- Pfeffer
- Paprikapulver
- je 1 rote, grüne, gelbe Paprikaschote
- 1 Gemüsezwiebel
- 3 Knoblauchzehen
- 100 ml Gemüsebrühe
- Olivenöl

Tipp: Es können auch noch Tomaten oder Zucchini in die Pfanne gegeben werden. Auch Kräuter wie Thymian ergänzen den Geschmack sehr gut.

Zubereitung

Die Paprikaschoten zum Füllen vorbereiten, Deckel abschneiden und weiße Innenwände und kleine Kerne entfernen. Das Brötchen in lauwarmem Wasser einweichen und anschließend gut ausdrücken. Aus Hack, Brötchen, Eiern, Reis, Salz, Pfeffer und etwas Paprikapulver einen schönen homogenen Fleischteig kneten.

Den Teig in die Schoten füllen. Die restlichen Paprika und die Zwiebeln in Streifen schneiden, den Knoblauch fein hacken. Backofen auf 200 °C erhitzen. Die geschnittenen Gemüse in eine große Auflaufform geben und mit der heißen Brühe übergießen. Gefüllte Schote obenauf setzen und alles mit etwas Olivenöl beträufeln. Für 50 Minuten in den Ofen geben.

Gefüllte Paprikaschoten – vegetarisch

Zutaten

- 4 große rote Paprikaschoten
- 1 gelbe Paprikaschote
- 200 g Frühlingszwiebeln
- 80 g Walnüsse
- 2 Laugenbrezeln
- 50 ml Milch
- 200 g korsischer Schafskäse
- 100 g Butter
- 2 Eier
- 1 Bund glatte Petersilie
- 1 TL frischer Thymian
- 2 TL Paprikapulver
- 200 ml Sahne
- 2 EL Tomatenmark
- 1 TL Zucker
- Salz

Zubereitung

Die eine Schote säubern und in kleine Würfel schneiden. Die großen Schoten halbieren und von Sehnen und Kernen befreien. Die Zwiebeln putzen und das Weiße und das Hellgrüne in kleine Stücke schneiden. Rest entfernen. Die Walnüsse grob schroten. Die Laugenbrezeln in Scheiben schneiden und mit heißer Milch übergießen. Den Schafskäse in kleine Stücke teilen.

Zwiebeln in 50 g Butter andünsten. Mit Nüssen, Eiern, gehackter Petersilie, Thymian und 1 TL Paprikapulver zu den Brezeln geben und gut vermengen. Den Käse vorsichtig einarbeiten und die Masse in die Paprikahälften füllen.

Jetzt in einem Bräter, der groß genug ist, die Schoten nebeneinander aufzunehmen, die restliche Butter erhitzen. Die gewürfelte Paprikaschote einstreuen und die Paprikahälften aufsetzen. Den Bräter für 45 Minuten in den auf 200 °C vorgeheizten Backofen geben. Eventuell noch etwas Wasser angießen, damit die Schoten nicht ansetzen.

Die Schoten nach Ende der Bratzeit auf eine Platte setzen und in den ausgeschalteten Backofen zurückstellen. Den Bräter auf dem Herd erhitzen. Mit Sahne, Tomatenmark, Paprikapulver und Zucker auffüllen und alles pürieren. Mit Salz abschmecken und zu den Schoten servieren.

Dazu passen Reis, Püree oder Rosmarinkartoffeln.

Paprikagemüse

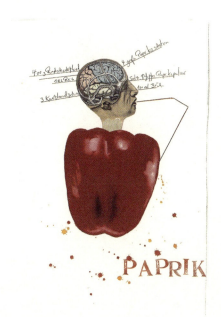

Zutaten

je 1 große grüne, gelbe und rote Paprika
2 große Gemüsezwiebeln
2 Knoblauchzehen
4 EL Olivenöl
4 EL weißer Balsamessig
Salz, Pfeffer, Cayennepfeffer
500 g Tomaten

Zubereitung

Paprikaschoten säubern und in grobe Streifen schneiden, Gemüsezwiebeln in dünne Streifen und den Knoblauch hacken. In einem Schmortopf das Öl erhitzen und die Zwiebeln mit dem Knoblauch anschwitzen. Paprika dazugeben und nach kurzem Anbraten mit Essig ablöschen. Mit Salz, Pfeffer und Cayenne würzen. Die Tomaten häuten und entkernen und das Tomatenfleisch dazugeben. Das Gemüse bei geschlossenem Topf auf kleiner Flamme in 20 Minuten gar schmoren.

Das Gemüse kann heiß oder kalt gegessen werden und schmeckt am besten mit Brot oder zu gegrilltem Fleisch.

Spargel
Beste Zeit: Mai–Juni

Saison ist nur von Ende April bis genau 24. Juni. Also, volle Konzentration auf diesen Zeitraum. Ich esse dann so viel Spargel, bis er mir zum Hals heraushängt. Aber ich widerstehe den frühen Kandidaten aus Spanien, Frankreich etc. Sie schmecken nach nichts. Spargel ist eine deutsche Sache, also warten und immer prüfen, ob er frisch ist. Nie verpackte Ware kaufen. Das Stangenende ansehen und kurz mit dem Finger darauf drücken. Wenn dann sofort der Saft spritzt, ist die Ware zumindest schon mal frisch.

Der grüne Spargel wird leider in Deutschland immer noch wenig angebaut, dabei hat er einen so wunderbaren Geschmack. Dennoch gelten hier die gleichen Einkaufskriterien. Man muss halt etwas länger suchen.

Gekochter Spargel

Hier gibt es kein Gericht, sondern nur einige Tipps zum richtigen Kochen.
- Binden Sie den Spargel immer schön zusammen und stellen ihn so ins Wasser, dass die Köpfe noch herausschauen. Dafür eignet sich am besten ein Spargeltopf.
- Kaufen Sie die dicken Stangen und achten Sie darauf, dass alle den gleichen Umfang haben. Schälen Sie nicht zu sparsam, damit der Spargel nicht bitter schmeckt. Schneiden Sie das untere Ende der Stangen ab.
- Grünen Spargel brauchen Sie nicht zu schälen, lediglich das letzte Stück abschneiden. Er schmeckt im Übrigen etwas ›gemüsiger‹ als der weiße.
- Geben Sie ins Kochwasser: Salz, 1 Prise Zucker, 20 g Butter und eine Scheibe Weißbrot (das bindet die restlichen Bitterstoffe).
- Zum Spargel kann man vieles servieren. Butterkartoffeln und Schinken, Sauce Béarnaise und Schnitzel oder, oder, oder.

Spargel aus der Folie

Dies ist meine Lieblingsmethode. Sie geht schnell, macht kaum Arbeit, und da der Spargel nicht mit Wasser in Berührung kommt, schmeckt er unvergleichlich lecker.

Zutaten

> 1 1/2 kg schöner, dicker, weißer Spargel
> 200 g Butter
> Salz, Zucker
> 8 große Stücke feste Alufolie

Zubereitung

> Spargel schälen und in 4 Portionen teilen. Den Backofen auf 200 °C aufheizen. Je 2 Aluminiumfolien übereinander legen und die Spargelportionen darauf setzen. Die erste Folie jetzt an Ecken und Kanten nach oben klappen, so dass der Spargel in einer Art Schale liegt. Den Spargel mit Zucker und Salz würzen und je 50 g flüssige Butter darüber gießen. Jetzt die erste Folie fest verschließen, und die zweite darum herum ebenfalls fest einschlagen. Für ca. 30 Minuten in den Backofen legen.
>
> Natürlich können Sie hierzu auch alle Beilagen essen. Ich finde aber, einfach die Folie öffnen (welch herrlicher Geruch) und sofort zulangen.

 Tipp Etwas geschnittener Schnittlauch ist sowohl dekorativ als auch geschmacksfördernd.

Spargelragout mit Morcheln

Zutaten

- 1 kg dicker Spargel
- Salz, Pfeffer,
- Cayennepfeffer
- 2 EL Schalotten
- 30 g Butter
- 400 g Morcheln
- 100 ml trockener Sherry
- 250 ml Sahne

Zubereitung

Den Spargel putzen und in Stücke schneiden. Die Spargelstücke (ohne die Köpfe) in Salzwasser bissfest garen. Die Köpfe erst ganz zum Schluss dazugeben. Die Schalotten in 10 g Butter anschwitzen. Die Morcheln dazugeben, würzen und mit dem Sherry ablöschen. Zur Hälfte einkochen, 125 ml Sahne angießen und etwa 5 Minuten köcheln lassen. Mit einer Schöpfkelle die Morcheln herausheben und die Brühe pürieren. Dabei 20 g eiskalte Butter einschlagen. Abschmecken und 125 ml geschlagene Sahne unterheben. Mit Spargel und Morcheln mischen.
Dazu passen junge Butterkartoffeln mit Petersilie.

Überbackener grüner Spargel

Zutaten

- 1 kg grüner Spargel
- 80 g Butter
- 50 g Parmesan
- Salz, Pfeffer

Zubereitung

Den Spargel putzen wie in der Einleitung beschrieben, zusammenbinden und im Wasser garen. Den Backofen auf 250 °C vorheizen. Die Butter zerlassen. Spargel abtropfen lassen und versetzt in eine feuerfeste Auflaufform legen. Sie sollte möglichst breit sein, so dass möglichst viele Stangen jetzt gratiniert werden können. Mit der Butter übergießen und mit dem frisch geriebenen Parmesan bestreuen. Für 4 Minuten in den Ofen schieben. Salzen und pfeffern und sehr heiß servieren.

Sellerie

Beste Zeit:
Knollensellerie: Oktober–November
Staudensellerie: ganzjährig

Im Wesentlichen unterscheiden wir zwischen Staudensellerie, auch englischer Sellerie oder Bleichsellerie genannt, und Knollensellerie. Beiden werden sexuell stimulierende Eigenschaften nachgesagt. Üble Nachrede, sonst nichts. Das Zeug ist lecker und sogar gesund. Reicht das nicht?

Panierter Sellerie

Zutaten

Saft von 1 Zitrone	Salz, Pfeffer
1 kleine Sellerieknolle	Muskat
2 Eigelb	200 g Parmesan
100 ml Sahne	reichlich Pflanzenöl zum Backen

Zubereitung

Den Zitronensaft in 2 l Wasser gießen und zum Kochen bringen. Sellerie dünn schälen und in hauchdünne Scheiben schneiden. In dem Zitronenwasser 3 Minuten blanchieren. Abgießen und etwas abtrocknen.

Eigelb und Sahne verrühren. Mit den Gewürzen abschmecken. Die Selleriescheiben darin wälzen und anschließend mit dem frisch geriebenen Parmesan panieren. In so viel heißem Öl ausbacken, dass die Scheiben nicht mit dem Pfannenboden in Berührung kommen, sondern im Öl schwimmen. Anschließend auf Küchenkrepp entfetten.

Spinat

Beste Zeit:
Sommerspinat: Mai–Juli
Winterspinat: September–November

Was für furchtbare Zumutungen für Nase und Mund wurden und werden aus Spinat gemacht! Früher habe ich ihn gehasst. Heute, um einige Zubereitungsarten reicher, liebe ich ihn sehr. Besonders den etwas feineren Sommerspinat. Ich koche ihn fast ausnahmslos in der Pfanne, nachdem er vorher gründlich trockengeschleudert wurde. Da das Gemüse zu 90 % aus Wasser besteht, entsteht immer noch genügend Dämpfflüssigkeit. Allerdings verliert der Spinat auf diese Weise keine Bitterstoffe. Um ihn Kindern schmackhaft zu machen, würde ich ihn deshalb vorher blanchieren.

Spinatgemüse

Tipp: Sollte trotz des Trockenschleuderns Wasser in der Pfanne stehen, dieses kurz abgießen.

Zutaten

500 g geputzter Spinat
30 g Butter
3 EL gehackte Schalotten
Salz, Pfeffer

Muskat
3 Knoblauchzehen
100 ml Sahne
Parmesan

Zubereitung

Den Spinat nach dem Putzen in der Salatschleuder sehr gut trockenschleudern. Mit einem großen Gemüsemesser grob hacken. Butter in einer großen Pfanne zerlassen. Schalotten kurz anbraten und dann den Spinat zufügen. Wenn er zusammengefallen ist, würzen und den gehackten Knoblauch zufügen. Sahne angießen und kurz aufwallen lassen. Auf Teller verteilen und mit Parmesanhobeln bestreuen.

Spinatauflauf mit Kartoffeln

Zutaten

600 g mehlig kochende Kartoffeln
500 g Blattspinat
2 Bund glatte Petersilie
Salz, Pfeffer, Muskat

4 Eier
4 EL Sahne
100 g Parmesan
3 EL Butter

Zubereitung

Kartoffeln schälen, klein schneiden und sehr gar kochen. Spinat putzen, waschen, trockenschleudern und in der Pfanne zusammenfallen lassen. Zusammen mit der abgezupften Petersilie fein pürieren. Würzen. Die Kartoffeln abgießen. Die Eier mit der Sahne verquirlen und über die Kartoffeln geben. Mit dem Stampfer zu glattem Püree stampfen. Den Spinat und drei Viertel des frisch geriebenen Parmesan darunter mischen. Eine Auflaufform mit Butter ausfetten und die Masse hineinstreichen. Für 20 Minuten in den auf 220 °C vorgeheizten Backofen schieben. Zum Schluss den restlichen Parmesan darüber streuen und nochmals in den Ofen schieben, bis die Oberfläche schön gebräunt ist.

Tipp Diesen Auflauf können Sie auch mit anderen Gemüsen herstellen. Versuchen Sie es mit Erbsen oder Möhren oder nehmen Sie anstatt der Kartoffeln Tagliatelle mit einer Béchamelsauce.

Überbackener Spinat

Zutaten

- 30 g Butter
- 1 EL Olivenöl
- 1 kg Blattspinat
- 90 g Parmesan
- 1 Knoblauchzehe
- Salz, Pfeffer, Muskat
- 1 EL Butter
- 1 EL Mehl
- 125 ml Sahne
- Saft von 1/2 Zitrone

Zubereitung

Butter und Olivenöl in einer Pfanne erhitzen. Den geputzten, trockengeschleuderten und grob gehackten Spinat zufügen. Den gehackten Knoblauch zugeben und würzen. Den Backofen auf 200 °C vorheizen. Die Butter in einem Topf zerlassen, das Mehl einrühren und kurz anziehen lassen. Nach und nach die Sahne einfüllen und cremig einkochen. Vom Herd nehmen und 30 g geriebenen Parmesan einrühren. Mit den Gewürzen und dem Zitronensaft abschmecken. Den Spinat in eine feuerfeste Auflaufform legen und die Sauce darüber gießen. Den restlichen Parmesan darüber verteilen und 10 Minuten im Backofen backen.

Tipp Wie Sie unschwer erkennen, liebe ich Parmesan, aber das tut Spinat auch. In jedem Falle den Parmesan immer abseits des Feuers unter die Speisen mischen, da er sonst leicht gerinnt.

Spinat mit Birnen

Eine etwas süßliche Variante, die zu säuerlichem Fleisch passt.

Zutaten

- 1 kg tiefgefrorener Blattspinat
- 250 g Williamsbirnen aus der Dose
- 100 g Butter
- Salz, Muskat

Zubereitung

Den Spinat vollständig auftauen lassen. Die Birnen abgießen, ohne Saft mit dem sehr gut ausgedrückten Spinat in ein Gefäß geben. Mit dem Stabmixer fein pürieren. Vor dem Servieren die Butter in einem ausreichend großen Topf auslassen und warten, bis sie leicht bräunt (Nussbutter). Jetzt die Spinatcreme hineingeben, würzen und langsam heiß werden lassen.

Tomaten
Beste Zeit:
Juli–August

Eigentlich könnte man mit Tomatenrezepten ein ganzes Buch füllen. Nein, falsch, es wären Rezepte, in denen Tomaten als Geschmacksbringer oder Geschmacksverstärker gebraucht werden. Es gibt Tomatensuppe und Tomatensaucen, davon ist an anderer Stelle dieses Buches schon die Rede. Natürlich können Tomaten in Püree oder Omelett verwendet werden. Auch nichts für dieses Kapitel. Und so habe ich eigentlich nur noch ein wirkliches Tomatenrezept aus einem Frankreichurlaub.

Gefüllte Tomaten

Zutaten

8 mittelgroße, vollreife Tomaten	4 TL Semmelbrösel
1 Bund Petersilie	Olivenöl
3 Knoblauchzehen	Salz
2 EL Thymianblüten	Pfeffer

Zubereitung

Tomaten waschen und quer halbieren. Gehackte Petersilie, gehackte Knoblauchzehen und Thymian mit Semmelbröseln und 3 EL Olivenöl mischen. Salzen und pfeffern und die Masse auf die Tomatenhälften geben. Die Tomaten in eine eingeölte Auflaufform setzen und bei 250 °C im Backofen 15 Minuten überbacken.
Die gefüllten Tomaten können als Vorspeise gegessen oder zu gegrilltem Fleisch serviert werden.

Zucchini
Beste Zeit:
Juli–Oktober

Zucchini waren meiner Oma noch gänzlich unbekannt. Welch ein Emporkömmling. Heute gibt es sie überall und auch in unseren Gärten gedeihen sie. Allerdings sieht man hier immer nur Riesenexemplare, die geschmacklich völlig indiskutabel sind. Zucchini müssen klein sein, höchstens 200 g schwer und eine schöne, glatte, dunkelgrüne Schale mit weißen Pünktchen aufweisen. Dann nämlich handelt es sich um Freilandzucchini von gutem Geschmack. Dennoch gilt auch hier das Gleiche wie für die Aubergine. Alleine für sich ist das Gemüse etwas langweilig. Aber in der entsprechenden Kombination wird es interessant.

Kartoffel-Zucchini-Plätzchen

Zutaten

2 rohe Kartoffeln	1 Eigelb
1 Zucchini	Salz, Pfeffer
1/2 kleine Möhre	Butterschmalz

Zubereitung

Die Kartoffeln fein reiben, die Zucchini und die Möhre grob raspeln. Die Masse in ein Küchentuch schütten und die Flüssigkeit gut auspressen. In einer Rührschüssel das Eigelb unter die Gemüse arbeiten, mit Salz und Pfeffer würzen. In Butterschmalz zu knusprigen Plätzchen ausbacken.

Die Plätzchen passen zu Fleisch und Fisch gleichermaßen, sind aber auch solo, etwa mit einer Paprikasauce, sehr gut zu genießen.

Tipp Nach dem Würzen muss die Masse sehr schnell verarbeitet werden, da die Zucchini, obwohl sie ausgedrückt wurde, sofort wieder Wasser zieht. Eventuell die Masse in mehrere kleine Schüsseln verteilen und portionsweise würzen.

Zucchini-Gratin

Zutaten

etwas Butter	2 Eier
500 g Zucchini	2 EL Mehl
2 Schalotten	Salz, Pfeffer, Muskat
1 Bund Petersilie	

Zubereitung

Den Backofen auf 200 °C vorheizen. Ein Backblech mit der Butter einfetten. Die Zucchini grob raspeln und mit Salz bestreut in einer Schüssel 1 Stunde ziehen lassen. Danach die Masse in ein Küchentuch schütten und das entstandene Wasser gut ausdrücken. Mit gehackten Schalotten und gehackter Petersilie mischen. Eier und Mehl darunter mengen und gut würzen. Die Masse etwa 2 cm dick auf das eingefettete Blech streichen. Im Backofen 30 Minuten backen.

Schmeckt einfach so, in Stücke zerteilt, oder zu Fleisch. Mit Tomaten- (siehe Seite 40) oder Paprikasauce (siehe Seite 42) kann es als vegetarisches Gericht gegessen werden.

Zucchinikroketten

Wenn im Sommer die Zucchini schießen und Sie nicht mehr wissen, wohin damit: hier die leckerste Lösung.

Zutaten

800 g Zucchini	3 EL gehackte Petersilie
100 g Greyerzer	Salz, Pfeffer
2 Eier	Olivenöl
50 g Mehl	Paniermehl

Riesenexemplare sind

Zubereitung

Die Zucchini grob raspeln und den Käse reiben. Alle Zutaten, außer Paniermehl, ohne Gewürze mischen.

Öl in einer Pfanne erhitzen. So viel von der Zucchinimasse in eine Schüssel geben, wie Sie als Frikadellen in eine Pfanne bekommen. Schnell würzen und im Paniermehl wenden. Knusprig im Öl ausbacken.

So verfahren, bis alles aufgebraucht ist. Die Kroketten können heiß, lau oder kalt gegessen werden. Besonders gut munden sie mit Paprikasauce (siehe Seite 42).

Tipp Eine Mengenangabe beim Mehl ist sehr schwer. Eventuell brauchen Sie weniger oder sogar noch etwas mehr. Der Teig sollte fest sein. Vorsicht mit dem Salzen. Die Zucchini ziehen sofort Wasser.

Zucchini mit Schalottenmousse

Ein herrlich einfaches Gericht, das man auf einem Büfett servieren kann, als kleinen Snack oder als Beilage zu Fisch oder Kalbfleisch.

Zutaten

6 Schalotten
3 kleine Kartoffeln
3 Knoblauchzehen
50 ml Olivenöl
1 Eigelb
2 Zucchini
Salz
Pfeffer

Zubereitung

Den Backofen auf 180 °C vorheizen. Die ungeschälten Schalotten, Kartoffeln und Knoblauchzehen auf ein Stück Alufolie setzen. Mit 20 ml Olivenöl übergießen, salzen und pfeffern, das Paket verschließen. Für 1 Stunde in den Ofen schieben. Anschließend alles schälen und im Mixer fein zerkleinern. Mit dem Eigelb mischen. Die Zucchini in Scheiben schneiden und im restlichen Olivenöl von jeder Seite 1 Minute braten. Auf Küchenkrepp entfetten und anschließend nebeneinander in eine feuerfeste Auflaufform setzen. Die Zwiebelmousse auf den Zucchinischeiben verteilen und für ca. 3 Minuten unter den Grill schieben. Die Plätzchen sollten nicht zu braun werden.

Zwiebeln

Beste Zeit:
ganzjährig

Es gibt so viele Sorten und alle schmecken anders. Hier eine sehr kurze Einführung:

Gemüsezwiebel	Ideal zum Füllen, groß und sehr mild.
Frühlingszwiebel	Nur das Weiße verwenden. Sehr fein, ideal zum roh essen und dünsten.
Weiße Zwiebel	Der Geschmack erinnert an Knoblauch. Gut für Salate.
Rote Zwiebel	Sehr mild und gut für Salate und Confit.
Küchenzwiebel	Die Gebräuchlichste. Sehr scharf und würzig.
Schalotte	Sehr fein und aromatisch. Gart schnell und ist zart. Passt zu Fisch und Salat.

Glasierte Zwiebeln

Tipp: Auf diese Weise kann man alle Zwiebeln karamellisieren. Versuchen Sie auch einmal kleine Perlzwiebeln. Dafür brauchen Sie allerdings nur die Hälfte der angegebenen Mengen Flüssigkeit und Zucker.

Eine ebenfalls leckere Variante sind blanchierte Perlzwiebeln, die danach in einer Mischung aus Butter und etwas Honig glasiert werden. Vor dem Servieren mit einem Spritzer Balsamessig ablöschen.

Zutaten

- 20 Schalotten
- 100 g Zucker
- 500 ml Rotwein
- 100 ml Portwein

Zubereitung

Die Schalotten schälen. Zucker in einem Schmortopf karamellisieren lassen. Mit dem Rotwein ablöschen. Die Schalotten dazugeben und gar kochen. Dabei kann die Flüssigkeit ruhig stark verkochen. Zum Schluss mit dem Portwein aromatisieren.

Diese Zwiebeln passen sowohl zu gebratenem Fleisch als auch zu Fisch, z. B. zu gebratenem Kabeljau. Dazu könnten dann noch die ebenfalls in diesem Kapitel aufgeführten Linsen gereicht werden (siehe Seite 63).

Confit von roten Zwiebeln

Zutaten

- 5 rote Zwiebeln
- 30 g Butter
- 100 ml Cassiscreme
- 3 EL rotes Johannisbeergelee
- 200 ml Rotwein
- 4 EL Balsamessig
- Salz
- Pfeffer

Zubereitung

Die Zwiebeln schälen und in dünne Scheiben schneiden. Die Scheiben noch einmal durchschneiden und in der Butter anschwitzen. Die restlichen Zutaten dazugeben und bei mittlerer Hitze zu einer Mousse einkochen und abschmecken. Dieses Zwiebelgemüse passt zu Lammrücken, aber auch zu Rind.

Zwiebelpüree

Zutaten

- 750 g Gemüsezwiebel
- 50 g Butter
- 50 ml Fleischbrühe
- 40 ml Cognac
- Salz
- Pfeffer

Zubereitung

Die Zwiebel schälen und hacken. Butter auslassen und die Zwiebel kurz anschmoren. Mit Brühe und Cognac ablöschen und bei geschlossenem Deckel und sehr kleiner Flamme 1 1/2 Stunden weich köcheln. Anschließend pürieren und mit Salz und Pfeffer abschmecken. Schmeckt auf geröstetem Weißbrot oder zu allen Fleischgerichten.

Rote Zwiebeln mit Orangensaft

Zutaten

- 1 kg rote Zwiebeln
- 5 EL Olivenöl
- 250 ml frischer Orangensaft
- 5 EL gehackte Petersilie
- Salz
- Pfeffer

Zubereitung

Zwiebel schälen und in je 6 Stücke teilen. Mit dem Olivenöl mischen und bei 200 °C in einer Auflaufform im Backofen in ca. 20 Minuten weich dünsten. Mit Salz und Orangensaft mischen und nochmals 2 Minuten in den Ofen geben. Mit Pfeffer und Petersilie abschmecken. Schmeckt warm und kalt.

Gemischte Gemüsepfanne

Zutaten

1 kleiner Broccoli	40 g Salzbutter
300 g grüner Spargel	2 Schalotten
300 g Zuckerschoten	1 Knoblauchzehe
300 g Champignons	100 ml Sahne
Olivenöl	Salz, Pfeffer

Zubereitung

Alle Gemüse putzen und in mundgerechte Stücke schneiden. Vom Broccoli nur die Röschen verwenden. Die Schalotten fein hacken. Die Gemüse nacheinander in reichlich Salzwasser blanchieren und danach in Eiswasser abschrecken. Gut abtropfen lassen.

Die Pilze in einer Pfanne in wenig Olivenöl gut ausbraten und zu den restlichen Gemüsen geben. Die Butter in einer großen Casserole aufschäumen. Gehackte Schalotten und gehackten Knoblauch anschwitzen und das gesamte Gemüse dazugeben. Mit der Sahne übergießen und heiß werden lassen.

Schmeckt allen Vegetariern und auch mir. Ich esse allerdings immer Bratkartoffeln (siehe Seite 88) dazu.

Glaciertes Gemüse

Zutaten

60 g Butter	Salz
8 Möhren	Mineralwasser
6 Stangen Sellerie	6 lange Radieschen
200 g dicke Schalotten	

Zubereitung

Butter in einer Auflaufform auslassen, den Backofen auf 200 °C erhitzen. Die Möhren schälen und längs halbieren, den Sellerie putzen und in schräge Streifen schneiden und die Schalotten halbieren. Die Gemüse in die Auflaufform geben, kurz andünsten und leicht salzen. Etwas Mineralwasser angießen und die Form für 45 Minuten in den Ofen geben. Das Gemüse immer wieder mit dem entstehenden Schmorfond begießen. Sollte zu wenig Flüssigkeit da sein, etwas Mineralwasser nachgießen. In der Zwischenzeit die Radieschen schälen und der Länge nach halbieren. Nach 20 Minuten zum Gemüse geben.

FREUDVOLLE

Die Kartoffel &

Begleiter 1

Ihre Verwandten

Nirgendwo werden so viele Kartoffeln gegessen wie in Deutschland. Nach wie vor ist die Knolle der Hauptbegleiter von Fleisch, Gemüsen, Saucen und sogar Fisch. Dagegen ist auch überhaupt nichts einzuwenden. Wenn sie lecker zubereitet sind, ist ihr Verzehr ein Genuss. In allen einschlägigen Zeitschriften gibt es immer wieder ganze Themenhefte mit den neuesten Kartoffelkreationen, weshalb ich hier nur einige Grundrezepte aufführe.

Salzkartoffeln

Zutaten

- 1 kg fest kochende Kartoffeln
- 1 TL Salz

Zubereitung

Kartoffeln schälen und in gleich große Stücke schneiden. Mit kaltem Wasser bis zur Hälfte bedecken, salzen und mit geschlossenem Deckel aufsetzen. Wenn das Wasser kocht, die Hitze so reduzieren, dass die Kartoffeln nur noch leicht köcheln. Häufig Garproben machen, da die Kartoffel nicht matschig werden darf. Wenn die Kartoffeln gar sind, das Wasser abschütten und die Kartoffeln noch einen Moment auf dem Herd ausdämpfen lassen.

Tipp: Machen Sie doch ein paar Kartoffeln mehr. Sie können hinterher gebraten oder zu Püree verarbeitet werden. Servieren Sie die Kartoffeln ruhig auch mit etwas Butter und eventuell grobem Salz.

Pellkartoffeln

Zutaten

- 1 kg fest kochende Kartoffeln
- 1 TL Salz
- 1 TL Kümmel

Zubereitung

Die Schale der Kartoffeln kräftig abschrubben. Anschließend in Salzwasser kochen und Kümmel hinzufügen.

Die Kartoffeln können im Ganzen serviert werden. Sie benötigen dann etwas Butter und grobes Salz oder vielleicht selbst gemachte Kräuterbutter (siehe Seite 246).

Tipp: Wenn Sie junge Kartoffeln verwenden, kann die Schale mitgegessen werden. Sie können auch eine größere Menge kochen, denn Pellkartoffeln sind die beste Grundlage für leckere Bratkartoffeln.

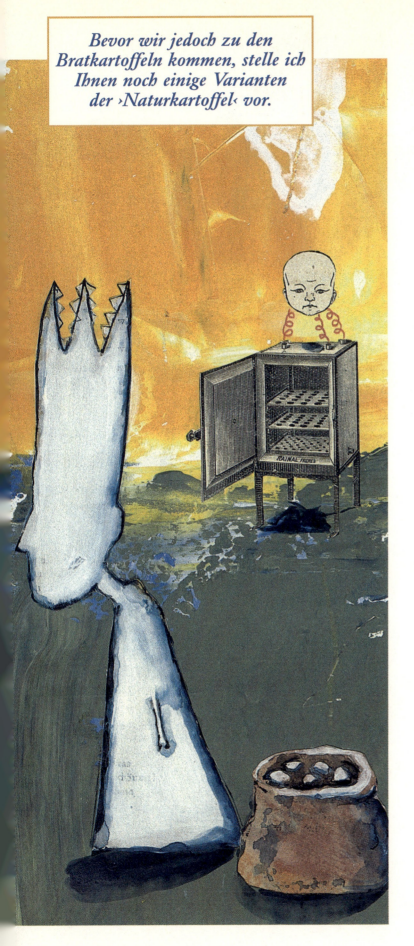

Bevor wir jedoch zu den Bratkartoffeln kommen, stelle ich Ihnen noch einige Varianten der ›Naturkartoffel‹ vor.

Ofenkartoffeln

Sie kennen sie sicher aus Ihrem Spanienurlaub: *Papas arugas.*

Zutaten

> 2 EL Olivenöl
> 1 Zweig Rosmarin
> 800 g fest kochende Kartoffeln
> grobes Salz

Zubereitung

Den Backofen auf 200 °C vorheizen. Das Öl auf ein Blech geben und die Rosmarinnadeln darauf verteilen. Die Kartoffeln gut waschen und trockentupfen. Im Olivenöl drehen und mit dem groben Salz bestreuen. Für etwa 45 Minuten in den Backofen schieben.

Tipp Eine Tasse heißes Wasser auf den Boden des Backofens stellen.

85

Topfkartoffeln mit Knoblauch

Zutaten
- 3 EL Olivenöl
- 600 g kleine, junge Kartoffeln
- 1 Knolle frischer, junger Knoblauch
- 1 Zweig Rosmarin
- grobes Salz

Zubereitung

Das Öl in einen Schmortopf geben. Die Kartoffeln gut waschen, trocknen und ebenfalls in den Topf geben. Knoblauch schälen und die Zehen im Ganzen in den Topf werfen. Rosmarin dazu und den Deckel schließen. Bei mittlerer Hitze im Backofen (180 °C) oder auf der Herdplatte in 20–30 Minuten gar ziehen lassen. Den Topf erst bei Tisch öffnen. Ein unvergleichlicher Duft entströmt ihm. Auf dem Teller die Kartoffeln durchschneiden und mit grobem Meersalz würzen. Jeweils zusammen mit einer Knoblauchzehe essen.

Tipp Die Pellkartoffeln niemals frisch oder noch warm braten. Das Ergebnis wäre vernichtend. Eine Nacht auskühlen lassen und vor dem Braten gut trockentupfen bringt das richtige Resultat. Diese Bratkartoffeln können auf Wunsch wunderbar aromatisiert werden, indem Sie entweder angedrückten Knoblauch, Rosmarin oder Thymian mit in die Pfanne geben. So schmecken sie besonders zu Lammfleisch oder jeder Art von Grillfleisch.

Bratkartoffeln

Hier gibt es einige grundlegende Varianten. Entscheidend ist, ob die Kartoffel roh, gekocht oder als Pellkartoffel gebraten wird.

Variante 1   Bratkartoffeln aus Pellemännern

Zutaten

1 Menge Pellkartoffeln vom Vortag	Pfeffer
Salz	etwas Paprikapulver
	Olivenöl

Zubereitung

Kartoffeln schälen und in gleichmäßige Scheiben schneiden. Das Olivenöl erhitzen und die Kartoffeln in die Pfanne geben. Würzen und zunächst auf einer Seite knusprig braten. Anschließend wenden und nochmals knusprig ausbraten. Achten Sie darauf, dass nicht zu viele Kartoffeln in einer Pfanne sind, so wird das Bratergebnis deutlich besser. Der Paprika ist weniger für den Geschmack als für ein gutes Bratergebnis bedeutsam.

Variante 2   Rohe Scheibenkartoffel

Hier verwenden wir rohe Kartoffeln und schneiden diese nach dem Schälen in hauchdünne Scheiben. Dies gelingt am besten mit einem Gemüsehobel. Die Scheiben zuerst gut unter kaltem Wasser abspülen, um die Stärke abzuspülen und anschließend gut trockentupfen. Salzen und pfeffern und im heißen Öl knusprig braten.

Tipp Versuchen Sie auch einmal die Bratkartoffeln in Rapsöl zu braten. Sie schmecken dann etwas rauchig und erinnern an die Zeit, als noch auf echten Kohleherden gekocht wurde. In jedem Falle aber brauchen Bratkartoffeln ausreichend Öl und natürlich eine gute Pfanne. Hier sparen, heißt am Ergebnis sparen. Wäre wirklich schade.

Variante 3   Rohe Würfelkartoffeln

Unterscheiden sich nicht nur in der Form von den Scheibenkartoffeln, sie schmecken auch ganz anders. Hierfür werden die rohen Kartoffeln in kleine Würfel geschnitten, gewässert und gut abgetrocknet. Nun in jedem Fall einen Zweig Rosmarin mitbraten. Der besondere Geschmack liegt daran, dass die Kartoffel, auf diese Weise geschnitten, sechs Seiten hat, an denen sie bräunen kann, im Gegensatz zu den 2 Seiten der Scheibenkartoffeln. Dies ist auch eine sehr gute Alternative zu Pommes frites, wenn keine Fritteuse vorhanden ist.

Pommes frites

Lange gab es Fritten nur noch bei McDonald's oder ähnlichen Konservenfabriken. Die Zeit scheint vorbei. Immer häufiger findet man wieder richtige Frittenbuden. Damit ist bereits gesagt: Fritten sind noch lange nicht gleich Fritten. Die Geschmackspalette ist breit. Dabei ist unerheblich, ob Sie sich zum Schluss Ketchup, Mayonnaise, Senf oder nur Salz auf die Fettstäbchen tun, zunächst einmal muss die Basis stimmen und die geht so:

Zutaten

1 1/2 kg Frittenkartoffeln
Frittierfett oder Öl

Tipp: Während des Frittiervorganges die Pommes Frites immer wieder schütteln. Sie sollten in Bewegung bleiben, damit sie von allen 4 Seiten möglichst gleichmäßig bräunen. Je später Sie salzen, desto besser. Nach dem Salzen werden die Fritten schnell matschig.

Zubereitung

Kartoffeln schälen und in Stäbchen schneiden (5 x 5 mm ist belgisches Gardemaß). Die Kartoffeln waschen und gut abtrocknen. Die Fritteuse auf 150 °C heizen und die Kartoffeln in kleinen Portionen vorfrittieren. Anschließend auf Küchenkrepp abtropfen lassen. Jetzt die Fritteuse auf 200 °C aufheizen und die Fritten abermals in kleinen Mengen in etwa 2 Minuten goldgelb backen. Eine Schüssel mit Küchenkrepp auslegen und die fertigen Fritten dort hineingeben. Salzen und sehr heiß servieren.

Bemerkung

Was sind Frittenkartoffeln? Eine in Deutschland leider berechtigte Frage. In Belgien heißen die Kartoffeln sogar bereits so. Wenn Sie die falsche Sorte erhalten, nützt die oben geschilderte Arbeit nichts. Deshalb am besten beim Bauern auf dem Wochenmarkt erkundigen. Sollte er Sie falsch beraten: Nächste Woche ist er wieder da!

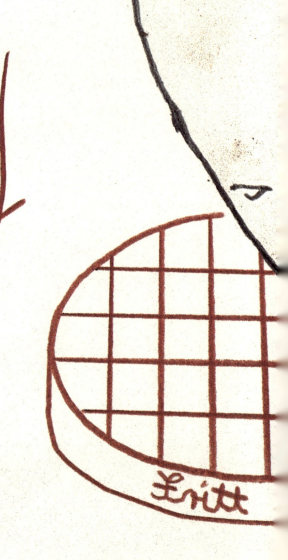

Kartoffelplätzchen (Rösti)

Eine weitere Variante der Bratkartoffel und vielleicht der Übergang zu den Reibekuchen sind die Kartoffelplätzchen.

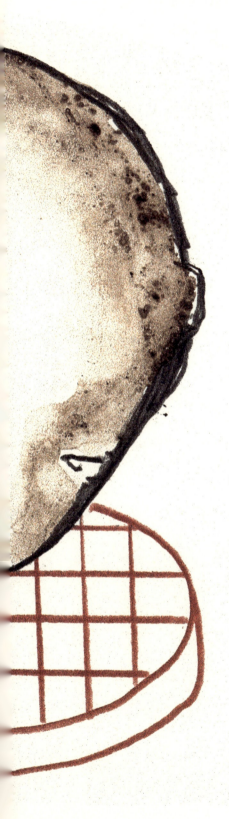

Zutaten

- 1 kg mehlig kochende Kartoffeln
- 1 Gemüsezwiebel
- 1 Ei
- Salz
- Pfeffer
- Muskat
- Öl

Zubereitung

Die Kartoffeln schälen, waschen und grob raspeln. In ein Küchentuch einschlagen und gut pressen. Auf diese Weise tritt Wasser aus, die Stärke bleibt jedoch in der Masse. Die Zwiebel sehr fein hacken und ebenso wie Ei und Gewürze unter die Masse heben. Eine Pfanne erhitzen, Öl einfüllen und die Rösti mit einem Durchmesser von ca. 10 cm zunächst von der einen Seite und anschließend von der anderen knusprig ausbacken.

Varianten

- In die Rösti können Sie mageren Speck geben.
- In die Rösti können Sie ebenfalls grob geraspeltes Gemüse wie z. B. Zucchini oder Möhren geben.
- Sie können auch einen großen Rösti machen. Dazu die gesamte Kartoffelmasse in die Pfanne geben und anschließend mit Hilfe einer Kuchenplatte und einer guten Technik wenden.

Tipp

Hier gibt es viel zu sagen:
- Die Reibekuchen müssen in ordentlich viel Öl ausgebacken werden. Sie können anschließend zum Entfetten kurz auf ein Stück Küchenkrepp gelegt werden.
- Die Reibekuchen müssen heiß gegessen werden. Umso kälter sie sind, umso weniger knusprig sind sie. Daher empfiehlt es sich, in mehreren Pfannen gleichzeitig zu braten. Sollte dies nicht möglich sein, versorgt der Koch zunächst die Gäste (er kann sich ja zwischendrin aus der Pfanne bedienen) und dann sich selbst.
- Immer zuerst einen Probekuchen backen, um zu sehen, ob die Würze stimmt. Dies bedeutet: Zunächst eher vorsichtig würzen und eventuell nach der Probe nachbessern.
- Ein letztes: Egal, was Sie sonstwo lesen: Reibekuchen benötigen kein Mehl!!! Verfahren Sie wie angegeben. Sollte die Masse einmal zu wässrig sein oder Sie zu geizig, ein frisches Küchentuch zu nehmen, empfehle ich ein altes Hausrezept meiner Oma: Fügen Sie der Masse einfach ein paar Haferflocken bei.

Reibekuchen

Der Reibekuchen hat unzählige Namen und alles meint (mit leichten, oft familiär bedingten Abweichungen) immer das Gleiche: Pillekuchen, Reiberdatschi, Pottkoke und was weiß ich nicht alles. Und so ist auch mein Rezept eins aus der eigenen Familie, nämlich von meiner Oma aus Trier. Und hier war Kartoffelsuppe mit Reibekuchen das Leibgericht. Und da es sich um ein Traditionsgericht handelt, bleibt auch der Maggi drin. Die Gewürzmischung Nr. 5 habe ich mir aber dann doch gespart, man kann es ja auch übertreiben mit der Nostalgie.

Zutaten

1,5 kg mehlig kochende Kartoffeln	Salz, Pfeffer, Muskat
1 große Gemüsezwiebel	einige Spritzer Maggi
2 Eier	Pflanzenöl zum Ausbacken
1 Bund Petersilie	

Zubereitung

Kartoffeln sehr fein reiben. Die Zwiebel ebenfalls klein reiben. Die Masse in ein Handtuch schütten und durch Drehen das Wasser herauspressen. Petersilie fein hacken. Die Kartoffelmasse in eine Schüssel geben und mit den Eiern, der Petersilie und den Gewürzen mischen. Pflanzenöl erhitzen und die Kartoffelmasse löffelweise in die Pfanne geben. Mit dem Löffelrücken dünn ausstreichen. Von beiden Seiten knusprig ausbacken und heiß essen.

Bemerkungen

Reibekuchen schmecken sehr gut solo oder mit Kartoffelsuppe, wie oben erwähnt. Aber auch mit Apfelkompott, mit Lachs und scharfem Meerrettich oder mit lecker angemachtem Tatar sind sie ein Gedicht.

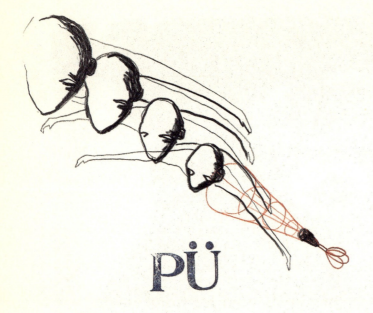

Kartoffelpüree

Was kann man noch aus übrig gebliebenen Kartoffeln machen? Kartoffelpü!!! Aber besser ist natürlich, man macht die Salzkartoffeln extra dafür. Für diesen Fall nämlich lässt man sie etwas länger kochen, damit die Kartoffeln richtig weich sind.

Zutaten

- 100 ml Sahne
- 20 g Butter
- Salz
- weißer Pfeffer
- Muskat
- 500 g gekochte Salzkartoffeln

Tipp

Das Püree niemals mit dem Mixer bearbeiten, es wird sonst leicht kleistrig. Bitte verwenden Sie auch keine Milch und schon gar keine fettreduzierte Milch. Lieber von diesem leckeren Kartoffelschaum etwas weniger essen, als den damals von unseren Eltern servierten Tapetenkleister auf den Tisch zu bringen. Um nochmals meine Großmutter zu zitieren: Wo man nichts rein tut, kommt auch nichts raus! Dem ist auch heute nichts entgegenzusetzen. Wenn es übrigens mal festlich sein soll oder auch zu bestimmten Gerichten, kann das Püree mit etwas Trüffelöl verfeinert werden.

Zubereitung

Die Sahne mit der Butter aufkochen. Salzen, pfeffern und mit Muskat würzen. Die Kartoffeln zufügen und mit dem Kartoffelstampfer kräftig stampfen. Wenn das Püree zu fest scheint, noch etwas Butter unterrühren. Nochmals abschmecken und servieren.

Kartoffel-Apfel-Püree

Schmeckt toll zu gebratener Kalbsleber.

Zutaten

- 500 g Äpfel
- 30 g Zucker
- 30 g Butter
- 1 Portion Kartoffelpüree, wie im vorherigen Rezept beschrieben

Zubereitung

Die Äpfel schälen, entkernen und in Würfel schneiden. Den Zucker in der Pfanne leicht karamellisieren und die Butter dazugeben. Apfelwürfel unter häufigem Wenden darin weich dünsten. Anschließend unter das Püree mischen.

Kartoffel-Limetten-Püree

Schmeckt ideal zu gebratenen Garnelen mit Curry (siehe Seite 177).

Zutaten

> Schale und Saft von 2 Limetten
> 1 Portion Kartoffelpüree, wie im Rezept Kartoffelpüree beschrieben
> Cayennepfeffer

Zubereitung

> Limettenschale fein abreiben. Saft ausdrücken. Beides unter das Püree mischen. Mit Cayennepfeffer abschmecken.

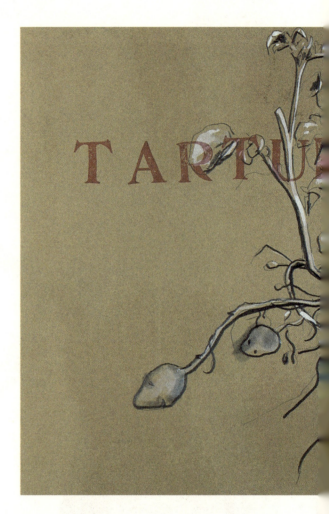

Kartoffelpüree mit Kürbis und Petersilie

Schmeckt sehr gut zu gebratenen Flussfischen, z. B. Zander.

Zutaten

> 50 g durchwachsener Speck
> 500 g Kartoffeln
> 750 g Kürbis
> 140 g Butter
> 200 ml Sahne
> 1/2 Bund glatte Petersilie
> Salz
> Pfeffer
> Muskat

Zubereitung

> Den Speck würfeln und ohne Fett in einer Pfanne auslassen. Kartoffeln schälen und klein schneiden. Kürbis schälen und innen von Haaren und Kernen befreien und ebenfalls klein schneiden. 40 g Butter im Topf erhitzen und die Kartoffel-Kürbis-Mischung darin andünsten. Die Sahne zufügen und zugedeckt etwa 20 Minuten garen.
> Inzwischen die Petersilie fein hacken. Die restliche Butter erhitzen und die Petersilie darin zusammenfallen lassen. Das gegarte Püree zerstampfen und mit den Gewürzen abschmecken. Mit der Petersilienbutter begießen und servieren.

Kartoffel-Gemüsepürees

Möhrenpüree

Für das Möhrenpüree schneiden Sie die gleiche Menge Möhren wie Kartoffeln in gleich große Stücke und setzen Sie gemeinsam zum Kochen auf. In das Kochwasser noch 1 TL gekörnte Brühe geben. Ansonsten fertig stellen wie im Grundrezept Kartoffelpüree beschrieben. Zum Schluss 2 EL gehackte Petersilie untermischen. Schmeckt als ›karges Mahl‹ solo oder auch zu Bratwurst oder Frikadellen.

Erbsenpüree

Sie benötigen die gleiche Menge Erbsen wie Kartoffeln. Die Kartoffeln sehr klein schneiden. Kochen und verfahren wie beim Möhrenpüree. Anstelle der Petersilie eventuell mit etwas Zitronenmelisse verfeinern.

Kräuterpüree

Püree herstellen wie im Grundrezept. Zum Schluss fein gehackte Kräuter zufügen, z. B. Schnittlauchröllchen, Petersilie und Thymianblättchen.

Tipp Ansonsten sind der Phantasie beim Püree keine Grenzen gesetzt. Versuchen Sie geriebenen Käse, Parmesan, Speckwürfel oder geröstete Zwiebeln.

Kartoffelplätzchen

Zutaten
- 400 g mehlig kochende Kartoffeln in der Schale
- 30 g Speck
- 20 g Butter
- 1 Schalotte
- 2 EL gehackter Schnittlauch
- 1 Eigelb
- Salz, Pfeffer, Muskat
- Öl, Butter zum Braten

Zubereitung

Die Kartoffeln in der Schale für 1 Stunde in den 200 °C heißen Backofen legen. Noch heiß schälen und durch die Kartoffelpresse in eine Schüssel pressen. Den gewürfelten Speck in der Butter anbraten, die gehackte Schalotte und zuletzt den Schnittlauch hinzufügen und alles zusammen mit dem Eigelb zu den Kartoffeln geben. Würzen und gut mischen. Für 2 Stunden abgedeckt in den Kühlschrank stellen.

Kleine runde Küchlein formen und in einer ordentlichen Menge Öl-Butter-Mischung knusprig ausbacken.

Kartoffelkroketten

Nun haben wir gesehen, was man aus den Resten von Salz- oder Pellkartoffeln machen kann. Was aber tut man mit den Resten vom Püree? Nichts leichter als das! Kroketten hatten ihre große Zeit in den sechziger Jahren. Es war der Inbegriff von ›chic‹ in den gutbürgerlichen Lokalen. Ich gestehe: Ich habe sie immer gemocht. Und es gilt wie üblich: Alles ist lecker, wenn man sich auf die Zubereitung versteht. Die Produkte der Tiefkühlindustrie möchte ich hier wirklich nicht als Beispiel heranziehen, oder wenn, dann nur als abschreckendes. Frische, selbst gemachte Kroketten sind eine Delikatesse.

Zutaten

- 1 kg Kartoffelpüree, wie im Rezept Kartoffelpüree beschrieben
- 3 Eigelb
- Mehl
- 1 Ei
- Paniermehl

Zubereitung

Das Kartoffelpüree mit den Eigelb mischen und über Nacht in den Kühlschrank stellen. Am nächsten Tag aus der Masse längliche Kartoffelkroketten formen und zunächst in Mehl wälzen. Anschließend in dem aufgeschlagenen Ei und zum Schluss in dem Paniermehl wälzen. Um ein optimales Ergebnis zu erreichen, die fertigen Kroketten für mindestens 4 Stunden in den Tiefkühler stellen. So können sie im heißen Fett nicht auseinander fallen und sind dennoch innen sehr locker. Die Kroketten in der heißen Fritteuse bei 190 °C knusprig ausbacken.

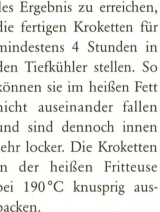

Tipp Die Panade sollte man selbst herstellen, da die Kaufware absolut unzureichend ist. Hierfür einige Brötchen an der Luft hart werden lassen. Anschließend diese in einer Moulinette oder einer anderen Küchenmaschine sehr fein mahlen.

Frische Kartoffelkroketten

Im vorherigen Rezept verwerten Sie übrig gebliebenes Kartoffelpüree. Hier wird alles frisch hergestellt.

Zutaten

500 g mehlig kochende Kartoffeln	2 Eigelb
50 g Butter	1 Ei
Salz, Pfeffer,	Mehl
Muskat	Paniermehl

Zubereitung

Die Kartoffeln in der Schale kochen. Heiß schälen und durch eine Kartoffelpresse in einen Topf drücken. Diesen Topf wieder auf den Herd stellen und bei kleiner Flamme und unter ständigem Rühren sehr trocken ausdämpfen lassen. Die Butter in kleinen Stücken einrühren und anschließend gut würzen. Das Ei und die beiden Eigelb untermischen und die Masse mit einer gebutterten Alufolie abdecken (dadurch entsteht keine Kruste) und für 12 Stunden in den Kühlschrank geben. Am nächsten Tag panieren wie oben beschrieben und die fertigen Kroketten nochmals kurz in den Kühlschrank stellen. In heißem Öl ausbacken.

Kartoffelgratin

Auch hierfür gibt es unzählige Varianten. Meine habe ich mir hart erarbeitet. Jetzt funktioniert es jedes Mal und bringt ordentliche Kritiken.

Zutaten

Rohe fest kochende Kartoffeln	250 ml Sahne
(Menge richtet sich nach	Salz, Pfeffer
der verwendeten Form)	Muskat
Butter	1 Scheibe mittelalter Holländer o. ä.
Knoblauchzehe	30 g frischer Parmesan

Tipp: Sollte das Gratin zu stark bräunen, einfach für den Rest der Garzeit etwas Alufolie darüber legen.

Zubereitung

Kartoffeln schälen und in gleichmäßige, dünne Scheiben schneiden. Eine ofenfeste Form mit der Butter ausreiben. Den gehackten Knoblauch darauf verteilen und die erste Lage rohe Kartoffeln fächerartig darauf auslegen. Die Lage salzen, pfeffern und mit etwas Muskat würzen. Den Käse in dünne Streifen schneiden und diese Lage damit belegen. Jetzt den Sahnebecher nur ein ganz klein wenig öffnen und etwa ein Drittel der Sahne auf die Lage träufeln. (Durch diese kleine Öffnung kann besser dosiert werden.) Jetzt die zweite Lage Kartoffeln fächerförmig auflegen. Würzen wie vorher. Den frisch geriebenen Parmesan darauf verteilen und mit Sahne abschließen. Die Form für etwa 35–45 Minuten bei 200 °C in den Backofen geben. Die Menge der Sahne ist wichtig für das Gelingen. Hier entscheidet die Größe der Form. Ziel der Übung ist, dass keine Flüssigkeit mehr in der Auflaufform ist, wenn die Kartoffeln gar sind. Dies braucht etwas Übung und kann nicht genauer beschrieben werden, da ich Ihre Form nicht kenne. Wichtig: Nach einer Weile werden Sie sehen, dass die Sahne am Rand der Form aufkocht. Wenn dies beendet ist, ist der Auflauf ›trocken‹. Sollte er dann zu gar sein, beim nächsten Mal etwas weniger Sahne nehmen. Die Arbeit lohnt, Sie werden sehen.

Kartoffelknödel

Auch hier gibt es wieder viele Varianten: Es gibt Knödel aus rohen Kartoffeln oder halb roh und halb gekochten Kartoffel. Es gibt Knödel mit Füllung oder ohne, aber es gibt bitte keine Pfanniknödel!

Zutaten

400 g mehlig kochende Pellkartoffeln, am Vortag gekocht	80 g Mehl
1 kg mehlig kochende rohe Kartoffeln	Salz, Pfeffer, Muskat
100 ml Milch	*Für die Füllung*
2 Eigelb	1 altbackenes Brötchen
	20 g Butter

Zubereitung

Die Pellkartoffeln vom Vortag in eine Schüssel reiben. Die rohen Kartoffeln schälen und in einen Topf mit kaltem Wasser reiben. Anschließend mit der Schöpfkelle herausheben und mit allen Zutaten kräftig mischen. Würzen und einen kleinen Probeknödel formen. Wenn dieser beim Kochen auseinander fällt, noch etwas Mehl zufügen. Der Teig sollte sich elastisch anfühlen.
Das Brötchen in kleine Würfel schneiden und in der Butter goldbraun ausbacken. In jeden Kloß 2–3 Croûtons drücken und den Kloß mit feuchten Händen rund formen. Mit Hilfe eines Löffels in reichlich kochendes Salzwasser geben und in etwa 20 Minuten gar ziehen lassen.

Tipp Für ein kräftiges Essen können auch noch magere gewürfelte und in der Butter ausgelassene Speckwürfel zu den Croûtons gegeben werden. Wie erwähnt, kann man die Füllung auch ganz weg lassen.
Die Knödel halten besser zusammen, wenn sie in das Kochwasser vorher 1 Teelöffel Stärkemehl geben. Die Reste der Knödel können am nächsten Tag in Scheiben in Salzbutter gebraten werden. Oh, du schöne Resteküche!

Semmelknödel

Wo wir schon bei den Knödeln sind: Semmelknödel bestehen zwar nicht, wie der Name ja auch schon verrät, aus Kartoffeln, sondern aus Brötchen. Aber ihre Eigenschaften sind den Knödeln doch so ähnlich, dass sie an dieser Stelle ins Repertoire gehören.

Semmelknödel Grundrezept

Zutaten

6 altbackene Brötchen	1 Bund Petersilie
100 ml Milch	3 Eier
30 g Butter	Salz, Pfeffer
1 Zwiebel	Muskat

Zutaten

Die alten Brötchen in dünne Scheiben schneiden und in einer Schüssel mit der heißen Milch übergießen. Einmal ganz kurz mischen und dann für ca. 20 Minuten ruhen lassen. Währenddessen 10 g Butter erhitzen und die fein gehackte Zwiebel darin anschwitzen. Auf die Brötchenmasse geben. Jetzt die Petersilie fein hacken und die restliche Butter so weit erhitzen, bis sie leicht braun wird (Nussbutter). Die Petersilie dort hineingeben und zusammenfallen lassen. Alles zu den Semmeln geben. Jetzt auch die Eier und Gewürze an die Masse geben und mit feuchten Händen kräftig durchkneten. Einen Probeknödel formen und im heißen Salzwasser gar ziehen lassen. Festigkeit und Würze prüfen. Wenn nötig korrigieren und die restlichen Knödel formen. In das Salzwasser geben und neben dem Herd mit geschlossenem Deckel gar ziehen lassen.

Bemerkung

Auch in diese Knödel kann man ausgelassenen Speck einarbeiten, sie werden dann sehr deftig. Hier dann aber Vorsicht beim Salzen.

Tipp Knödel vor dem Garen in Speisestärke wälzen, das hält sie zusammen und verleiht einen schönen Glanz. Übrig gebliebene Knödel kann man wie oben beschrieben am nächsten Tag in Butter braten.
Man kann diese Knödel, wie auch alle anderen Sorten, auch in Alufolie zu dicken Würsten formen und dann im heißen Wasser kochen. So halten sie garantiert. Anschließend kann man sie sogar direkt einfrieren.

Thüringer Serviettenkloß

Eine leichte Variante des vorher beschriebenen Rezeptes, das ich im Winter sehr häufig mache.

Zutaten

- 10 altbackene Brötchen
- 150 ml Milch
- 2 Zwiebeln
- 1 Bund Petersilie
- 50 g Butter
- 6 Eier
- Salz, Pfeffer, Muskat
- Currypulver

Tipp: Das Currypulver können Sie natürlich auch in Semmelknödeln verwenden. Sollte zu viel Wasser aus dem Kochtopf verdunsten, einfach eine Tasse heißes Wasser aus dem Hahn nachgießen.

Zubereitung

Bereiten Sie die Masse, genau wie im Grundrezept Semmelknödel beschrieben, vor. Würzen Sie zum Schluss herzhaft mit Curry. Eine große Serviette (kaufen und nur noch hierfür benutzen!!!) tropfnass machen. Die gesamte Masse darauf geben und die Serviette über Kreuz zuknoten. Jetzt einen großen Holzlöffel unter die Knoten schieben, so dass der Kloß schön rund in der Serviette hängt. Diesen jetzt in einen großen Topf kochendes Wasser hängen und ca. 50 Minuten köcheln lassen. Dieser Kloß ist die perfekte Begleitung für meinen Sauerbraten (Rezept siehe Seite 217).

Kartoffelgnocchi

Die italienische Variante der Kartoffelklöße, aber wie so oft, etwas pfiffiger und vor allem variabler. Während unsere Klöße üblicherweise mit einem Braten serviert werden, erhalten die Gnocchi Salbeibutter, kräftige Tomatensauce, Pesto und Parmesan.

Gnocchi Grundrezept

Zutaten

- 500 g mehlig kochende Kartoffeln
- 1 Eigelb
- 200 g Mehl
- Salz
- Pfeffer
- Muskat

Zubereitung

Die Kartoffeln mit Schale in etwas Wasser aufsetzen und garen. Noch heiß schälen und sofort durch die Kartoffelpresse in eine Schüssel drücken. Das Eigelb darunter mischen und nach und nach so viel Mehl hineinkneten, bis ein homogener Teig entsteht. Er sollte nicht mehr an den Händen kleben. Würzen und in Rollen formen.

Von diesen Rollen jeweils eine haselnussgroße Menge abschneiden und mit dem Rücken einer Gabel ein ›Furchenmuster‹ hineinziehen, dadurch hält hinterher die Sauce besser. Die Gnocchi einzeln auf ein gut bemehltes Handtuch setzen.

Tipp Geben Sie zunächst zu den durchgedrückten Kartoffeln noch etwa 50 g frisch geriebenen Parmesan und verfahren dann weiter wie oben beschrieben. Das verfeinert den Geschmack erheblich.

Jetzt reichlich Salzwasser erhitzen und die Gnocchi hineingeben. Sobald sie oben schwimmen, sind sie gar. Herausnehmen und sofort mit der verwendeten Sauce mischen.

Bemerkung

Die für mich beste Sauce hierzu ist die einfachste. Butter in der Pfanne auslassen. Salbeiblätter darin leicht anrösten und die Gnocchi kurz hineingeben. Dazu einfach frisch geriebenen Parmesan reichen und ein Glas kalten Weißwein. Im Sommer ein unvergleichlich leckeres Mittagessen.

Sollten Sie keine mehlig kochenden Kartoffeln erhalten, was leider immer häufiger der Fall ist, müssen Sie einfach etwas mehr Mehl verarbeiten.

николай

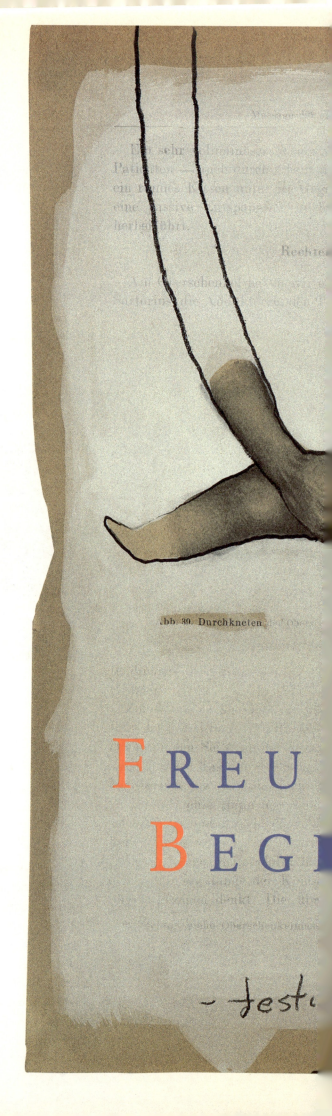

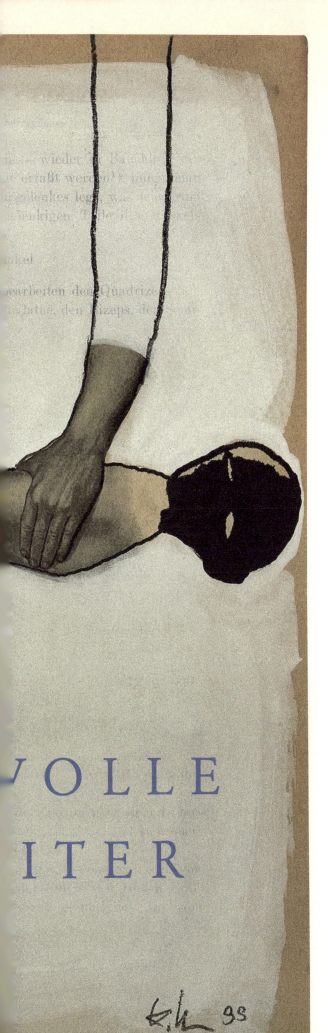

REIS

POLENTA

Im vorigen Kapitel haben wir gelesen, dass die Kartoffel des Deutschen liebstes Kind ist, aber es gibt ja auch noch anderes, z. B. die Nudel. Nudeln machen bekanntlich nicht nur satt, nein, sie machen sogar glücklich. Gehen wir also zu allererst diesem Ruf nach. Sicher ist eins: Die Nudel erlaubt eine geschmackliche Vielfalt, die mit der Kartoffel nur schwer zu erreichen ist. Oder besser gesagt, es ist wesentlich einfacher, ein gutes Nudelgericht als ein wohlschmeckendes Kartoffelgericht zu kochen. Dies liegt in ihrem Ursprung begründet. Sie stammt aus der Mutter aller Küchen, nämlich der italienischen. (In Wahrheit ist heute allgemein bekannt, dass die Entwicklung der Nudel im asiatischen Raum nahezu parallel zur italienischen Entwicklung verlief.) Das Prinzip dieser wunderbaren Küche ist die Einfach-

heit, allerdings bei Verwendung bester Zutaten. Die Auswahl der Zutaten fängt in unserem Falle bei der Nudel selbst an. Nehmen wir ein industriell gefertigtes Produkt oder ein frisches, selbst hergestelltes? Sollten Sie zum Ersteren greifen, ist dies kein wirkliches Problem. Es geht schneller, ist bei ordentlicher Produktauswahl mindestens gut, eventuell sogar sehr gut, nur glücklich, glücklich machen diese Nudeln niemals. Und vor allem: Auf eine gute Nudelsauce, und dazu kommen wir noch, muss man Arbeit, Geduld und Liebe verwenden, nur dann wird aus etwas Einfachem etwas einfach Geniales und so ist es selbstverständlich auch mit den Nudeln. Kurz und gut, ich empfehle Ihnen, Ihre Nudeln selbst zu machen. Im Grunde ist es sehr einfach und nicht wirklich arbeitsintensiv. Nach einer kurzen Einarbeitungszeit und mit etwas Übung machen Sie morgens Ihren Nudelteig zwischen Aufstehen und Zähneputzen und können und wollen sich eigentlich nichts anderes mehr vorstellen.

Sie brauchen eine Nudelmaschine, diese kostet je nach Ausstattung zwischen 25 und 50 Euro. Diese Maschine walzt Ihren Teig auf die gewünschte Stärke aus, was mit der Hand sehr schwer ist. Mit Hilfe der Aufsätze können Sie dann Spaghetti, Spaghettini oder Tagliatelle daraus formen. Dies geht jedoch auch mit einem scharfen Messer, wenn der Teig richtig vorbereitet wurde.

Nudelteige
Kommen wir nun zum Teig und fangen mit dem Standard an.

Zutaten

| 300 g Weizenmehl Type 405 | 1 Prise Salz |
| 3 Eier | 1 EL Olivenöl |

Zubereitung

Vermengen Sie alles und kneten Sie mit der Hand so lange, bis ein homogener Teig entsteht. Der Teig muss wirklich glatt und geschmeidig sein. Man sagt, er soll sich anfühlen wie Seide. Dieser Knetvorgang kann durchaus 10 Minuten betragen. Betrachten Sie ihn einfach als Muskelaufbautraining. Schon bei diesem einfachsten aller Nudelteige können die auftretenden Schwierigkeiten gemeistert werden. Die Frage ist: Wie ist Ihr Mehl, wie groß sind die Eier? Haben Sie zu viel oder zu wenig Flüssigkeit? Nach einigen Nudelteigen können Sie diese Frage bereits zu Beginn Ihrer Arbeit einschätzen. Am Anfang hilft nur probieren. Der Teig darf nicht brüchig werden, er darf aber auch nicht an den Fingern kleben bleiben. Sollte er zu feucht sein, mit etwas Mehl nachhelfen. Sollte er zu trocken sein, einige Tropfen kaltes Wasser zufügen. Achtung, er wird nun zunächst etwas seifig, da das Wasser nur langsam in den bereits gekneteten Teig aufgenommen wird. Daher am Anfang eher vorsichtig agieren. Nachdem der Teig die gewünschte Elastizität erreicht hat, packen Sie ihn in Klarsichtfolie ein und legen ihn für mindestens eine Stunde in den Kühlschrank. In jedem Fall eine halbe Stunde vor Gebrauch aus dem Kühlschrank nehmen, damit er beim Ausrollen Zimmertemperatur hat. Durch das Kühlen wird dem Teig Elastizität entzogen, was die Verarbeitung leichter macht.

Nach dem Auswalken in Form schneiden, auf ein bemehltes Handtuch legen oder zum Trocknen auf Schnüren aufhängen, die Sie in der Küche spannen. Eventuell hilft nach dem Ausrollen das nochmalige Einstäuben der Nudelplatten mit Mehl. Diese trocknen dann schneller. Die Nudeln in sprudelndes Salzwasser geben, einmal aufkochen lassen und in ein Sieb abschütten. Nur der guten Ordnung halber: Man benötigt für Nudeln etwa 1 Liter Wasser, besser 1,5 Liter für 100 g Nudeln. In Nudelwasser gehört kein Öl, da sonst die Sauce später nicht schön an den Nudeln haftet. Die fertigen Nudeln dürfen auch nicht mit kaltem Wasser abgeschreckt werden, da sonst der ihnen eigene Kleber abgespült wird. Sollten Sie die gegarten Nudeln etwas aufbewahren wollen, geben Sie ein wenig frisches Olivenöl dazu, aber in aller Regel mischen Sie sie gleich mit der entsprechenden Sauce.

Sie sehen, die Zeit, die Sie bei der Herstellung verlieren, gewinnen Sie spielend beim Kochvorgang: Frische Nudeln brauchen höchstens 2 Minuten. Ach übrigens, in Italien gilt das Sichtentfernen vom Nudeltopf als Todsünde. Ob dies so ist, damit die Männer ihre Frauen besser kontrollieren können, ist möglich, sogar sehr wahrscheinlich. Unbestritten aber brauchen Nudeln Aufmerksamkeit, gibt es doch nichts schrecklicheres als übergarte Nudeln. Nudeln müssen außen weich sein, aber innen noch Biss haben, eben al dente sein.

Erste Variante Für etwas mehr Biss, etwa bei allen Spaghettisorten.

Zutaten
- 200 g Weizenmehl Type 405
- 100 g Hartweizengrieß
- 3 Eier
- 1 Prise Salz
- 1 EL Öl

Verarbeitung siehe Seite 110

Zweite Variante Für gefüllte Teige wie etwa Ravioli oder Tortellini.

Zutaten
- 300 g doppelgriffiges Weizenmehl
- 2 Eier
- 4 Eigelb
- 1 Prise Salz
- 1 TL Olivenöl

Verarbeitung siehe Seite 110.

Dritte Variante Die klassische Eiernudel, ideal für Tagliatelle.

Zutaten
- 300 g Weizenmehl Type 405
- 1 Ei
- 7 Eigelb
- 1 EL Öl
- 1 Prise Salz

Verarbeitung siehe Seite 110

Vierte Variante Vollwert

Eine schöne Variante zu manchen Saucen sind die Vollwertnudeln. Der Teig ist jedoch schwerer zu kneten, bis er die nötige Geschmeidigkeit hat.

Zutaten
- 250 g Weizenvollkornmehl
- 250 g Weizenmehl Type 405
- 200 ml lauwarmes Wasser
- 1 EL Öl
- 2 Eier
- Salz

Verarbeitung siehe Seite 110

Bemerkung

Häufig treffen Sie bunte Nudeln an. Meist grün, da Spinat unter den Teig gemischt wurde, aber auch Pilze, Safran, Rote Bete, Tomaten, Kräuter oder die Tinte des Tintenfisches werden verwendet. Ein Problem bleibt: Sie schmecken nie nach diesen Farbgebern, da das Kochwasser den Geschmack nahezu vollständig aufsaugt, weshalb ich auf dieses Spielchen verzichte.

Die Saucen

Nudeln mit Butter und Parmesan

Zutaten

- 1 Menge Nudelteig, Variante drei
- 100 g Salzbutter
- 100 g Parmesan

Tipp
Achten Sie auf guten Parmesan. Konserven kommen hier wirklich nicht in Frage. Idealerweise erwerben Sie Parmigiano-Reggiano. Der Käse sollte immer frisch gerieben sein, damit er sein volles Aroma entfaltet.

Zubereitung

Diese einfachste Variante ist geradezu das elementare Credo der italienischen Küche. Hausgemachte Tagliatelle mit kräftigem Eiergeschmack werden in flüssiger heißer, leicht gebräunter Salzbutter kurz geschwenkt, danach wird der Topf vom Feuer gezogen und etwa 100 g frisch geriebener Parmesan schnell untergemischt.

Das Gericht wird mit weiterem Parmesan gereicht. Durch die leicht gebräunte ›Nussbutter‹ ergibt sich ein wunderbarer, leicht nussiger Geschmack. Keinesfalls die Butter in kalten Stücken zu den Nudeln geben, sie werden sonst kalt und schmierig.

Bemerkung

Gefüllte Ravioli schmecken auf diese Weise ebenfalls hervorragend. Hier jedoch noch etwa 10 Salbeiblätter in der heißen Butter frittieren.

Tomatensauce

Zutaten

- 1 kg sehr reife Eier- oder Strauchtomaten
- 3 EL Olivenöl
- 1 Gemüsezwiebel
- 2 Knoblauchzehen
- 1 TL Tomatenmark
- 1 Prise Zucker
- Salz, Pfeffer

Zubereitung

Die Tomaten mit einem scharfen Messer einritzen und für 30 Sekunden in sprudelnd kochendes Wasser geben. Unter kaltem Wasser abspülen. Enthäuten und in Viertel schneiden. Die Samen und das flüssige Innere ausdrücken. Das so gewonnene Tomatenfleisch grob hacken.

Das Olivenöl erhitzen und die fein geschnittene Zwiebel und den klein gehackten Knoblauch darin anschwitzen. Das Tomatenfleisch dazugeben und mit allen weiteren Zutaten würzen. Gut umrühren und bei mittlerer Hitze ohne Deckel einkochen lassen. Das Wasser sollte nahezu ganz verdampfen. Abschließend nochmals abschmecken und, wenn gewünscht, pürieren.

Einige Bemerkungen

Tomatensaucen gibt es wie Sand am Meer. Auch ich werde Ihnen nachfolgend noch einige aufzeigen, aber gewisse Dinge sollten immer beachtet werden.

Zunächst einmal die Tomaten selbst. In unseren Breitengraden ist es relativ schwierig, an Tomaten mit Geschmack zu gelangen. Zumeist kommen sie aus dem Treibhaus und schmecken bestenfalls nach Wasser. Aber selbst diese zum rohen Verzehr völlig ungeeigneten Tomaten kann man zu einer Tomatensauce verarbeiten, wenn man sie nur entsprechend einkocht. Das Wasser muss wirklich vollständig verkochen. Natürlich schmecken sonnengereifte Früchte, auf diese Weise zubereitet, noch viel besser. Was tun? Ganz einfach. Im Sommer, wenn in Italien die Früchte reifen, kann man sie dann und wann auch bei uns kaufen, bevorzugt die vollreifen Eiertomaten. Diese einfach häuten, ausdrücken und kalt pürieren. Danach in Flaschen abfüllen. Diese Flaschen verschlossen in einen großen Einmachtopf setzen, der bis zum Rand des Pürees mit Wasser gefüllt ist und die Flaschen ca. 1 Stunde leicht kochen. Im Wasser abkühlen lassen. Auf diese einfache Weise haben Sie das ganze Jahr eine tolle Basis für alle Ihre Tomatensaucen.

Natürlich gibt es auch gute Dosentomaten. Entscheiden Sie sich hier eher für bereits passierte Ware: passata di pomodoro oder polpa di pomodoro.

Tipp Sollten Sie nur über einfache Dosentomaten verfügen, schütten Sie diese in ein Sieb und zerschneiden die Früchte mit einem Messer. Lassen Sie die Flüssigkeit möglichst gänzlich ablaufen. Etwas Zucker gehört immer an Tomaten. Er steigert den Eigengeschmack ohne zu verfälschen. Sollten Sie Schärfe wünschen, gleich zu Beginn eine getrocknete und klein geschnittene Peperoni mit anschwitzen. Kräuter bekommen jeder Sauce: besonders frischer Oregano oder frisches Basilikum.

Kräftige Tomatensauce

Zutaten

500 g Tomaten	1 EL konzentriertes Tomatenmark
1 Gemüsezwiebel	1 Prise Zucker
1 Knoblauchzehe	1 kleine, getrocknete Peperoni
Olivenöl	Salz
100 g Möhren	Pfeffer
100 g Staudensellerie	Kräuter nach Belieben

Zubereitung

Tomaten häuten und entkernen. Gehackte Zwiebel und Knoblauch in ausreichend Olivenöl anschwitzen. Geraspelte Möhren und geraspelten Staudensellerie dazugeben und auf kleiner Flamme langsam Farbe nehmen lassen. Das Tomatenmark unterrühren. Das gewürfelte Tomatenfleisch sowie die Gewürze beifügen und alles bei kleiner Flamme einkochen lassen. Zum Schluss pürieren und eventuell mit etwas fruchtigem Olivenöl verfeinern.

Tipp Noch würziger wird die Sauce, wenn ein Lorbeerblatt mitgekocht wird.

Tomaten-Specksauce, scharf

Diese würzige Tomatensauce hat ihren Namen *all'amatriciana* von dem in den Abruzzen liegenden Ort Amatrice.

Tipp: Speck kann in allen Tomatensaucen mit verwendet werden, wenn sie etwas kräftiger schmecken sollen. Für einen noch herzhafteren Geschmack kann man dem Gericht auch 1 Glas kräftigen Rotwein beifügen.

Zutaten

150 g geräucherter, durchwachsener Speck
Olivenöl
1 Zwiebel
250 g Tomaten
1/2 Peperoni (ersatzweise Cayennepfeffer)
Salz, Pfeffer
100 g Parmesan

Zubereitung

Den gewürfelten Speck in der Pfanne auslassen. Öl und gehackte Zwiebel dazugeben und leicht anschwitzen. Gehäutete und entkernte Tomaten beifügen und würzen. In der Zwischenzeit die Nudeln kochen. Es passen besonders gut dicke Spaghetti. Die Nudeln zur Sauce in die Pfanne geben und neben dem Herd mit 50 g Parmesan mischen. Den Rest des Käses am Tisch reichen.

Tomatensauce mit Oliven und Kapern

Tipp: Verwenden Sie nur Kapern von den Liparischen Inseln. Sie sind meist dick und haben einen schönen intensiven Geschmack. Dosenkapern sollten ausschließlich in Salz gelagert sein, weshalb sie vor der Zubereitung gründlich abgespült werden müssen.

Zutaten

100 g schwarze Oliven, entkernt
3 EL Kapern
3 Sardellenfilets
1 scharfe Peperoni
Olivenöl
3 Knoblauchzehen
500 g Tomaten
2 EL Tomatenmark
Salz, Pfeffer
1/2 Bund glatte Petersilie

Zubereitung

Oliven und Kapern fein hacken. Sardellenfilets abspülen, ebenfalls hacken. Peperoni entkernen und fein schneiden. Olivenöl erhitzen und Knoblauch und Peperoni kurz andünsten. Gehäutete, entkernte Tomaten und Sardellenfilets beifügen.

Gut durchkochen lassen. Kapern und Oliven in die Sauce geben und mit Salz und Pfeffer abschmecken. Zuletzt gehackte Petersilie beigeben und mit der gekochten Pasta mischen.

Tomatensauce mit Balsamessig

Tipp: Frisches Basilikum ist in unseren Breitengraden ein Problem. Es braucht einen warmen Ort, um zu wachsen. Gleichzeitig lieben unsere Gartenschnecken das wohlschmeckende Kraut. Versuchen Sie es einmal in einem Blumenkasten auf der Fensterbank. Entweder außen auf der der Sonne zugewandten Seite Ihrer Wohnung oder draußen, direkt vor einer wärmespeichernden Außenmauer aus Ziegeln.

Zutaten

2 EL Olivenöl	Salz, Pfeffer
2 Knoblauchzehen	75 g Butter
1 Bund frisches Basilikum	4 EL Balsamessig
800 g Tomaten	120 g Pecorino, ersatzweise Parmesan

Zubereitung

Das Öl erhitzen und den gehackten Knoblauch andünsten. Das klein gerupfte Basilikum zufügen und die gehäuteten und entkernten Tomaten beigeben. Dickflüssig einkochen lassen. Mit Salz und Pfeffer abschmecken.

In der Zwischenzeit die Nudeln al dente kochen und abgießen. Im selben Topf die Butter zerlassen und die Nudeln zurück in den Topf geben. Kurz umrühren und mit dem Balsamessig übergießen. Einige Sekunden umrühren, bis die Nudeln Farbe genommen haben. Jetzt die Hälfte des geriebenen Pecorino beifügen und die Tomatensauce darunter rühren. Mit dem Rest Käse servieren.

Tomatensauce alla Bolognese

Die wohl berühmteste Pastasauce war für viele Deutsche in den fünfziger Jahren neben der Pizza der Einstieg in fremde Küchen.

Tipp: Je länger das Ragout schmort, desto besser für den Geschmack. Idealerweise wird es sogar erst am nächsten Tag aufgewärmt gegessen. Es lässt sich ebenfalls bestens einfrieren, weshalb man bei der Menge auch kräftig zulegen kann.

Zutaten

Olivenöl	Salz, Pfeffer
100 g Zwiebeln	50 g Butter
100 g Möhren	3 EL Tomatenmark
2 Knoblauchzehen	800 g Tomaten
100 g Stangensellerie	1 Prise Zucker
100 g geräucherter Speck	125 ml kräftige Fleischbrühe
300 g Hackfleisch, halb Rind, halb Schwein	Petersilie oder frischer Oregano nach Belieben

Zubereitung

In gut 3 EL Olivenöl gehackte Zwiebeln, Möhren, Knoblauch, Sellerie und gewürfelten Speck anbraten. Hackfleisch darunter mischen und gut durchrühren. Mit Salz und Pfeffer würzen. Butter und Tomatenmark einrühren und kurz anschwitzen. Tomaten häuten, entkernen und hacken. Mit den gehackten Tomaten auffüllen und mit einer Prise Zucker würzen. Auf kleiner Flamme zunächst mit geschlossenem Deckel, später, sollte sich zu viel Brühe abgesetzt haben, ohne Deckel kochen. Zum Schluss mit der heißen Brühe auffüllen. Eventuell mit Petersilie oder Oregano abschmecken.

Optimal schmecken hierzu Tagliatelle, Spaghetti oder Penne.

Bemerkung
Jede italienische Hausfrau hat ihr eigenes Rezept. Deshalb probieren Sie aus. Wenn Ihnen der Speck zu aufdringlich erscheint, lassen Sie ihn einfach weg. Ebenso kann die Knoblauchmenge erhöht oder weggelassen werden. Auch kann die Brühe teilweise oder ganz durch einen kräftigen Rotwein ersetzt werden. Gestalten Sie einfach Ihr Hausragout!

Aglio e olio

Kommen wir nach den Tomaten so langsam zu den vielen anderen wohlschmeckenden Saucen. Neben den Nudeln mit Butter und Parmesan sind sicher die Spaghetti mit Knoblauch und Olivenöl der Klassiker der einfachen Küche. Aber die Qualität der Produkte ...

Zutaten

| 100 ml frisches Olivenöl | 2 scharfe, rote Peperoni |
| 5 frische Knoblauchzehen | Salz, Pfeffer |

Zubereitung
Das Öl in einer Sauteuse erhitzen. Den fein gehackten Knoblauch und die entkernten, in feine Ringe geschnittenen Peperoni beifügen und leicht anbraten. Der Knoblauch darf dabei keine Farbe nehmen. Eventuell die Hitze reduzieren. Die Nudeln währenddessen in ausreichend Salzwasser kochen, abschütten und in eine warme Schüssel geben. Mit dem heißen Knoblauchöl übergießen und durchmischen. Pfeffer darüber mahlen und sofort servieren.

> **Tipp** Bitte verzichten Sie auf dieses Gericht, wenn Sie nicht über ein exzellentes, kaltgepresstes Olivenöl verfügen. Außerdem muss es wirklich frisch sein, sonst hat diese Pasta einen nahezu widerlichen Geschmack. Bei der Qualität des Knoblauchs sollten Sie ähnliche Maßstäbe anlegen. Vielleicht haben Sie ja noch von unserem im Sommer eingemachten ein Glas im Vorratsschrank.

117

Pesto

Ein weiterer Saucenklassiker. Herkunft: Genua.

Zutaten

- 2 EL Pinienkerne
- Salz
- 1 großer Bund Basilikum
- 3 junge Knoblauchzehen
- 125 ml Olivenöl
- 50 g Parmesan

Zubereitung

Die Pinienkerne in einer Pfanne leicht rösten. Anschließend mit dem Salz, dem Basilikum und dem Knoblauch in der Moulinette fein zerhacken. Nun so viel Olivenöl untermischen, dass eine feste cremige Konsistenz erreicht wird. Mit frisch geriebenem Parmesan abschmecken.

Bemerkung

Der echte Pesto wird nicht in der Küchenmaschine, sondern im Mörser zerstoßen. Eine elende Arbeit, die nur den Sinn haben kann, den Koch oder die Köchin auf bestimmte Zeit in der Küche festzuhalten. Mit modernen Küchenmaschinen ist definitiv kein Unterschied zu schmecken. Aber, es müssen wie immer erstklassige Zutaten zur Verfügung stehen.

Tipp Immer gleich etwas mehr herstellen und einfrieren. Im Kühlschrank hält sich der Pesto etwa 8 Tage. Am besten schmeckt er allerdings am zweiten Tag. Sollte der Pesto zu fest sein, einfach einen Löffel Nudelwasser darunter rühren.
Sie können auch anstatt Pinienkernen Mandeln nehmen. Sollten Sie den Pesto für eine Suppe nehmen, muss er etwas flüssiger sein. Entweder den Parmesan weglassen oder die Ölmenge erhöhen.

Olivensauce (Tapenade)

Diese Sauce stammt wahrscheinlich eher aus Frankreich, passt aber wunderbar zu Tagliatelle oder Spaghettini.

Zutaten

- 8 Sardellenfilets
- 60 g Kapern
- 150 g schwarze Oliven, entkernt
- 5 junge Knoblauchzehen
- 125 ml Olivenöl
- Pfeffer

Zubereitung

Sardellenfilets und Kapern gut abspülen, damit das ihnen anhaftende Salz verschwindet. Alle Zutaten in einer Küchenmaschine pürieren und dabei das Öl nach und nach einlaufen lassen. Ob Sie die Sauce eher grob oder sehr fein püriert mögen, ist dabei reine Geschmackssache. Zum Schluss mit Pfeffer aus der Mühle abschmecken.

Tipp: Die Sauce in kleine Gläschen abfüllen. Sie hält sich gut 1 Woche im Kühlschrank. Versuchen Sie diese Paste einfach auf einem Stück getoastetem Weißbrot als Vorspeise mit einem Glas Prosecco. Sollte die Tapenade für das Nudelgericht zu fest sein, mit 1 EL Nudelwasser geschmeidig rühren.

Gorgonzolasauce

Zutaten

- 125 g durchwachsener, geräucherter Speck
- 250 ml Sahne
- 100 g Gorgonzola
- 1 Spritzer Cognac
- Salz, Pfeffer
- Muskat
- Parmesan

Zubereitung

Den Speck in dünne Scheiben und anschließend in kleine Streifen schneiden. In der Pfanne ohne Fett bei milder Hitze auslassen. Sobald er Farbe genommen hat, die Sahne aufgießen und kräftig aufkochen lassen. Den Gorgonzola in kleinen Stücken beifügen und warten, bis er gänzlich aufgelöst ist. Jetzt mit Cognac und den Gewürzen kräftig abschmecken. Die Nudeln nach dem Kochen für etwa eine Minute in der Gorgonzolasauce schwenken. Mit frisch geriebenem Parmesan servieren.

Gorgonzolasauce ist ideal zu Tagliatelle, Penne oder Tortellini. Probieren Sie eventuell auch einmal eine vollwertige Pasta, die von dieser Sauce bestens ergänzt wird.

Tipp: Die Mengenangaben sind Richtwerte. Die Konsistenz der Sauce hängt vom Fettgehalt der Sahne und des Käses ebenso ab wie vom Einkochen der Flüssigkeit.

Berühmte & ausgefallene Nudelgerichte

Spaghetti Carbonara

Zutaten

- 1 Portion Nudelteig, Variante 1
- 200 g durchwachsener Speck
- 1 Knoblauchzehe
- 4 Eier
- 100 g Parmesan
- Salz, Pfeffer

Zubereitung

Den Speck in Streifen schneiden und in einer Pfanne auslassen. Zum Schluss den gepressten Knoblauch zufügen. In einer Schüssel die Eier verquirlen, den Parmesan untermischen und kräftig abschmecken. Die Spaghetti kochen und mit dem Speck mischen. Anschließend die Eimasse neben dem Herd darüber gießen und gut unterheben. Sofort servieren.

Tipp Sollten Sie den rohen Eigeschmack nicht so lieben, können Sie die Eimasse auch auf dem Herd zufügen. Aber Vorsicht, es setzt sehr schnell an und kann durch den Käse auch leicht gerinnen. Einmal schnell umrühren sollte genügen.

Papardelle mit Steinpilzen

Tipp: Da gute, feste Steinpilze bei uns nur schwer zu bekommen sind, können Sie das Gericht auch ohne allzu große Geschmackseinbußen mit getrockneten Steinpilzen herstellen. Hier aber auf eine sehr gute Qualität achten.

Zutaten

- 1 Portion Nudelteig, Variante 3
- 400 g magerer durchwachsener Speck
- Olivenöl
- 2 Knoblauchzehen
- 3 Zweige Rosmarin
- 1 kg kleine feste Steinpilze
- Salz
- Pfeffer
- Parmesan

Zubereitung

Speck in dünne Streifen schneiden und in etwas Olivenöl auslassen. Gepressten Knoblauch und gehackte Rosmarinnadeln beifügen. Kurz anziehen lassen und beiseite stellen.

Die Steinpilze in Scheiben schneiden und in drei Portionen teilen. Nacheinander in Olivenöl bei großer Hitze anbraten. Mit Salz und Pfeffer würzen und mit dem Inhalt der ersten Pfanne mischen. Die Papardelle abgießen und mit dem Steinpilzragout mischen. Frisch geriebenen Parmesan dazureichen.

Ravioli alla Genovese

Gefüllte Nudeln sind zugegebenermaßen echte Arbeit. Fluchen Sie ruhig bei der Zubereitung oder betrinken Sie sich schon mal ein wenig. Tatsache ist, wenn Sie dann beim Essen sitzen, reut es Sie keine Sekunde.

Tipp: Achten Sie unbedingt darauf, dass die Mischung möglichst trocken ist, sonst weicht der Teig durch. Es ist kein Problem das Bries wegzulassen, sollten Sie es nicht bekommen oder nicht mögen, was ich mir allerdings nicht vorstellen kann, ist es doch wie zartestes Kalbfleisch.

Zutaten

- 1 Portion Nudelteig, Variante 2
- 200 g Mangold ohne Stiele, ersatzweise Spinat
- 80 g Petersilie
- 80 g Basilikum
- 150 g Kalbsbries
- 1 altbackenes Brötchen
- 150 g Kalbshack
- 100 g Kalbsbrät
- 2 Eier
- 3 EL Parmesan
- Salz
- Pfeffer
- etwas Majoran

Zubereitung

Mangold, Petersilie und Basilikum kurz in heißem Wasser blanchieren und anschließend sehr, sehr gut ausdrücken. Fein hacken und in eine Schüssel geben. Das Bries säubern und 5 Minuten abkochen. Das schiere Fleisch auslösen und in kleine Würfel schneiden. Zum Gemüse geben. Brötchen aufschneiden, in warmem Wasser einweichen. Gut ausdrücken und zur Masse geben. Das Hackfleisch, das Brät, die Eier und den Parmesan zum Gemüse geben und gut würzen. Intensiv mischen.

Den Nudelteig zu Bahnen ausrollen. Jetzt im Abstand von 5 cm eine Löffelmenge Füllung setzen. Die nächste Nudelbahn darüber legen und mit der

the mechanical strength of fresh frozen ACL allografts in dogs at 8, 16, 24, 36, and 78 weeks after implantation and reported minimum strength of 50% of controls at 8 weeks with return to 90% of controls at 36 weeks. There was no statistical difference between autograft and allograft ACL reconstructions at any time period.[78] Several investigators have stated that the method of preservation does not significantly alter the mechanical properties of the graft, but rather that the weakening occurs during the remodeling of the graft.[4, 78, 114, 115] The important message is to implant a tissue for reconstruction that is stronger than the natural ACL, in order to achieve a final product that closely matches the biomechanical properties of the native ligament.

INDICATIONS FOR ALLOGRAFT USE IN LIGAMENT RECONSTRUCTION

Though the threat of disease transmission, particularly HIV disease and AIDS, has recently curtailed the widespread use of soft tissue allografts for ligamentous knee reconstructions, many indications and relative indications exist for the use of these tissues in knee surgery. Undoubtedly, as screening procedures, harvesting and storage techniques, and sterilization methods improve, allograft ligament reconstructions will regain their popularity. In addition, a vaccine against HIV would likely alleviate the fears of patients and physicians who are now reluctant to accept allograft tissues for reconstruction when safer autograft tissues can be utilized.

At the present time, situations that merit consideration of allograft reconstruction include the following:

1. Patients with failed autograft reconstructions (i.e., salvage cases), to avoid harvesting tissues from the contralateral limb or utilizing less optimal tissues from the injured extremity.
2. Patients over 40 years of age with gross instability that diminishes their quality of life and does not respond to conservative treatment.
3. Patients with small patellar tendons (less than 25 mm in width), moderate to severe patellofemoral chondrosis, patellofemoral malalignment syndrome, patella baja, or hyperelastic tissues, in an attempt to diminish the risks of postoperative patellofemoral complaints and recurrent instability.
4. Patients with knee dislocations and multidirectional instability that require multiple grafts for reconstruction or extensive surgery, in whom autograft harvests will increase operative and tourniquet time and perhaps boost the potential for postoperative stiffness or arthrofibrosis. Patients presenting with concurrent ACL rupture and either partial or complete hamstring or patellar tendon rupture are candidates for allograft reconstruction.
5. Patients with PCL injuries requiring reconstruction, because the long, broad Achilles tendon allograft provides a larger, stronger graft substitute.
6. Patients who request allograft reconstructions whether on cosmetic or medical grounds, as there is a growing body of literature supporting these techniques as viable alternatives to autograft reconstructions.

Other indications for allograft use will certainly emerge in the near future, such as the possibility of controlling posterolateral rotatory instability by reconstructing the fibular collateral ligament from the fibular head to an isometric point on the lateral femoral condyle employing a BTB allograft. At this time, however, it is important to emphasize that autograft reconstructions remain the gold standard of care, and long-term studies from academic centers on allograft reconstructions should be reviewed critically as they appear in the literature over the next several years. The most valuable studies will obviously be randomized, prospective comparisons of allograft vs. autograft reconstructions using similar techniques.

In the meantime, orthopaedic surgeons should make judicious use of allografts for knee ligament reconstructions. A sound understanding of the physiology of allografts, and the inherent differences between these tissues and their autogenous counterparts, is of utmost importance in this regard. For instance, the use of allografts for routine, primary reconstructions in athletes in order to reduce rehabilitation time is not supported by current literature on either theoretical or clinical grounds. Allograft reconstructions should be performed when their unique properties increase the potential for a successful final outcome. Our current allograft techniques and rehabilitation protocols are described below.

ALLOGRAFT ANTERIOR CRUCIATE LIGAMENT TECHNIQUE

After the decision has been made to utilize an allograft for ACL reconstruction, a determination must be made concerning the type of graft to be utilized. The surgeon should have a strong understanding of the differences between fresh frozen and freeze-dried soft tissue grafts, as well as being familiar with the

Papardelle mit Hirschragout

kräftigen Sugo. Hier mit Hirsch. Das geht auch mit jedem anderen Wild oder mit Ente.

Zutaten

1 Portion Nudelteig, Variante 3	400 ml Wildfond
500 g Hirschragout	100 g Zartbitterschokolade
Salz	2 EL Rotweinessig
100 g Butter	10 g rote Chilischote
durchwachsener Speck	Zitronensaft
100 g Mohren	
100 g Schalotten	4 EL Petersilie
1 Flasche kräftiger Rotwein	
	30 g geröstete Pinienkerne

geschlossenen Topf köcheln lassen. Anschließend die Schokolade raspeln und mit dem Essig zum Ragout geben. Die Flüssigkeit gut 20 Minuten einkochen

Pinienkernen und gehackter Petersilie bestreuen.

Zitronennudeln mit Erbsen und Zuckerschoten

Tipp: Wenn Sie industrielle Nudeln kochen, können Sie die Erbsen mit ins Nudelwasser geben. 4 Minuten vor Garende dann auch die Zuckerschoten beifügen und alles zusammen abschütten.

Zutaten

1 Portion Nudelteig, Variante 3	Cayennepfeffer
Saft und Schale von 3 unbehandelten Zitronen	450 g frische gepulte Erbsen
1 Knoblauchzehe	300 g Zuckerschoten
450 ml Schlagsahne	150 g Parmesan
Salz	3 Zweige Minze
	3 Zweige Basilikum

Zubereitung

Nudeln, wie auf Seite 111 beschrieben, herstellen.

Die Schale der Zitronen fein abreiben. Aus einer Zitrone 4 EL Saft gewinnen und diesen mit der Hälfte der Schalen, mit dem fein gehackten Knoblauch und der Sahne mischen. Würzen und aufkochen.

Erbsen und Zuckerschoten in Wasser garen. Den Parmesan in dünne Streifen hobeln, die Kräuter fein schneiden. Nudeln und Gemüse zusammenbringen. Die Zitronensahne darüber gießen und die gerupften Kräuter unterheben. Auf Teller verteilen und mit den Parmesanstreifen und der restlichen Zitronenschale bestreuen.

Tagliatelle mit Zitronen-Parmesan-Sauce

Zutaten

1 Portion Nudelteig, Variante 3	200 g Parmesan
Salz, Pfeffer	abgeriebene Schale von 2 unbehandelten Zitronen
Saft von 5 Zitronen	
200 ml Olivenöl	10 Basilikumblätter

Zubereitung

Die Nudeln in reichlich Salzwasser kochen und anschließend abschütten. Während des Kochens den Zitronensaft kräftig mit dem Öl mischen. Anschließend den fein geriebenen Parmesan unterrühren, bis eine cremige Masse entsteht. Mit Pfeffer und Salz abschmecken.

Die Creme über die heißen Nudeln gießen und gut durchrühren. Mit Zitronenschale und Basilikum mischen und servieren.

Tagliatelle mit Morcheln und Kalbsleber

Zutaten

1 Portion Nudelteig, Variante 3	2 EL Öl
50 g getrocknete Morcheln	3 EL weißer Portwein
200 g frische Perlzwiebeln	500 ml Sahne
100 g durchwachsener Speck	Salz
400 g Kalbsleber	Pfeffer

Zubereitung

Morcheln in heißem Wasser einweichen. Herausnehmen und gut trockentupfen. 500 ml der Einweichflüssigkeit durch ein Sieb in einen Topf geben und dicklich einkochen. Die Morcheln grob hacken. Die Perlzwiebeln ca. 5 Minuten in Salzwasser abkochen und anschließend pellen. Den in dünne Scheiben geschnittenen Speck sehr fein würfeln. Leber säubern und in Streifen schneiden.

Speck in Öl ausbacken und zum Entfetten auf Küchenkrepp legen. Ins gleiche Fett die Zwiebeln geben und kräftig anbraten. Morchelstücke dazugeben und kurz mitbraten. Salzen und mit dem Port ablöschen. Sahne und Morchelsud zufügen und das Ganze cremig einkochen. Würzen. Währenddessen die Nudeln in reichlich Salzwasser kochen. Leber im restlichen Öl kräftig anbraten. Mit den fertigen Nudeln, dem Speck und der Sauce mischen.

Tipp Die meisten Menschen haben, wenn überhaupt, roten Port im Hause. Die Anschaffung des weißen lohnt aber in jedem Fall. Stellen Sie ihn sehr kalt und genehmigen Sie sich im Sommer ein Gläschen als Aperitif. Schmeckt sehr gut.

Lasagne

Das war das erste Gericht, das ich als 14-Jähriger erlernte. Kein Wunder also, dass ich es noch heute liebe. Es ist sicher nicht das Originalrezept, wenn ich es auch von einer römischen Mamma gezeigt bekam.

Zutaten

1 große Portion Bologneser Ragout (siehe Seite 116)	Parmesan
Nudelplatten	100 g Butter
2 Päckchen Mozzarella	1 Portion Tomatensauce, dick eingekocht, mit Basilikum gewürzt (siehe Seite 112)

Zubereitung

Eine große Auflaufform mit Olivenöl auspinseln. Die erste Lage Nudelblätter (ungekocht) darauf legen und mit einer Lage Ragout bedecken. Mozzarellastückchen darauf verteilen und Parmesan darüber streuen. Auf diese Weise fortfahren, bis die Form gefüllt ist. Auf die letzte Lage noch Butterflöckchen setzen und die Form mit Alufolie abdecken. Bei 200 °C im Backofen ca. 50 Minuten backen. Schneiden Sie die Lasagne in Stücke. Auf jeden Teller einen Saucenspiegel aus heißer, würziger Tomatensauce geben und die heiße Lasagne darauf setzen.

Tipp Nehmen Sie Industrieware, ohne diese vorzukochen. Die Nudelplatten ziehen beim Garen das überschüssige Wasser aus der Form. Auf diese Weise wird die Lasagne schön fest. Füllen Sie eine große Form und frieren Sie den Rest portionsweise ein. Auf diese Weise lohnt der Aufwand erst recht.

Spaghetti mit gefüllten Lammhackbällchen

Zutaten

1 Portion Spaghetti-Grundteig, Variante 1
1 Portion Tomatensauce (siehe Seite 112)
Parmesan

Für die Hackbällchen
50 g Zwiebeln
2 altbackene Brötchen
750 g Lammhack
2 Eier
Salz, Pfeffer
Parmesan

Für die Füllung
50 g Pinienkerne
50 g Basilikum
2 Knoblauchzehen
40 g Parmesan
2 EL Olivenöl
Salz, Pfeffer
50 g Butter

Zubereitung

Für die Füllung die Pinienkerne in einer Pfanne leicht rösten. Zusammen mit den abgezupften Basilikumblättern, dem zerhackten Knoblauch und dem geriebenen Käse in der Küchenmaschine fein zerhacken. Dabei das Öl einfließen lassen. Würzen und mit der weichen Butter geschmeidig rühren. Aus dieser Masse 16 runde Kügelchen formen, auf einen Teller setzen und im Kühlschrank fest werden lassen.

Für die Hackbällchen die Zwiebeln in feine Würfel schneiden. Die Brötchen in Scheiben schneiden und in warmem Wasser einweichen. Gut ausdrücken und mit dem Hack, den Zwiebeln und den Eiern zu einem schönen Teig kneten. Kräftig mit Salz und Pfeffer würzen. Mit der Hand 16 Klößchen formen und je eine der kalt gestellten Füllungen hineindrücken. Gut verschließen.

Ein Blech mit Pergamentpapier auslegen und die Bällchen darauf setzen. Im Backofen bei 220 °C in 30 Minuten backen.
Auf die fertigen Spaghetti geben und mit der Tomatensauce übergießen. Dazu frisch geriebenen Parmesan reichen.

Penne mit Spinat

Tipp: Fontina ist ein wunderbarer, halbfester Käse aus dem Aostatal und eignet sich vorzüglich zum Schmelzen. Penne sollten Sie immer kaufen. Die eigene Herstellung ist fast unmöglich.

Zutaten

- 400 g Penne
- 1 kg frischer Spinat
- 300 g Fontina
- 125 ml Milch
- Salz, Pfeffer
- Muskat
- 200 ml Sahne
- 1 TL Speisestärke
- 3 Eigelb
- 100 g Butter
- 2 Knoblauchzehen
- 2 EL Weißwein

Zubereitung

Spinat waschen und sehr gut trocknen. Den Fontina mit der heißen Milch überbrühen und im Wasserbad schmelzen lassen. Mit Muskat würzen.

In einem separaten Topf derweil die Sahne aufkochen und mit der in Wasser aufgelösten Stärke etwas abbinden. Die Eigelb zügig unterschlagen. Salzen, pfeffern und mit der Fontinacreme mischen. Im Wasserbad zu einer homogenen Creme schlagen. Im gleichen Bad warm halten.

Butter in einem Topf auslassen. Gehackten Knoblauch dazugeben und den Spinat einfüllen. Mit geschlossenem Deckel zusammenfallen lassen. Sehr gut ausdrücken. Mit der Fontinacreme und den gekochten Penne mischen. Mit Weißwein, Salz und Pfeffer nochmals abschmecken.

Penne all'arrabiata

Zutaten

- 400 g Penne
- 100 g Speck
- 1 Zwiebel
- 2 EL Olivenöl
- 2 Knoblauchzehen
- 500 g reife Tomaten
- 2 kleine Chilischoten
- Salz, Pfeffer
- 50 g Parmesan
- 1 Bund Petersilie

Tipp: Wem so viel Chili zu ›rabiat‹ ist, der sollte die Schoten nur halbieren und nach dem Kochen wieder entfernen.

Zubereitung

Gewürfelten Speck und Zwiebeln in Olivenöl auslassen. Knoblauch, gewürfelte Tomaten und klein geschnittene Chilischoten beifügen. Salzen, pfeffern und köcheln lassen. Nudeln kochen, abgießen und für 2 Minuten auf dem Herd lassen und mit der Sauce mischen. Geriebenen Parmesan unterheben, gehackte Petersilie darüber streuen.

Reis & Risotto

Reis spielt heute in unserer Küche nach wie vor eine untergeordnete Rolle: Nach Kartoffeln und Nudeln kommt lange Zeit nichts und dann endlich der Reis. Wahrscheinlich, weil er immer nur mit asiatischem Essen in Verbindung gebracht wird. Oder aber, weil sein Einsatz oft im Bereich gesundheitsorientierter Diäten (Schonkost) liegt. Schließlich sind es eher die Kinder, denen man etwas Reis auf den Teller schaufelt, wohl weil man damit so vortrefflich spielen kann.

Ich persönlich spiele auch sehr gerne damit, und zwar in der Küche allein aus dem Grund, weil ich mich hinterher so richtig lecker satt essen kann. Dabei spielt es kaum eine Rolle, ob ich chinesisch, deutsch oder italienisch koche. Für jedes Gericht gibt es die optimale Reisvariante.

Welchen Reis soll ich nehmen?
In den fünfziger Jahren galt der Beutelreis neben dem Pfanni-Flockenpüree als *die* Errungenschaft der modernen Küche. Alles zu seiner Zeit. Also, Beutelreis in den großen Beutel und statt dessen selber kochen!
• Aus Amerika kommt ein sehr guter Langkornreis, der zu nahezu allen deutschen Gerichten schmeckt.
• Aus dem Iran, Indien, dem Himalaya und anderen exotischen Gegenden stammt der würzige Basmatireis (Duftreis),

der vorwiegend in der feinen Küche verwendet wird. Aber vorsichtig: Zu vielen Gerichten schmeckt er einfach zu parfümiert. Außerdem nimmt er die Saucen nur schlecht auf.
• Aus Italien schließlich kommt der Rundkornreis, den wir zur Herstellung eines Risottos benötigen.

Reis
Grundrezept 1

Zutaten
- 1 große Tasse Langkornreis
- 1,5 Tassen Wasser
- 1 Prise Salz

Zubereitung
Alles zusammen in einem Topf mit geschlossenem Deckel aufkochen. Sobald es kocht, den Herd abstellen und den Reis auf der heißen Platte ausquellen lassen. Dies dauert etwa 20 Minuten. Achtung: Diese Methode funktioniert nur auf Elektroherden. Bei Gasherden die Wassermenge erhöhen und den Gargrad immer wieder überprüfen. Anschließend in ein Sieb abgießen. Dies ist die einfachste Methode Reis zu kochen, aber es ist nicht die leckerste.

Grundrezept 2

Zutaten
- 1 große Tasse Langkornreis
- 1,5 Tassen kräftige Geflügelbrühe
- Salz
- 30 g Salzbutter

Zubereitung
Siehe oben. Nach Fertigstellung die flüssige Butter unter den Reis geben.

Tipp Dieser Reis schmeckt auch solo. In aller Regel esse ich ihn mit Fisch oder Geflügelragout.

Risotto
Reine Reisgerichte sind in Deutschland eher selten, daher verweise ich bei den jeweiligen Hauptspeisen auf die aufgeführten Reisvarianten. Ganz anders ist dies wieder einmal in Italien. Risotto ist ein vollwertiges Gericht, was sich in der Vielfalt der nachstehenden Gerichte ausdrückt. Auch hier gilt: Jede Hausfrau hat ihr eigenes Rezept. Also probieren auch Sie. Fast alles geht und schmeckt. Was soll auch schon bei Grundzutaten wie den nachfolgenden schief gehen:

Risotto-Grundrezept

Tipp: Versuchen Sie, wenn irgend möglich, Reis der Sorte Arborio oder noch besser Carnaroli für ihren Risotto zu kaufen. Außerdem empfiehlt es sich immer, etwas mehr Risotto zu machen, da man aus den Resten die wunderbaren Reisbällchen (Suppli) herstellen kann.

Zutaten

- 1 Schalotte
- Olivenöl
- 250 g Risottoreis (Rundkorn)
- 150 ml Weißwein
- 1–1,3 l kräftige Brühe
- 40 g Butter
- 80 g Parmesan
- Salz
- Pfeffer

Zubereitung

Die klein gehackte Schalotte in einem großen Topf in heißem Olivenöl auslassen. Den Reis dazugeben und leicht anschwitzen. Mit dem Weißwein ablöschen. Wenn der Wein ganz verkocht ist, kellenweise aus einem anderen Topf die heiße Brühe angießen und unter stetigem Rühren (nur dann wird er schön geschmeidig) immer wieder einkochen lassen. Wenn der Reis gar ist, den Topf vom Herd ziehen. Jetzt entscheidet sich, ob sie einen guten oder einen sehr guten Risotto herstellen können. Es darf jetzt keine Flüssigkeit mehr im Topf sein. Unter kräftigem Rühren die Butter und den frisch geriebenen Parmesan intensiv einschlagen. Dies darf gerne 5 Minuten dauern. Das Ergebnis sollte cremig sein, weder flüssig noch steif. Mit Salz und Pfeffer abschmecken.

Frittierte Reisbällchen

Tipp: Die fertig panierten Bällchen nochmals in den Kühlschrank oder besser in die Tiefkühltruhe stellen. Leicht anfrieren und erst dann frittieren. So halten sie in jedem Fall zusammen. Zum Ausbacken empfiehlt sich eine Fritteuse oder auch ein Wok. In beiden Fällen sollten die Bällchen im Fett schwimmen.

Zutaten

- Reste vom Grundrezept Risotto
- Mozzarella
- Mehl
- Salz
- Pfeffer
- 1 Ei
- Paniermehl
- Öl zum Ausbacken

Zubereitung

Von der Risottomasse walnussgroße Bällchen formen. Eine Mulde hineindrücken und ein Stück Mozzarella einfüllen. Anschließend die Bällchen zuerst in Mehl, dann in geschlagenem und mit Salz und Pfeffer gewürztem Ei, zuletzt in Paniermehl wenden. Das Paniermehl gut andrücken. Anschließend die Bällchen in heißem Fett portionsweise ausbacken und unbedingt sofort heiß servieren, so lange der Mozzarella sich noch zieht. Die fertigen Bällchen können zum Aperitif gereicht werden. Mit einem kleinen Salat sind sie auch ein kleiner Mittagssnack.

Risotto mit Pilzen

Dieser Risotto schmeckt mit allen Pilzarten, am besten aber ist das unvergleichliche Aroma von Steinpilzen.

Zutaten

gleiche Zutaten wie Grundrezept	etwas Petersilie
250 g Pilze	100 ml Weißwein
Olivenöl	Salz
1 Knoblauchzehe	Pfeffer

Zubereitung

Die Pilze in Scheiben schneiden. Olivenöl in einer Pfanne erhitzen und die Pilze kräftig anbraten. Anschließend den gehackten Knoblauch und die fein geschnittene Petersilie untermischen und das Ganze mit Wein ablöschen. Zur Hälfte einkochen lassen, salzen, pfeffern und den ganzen Pfanneninhalt gleich mit der ersten Kelle Brühe zum Reis geben. Nach bekannter Methode zu Ende garen.

Tipp Wenn Sie getrocknete Steinpilze verwenden, schütten Sie das Einweichwasser durch ein Sieb und benutzen es beim Reiskochen mit. Pilze nie zu früh salzen, da sie sonst zu schnell Wasser abgeben. Sie erhalten jedoch erst durch das Braten in der Pfanne ihren typischen Geschmack.

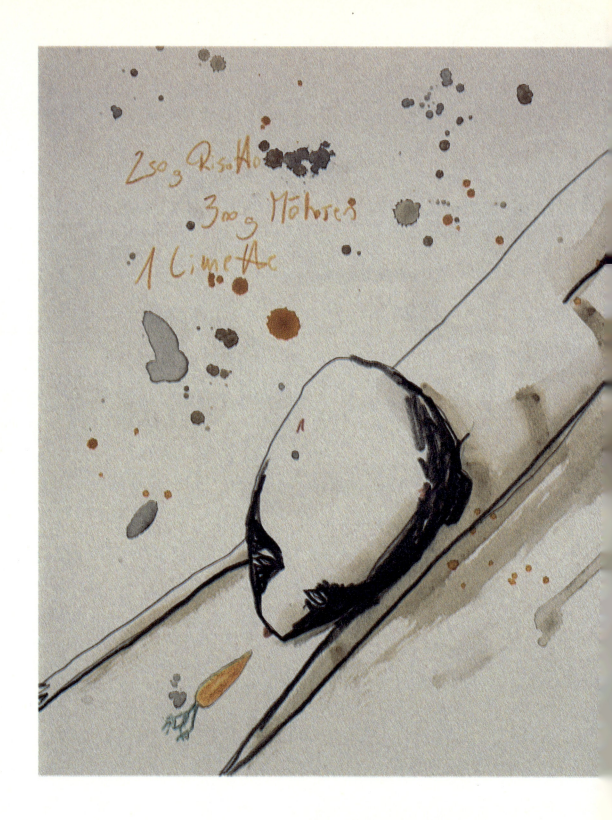

Risotto mit grünem Spargel

Zutaten
gleiche Zutaten wie Grundrezept
500 g frischer grüner Spargel

Zubereitung

Den grünen Spargel putzen und die holzigen Enden abschneiden (nicht schälen). Spargel in mundgerechte Stücke schneiden und mit der ersten Kelle Brühe unter den Reis heben. Die Spargelspitzen allerdings erst 10 Minuten vor Ende der Garzeit zufügen. Ansonsten bleibt die Zubereitung wie im Grundrezept beschrieben.

Tipp Dieses Gericht kann auch mit anderen Gemüsen zubereitet werden. Tomaten, Möhren, Sellerie, Artischocken oder auch eine Mischung aus allem. Wichtig ist dabei nur, dass Sie den Gargrad der einzelnen Produkte richtig berechnen. Eventuell die Gemüse separat kochen und erst zum Schluss unter den Reis heben.

Limettenrisotto mit Möhren

Zutaten

- 300 g Möhren
- 1 Limette, ersatzweise Zitrone
- Öl
- 1 Zwiebel
- 1 kleine Knoblauchzehe
- 250 g Risottoreis
- 200 ml Weißwein
- 1 l kräftige Gemüsebrühe
- Salz, Pfeffer, Muskat
- 1 TL Zucker
- Mineralwasser
- 50 g Salzbutter
- 50 g Parmesan

Zubereitung

Die Möhren putzen und in sehr dünne Scheiben schneiden. Die Schale der Limette fein abreiben, anschließend die Frucht auspressen. Ansonsten verfahren wie gewohnt. Öl im Topf erhitzen. Zwiebel und Knoblauch anschwitzen, Reis und ein Drittel der Möhren zugeben. Anschwitzen und mit Wein ablöschen. Mit heißer Brühe nach und nach auffüllen.

Den Zitronensaft angießen. Salzen und pfeffern. In einer Pfanne etwas Salzbutter auslassen. Den Zucker darin leicht karamellisieren, anschließend die Möhren dazugeben. Kurz anschwitzen und mit wenig Mineralwasser ablöschen. Jetzt den Risotto fertig stellen, mit Butter und Parmesan kräftig schlagen und mit etwas Muskat würzen. Auf heiße Teller geben, die Möhren darüber verteilen und mit etwas abgeriebener Limettenschale würzen.

Risotto mit Spinat

Zutaten

gleiche Zutaten wie Grundrezept sowie	50 g Pinienkerne
250 g Blattspinat	1 Zweig Thymian
	2 Knoblauchzehen

Tipp: Anstelle von Butter kann zum Schluss ein Löffel geschlagene Sahne untergemischt werden. Selbstverständlich kann man die Sahne auch zusätzlich verwenden.

Zubereitung

Den Spinat putzen, wässern und in der Salatschleuder gut trocknen. Grob hacken und anschließend in der heißen Pfanne ohne Fett zusammenfallen lassen. Die Pinienkerne ebenfalls in einer Pfanne leicht anrösten und zum Spinat geben. Währenddessen den Risotto auf die gewohnte Weise herstellen. Allerdings geben wir noch den Thymian und den angedrückten Knoblauch hinzu. Beides kann auf Wunsch am Ende wieder entfernt werden. Zum Schluss die Spinat-Pinienkern-Mischung unterheben und servieren. Dieser Risotto ist ein idealer Begleiter zu Fischgerichten.

Risotto mit Scampi

Tipp: Heutzutage entfernt man den Darm aus den Scampi. Aus optischen Gründen ist das sicher besser, geschmacklich ist es bedeutungslos. In südlichen Ländern käme keiner auf diese Idee. Ich tue es jedenfalls auch nicht, ich untersuche die Tiere allerdings auch nicht auf dem Teller, sondern esse sie einfach mit großem Genuss.

Zutaten

gleiche Zutaten wie Grundrezept	5 EL Tomatensauce (siehe Seite 112)
16 mittelgroße, rohe Scampi	3 EL gehackte Petersilie
Olivenöl	Zitronensaft
1 Knoblauchzehe	Balsamessig
Salz, Pfeffer, Currypulver	Salz

Zubereitung

Die Scampi waschen, auslösen und in mundgerechte Stücke teilen. Olivenöl erhitzen und die Knoblauchzehe gehackt hinzufügen. Die Scampis in die Pfanne geben. Salzen und pfeffern und so lange braten, bis die Tiere eine schöne rote Farbe angenommen haben. Leicht mit Curry bestäuben und die Tomatensauce zufügen. Alles etwas einköcheln lassen und den gesamten Pfanneninhalt kurz vor Fertigstellung des Risotto unter den Reis heben.

Risotto mit Geflügelleber

Zutaten

gleiche Zutaten wie Grundrezept	1 Zwiebel
20 g getrocknete Steinpilze	Butter
100 ml Weißwein	250 g Hühnerleber
50 g Speck	Salz, Pfeffer

Zubereitung

Steinpilze im Weißwein einweichen. Nach einer Stunde herausnehmen, trockentupfen und grob hacken. Den Weißwein durchsieben.

Den Risotto jetzt wie im Grundrezept angegeben zubereiten. Den klein geschnittenen Speck mit den gehackten Zwiebeln auslassen. Die Pilze hinzufügen, kurz braten und dann den Reis einfügen. Von hier ab wie bekannt weiter verfahren.

10 Minuten vor Garende in einer Pfanne Butter erhitzen und die gesäuberten und in mundgerechte Stücke geschnittene Leber anbraten. Salzen und pfeffern und mit dem Einweichwein der Pilze auffüllen. Kurz aufkochen und mit dem fertigen Risotto mischen.

Tipp: Diesen Teig in eine feuerfeste Form streichen und mit Parmesan bestreuen. Darüber etwas halbsteif geschlagene Sahne verteilen und unter dem Grill leicht bräunen.

Polenta

Der grob gemahlene Maisgrieß, die Polenta, gehört in Italien in die Küche wie bei uns das Kartoffelpüree. Dabei kann die Polenta fast flüssig, cremig oder fest sein. Für eine feste Polenta wird der Grieß auf einmal in die Brühe geschüttet. Sie wird dann schnell fest und zähflüssig. Danach auf ein Brett streichen und in Form schneiden. Anschließend in Olivenöl knusprig ausbacken oder mit Parmesan bestreut im Grill gratinieren. Ich halte davon nicht allzu viel. Eigentlich liebe ich nur eine Art und die sehr. Deshalb stelle ich hier das Rezept vor.

Zutaten

600 ml kräftige Brühe	1 Knoblauchzehe
600 ml frische Milch	250 g Polenta
Salz	50 g Butter
1 Zweig Thymian	50 g Parmesan

Zubereitung

Die Brühe mit der Milch, einer Prise Salz, dem Thymianzweig und der leicht angedrückten Knoblauchzehe aufkochen und einige Minuten köcheln lassen. Thymian und Knoblauch entfernen und den Mais unter kräftigem Schlagen mit dem Schneebesen löffelweise einrühren. Das dauert etwa 5 Minuten. Danach unter ständigem Rühren 20–30 Minuten ausquellen lassen. Anschließend die Butter und den geriebenen Parmesan einschlagen und heiß servieren.

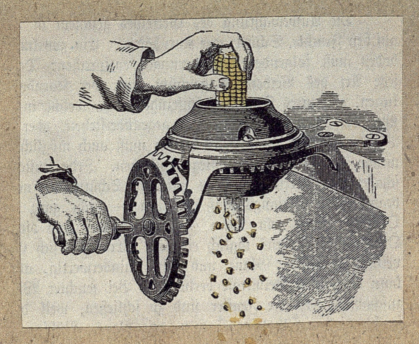

250g Polenta

600 ml Brühe

50 g Butter

600 Milch

GESCHICHTEN VOM S

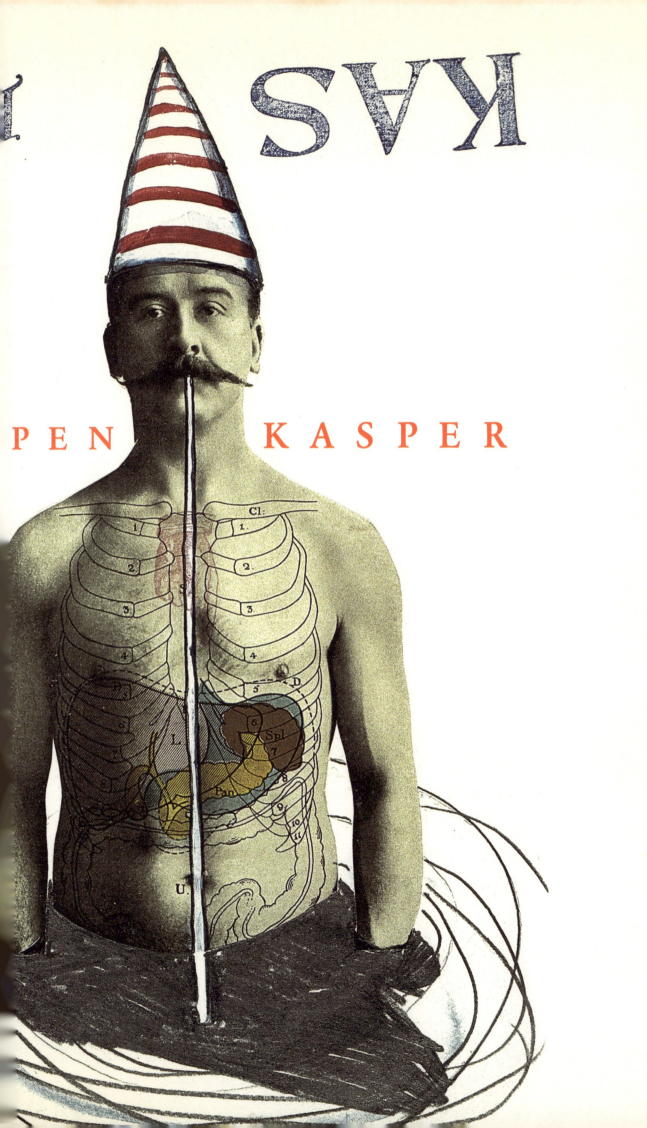

Ich bin ein Suppenkasper, also jemand, der nicht gerne Suppen isst. Wenn ich sie schon essen soll, dann müssen sie richtig gut schmecken. Für jeden Monat eine schöne Suppe, das ist mein Ziel. Also, hier meine höchst subjektive Auswahl.

Und um das gleich auch zu erwähnen: ›Schnelle Suppen‹ können nicht schmecken. Um Geschmack an Wasser zu bekommen, muss man hart arbeiten.

Tipp

Versuchen Sie hierzu unbedingt einen flüssigen Pesto (siehe Seite 119). Allerdings schmeckt ein Mandelpesto ohne Parmesan noch besser, als einer mit Pinienkernen. Geben Sie den flüssigen Pesto zum Schluss oben auf die Suppe. Dies ist geschmacklich und optisch ein Hochgenuss.
Der Pfirsichlikör schmeckt im Sommer auch anderweitig. Geben sie 300 ml frischen Weißwein und 300 ml Prosecco in eine Karaffe. Häuten und entkernen Sie weiße Pfirsiche. Grob hacken und dazugeben. Zum Schluss mit 50–100 ml vom Pfirsichlikör vermischen. Gut kalt stellen und abends zum Sonnenuntergang als Aperitif trinken. Brauchen Sie noch mehr Gründe, um diesen Likör zu besorgen?

Pfirsichsuppe mit Garnelen

Dies ist eine ungewöhnliche Suppe, ist doch nahezu nur Frucht im Teller. Dennoch schmeckt sie wie eine richtige Suppe. Durch die leichte Schärfe erhält sie einen wunderbaren ›Karibiktouch‹.

Zutaten

2 EL Olivenöl	100 ml Weißwein
50 g Schalotten	200 ml Schlagsahne
2 Knoblauchzehen	400 ml Pfirsichsaft
1 rote Pfefferschote	2 EL Crème de pêches (Pfirsichlikör)
6 vollreife Pfirsiche	Salz, Pfeffer
2 Zweige Thymian	Olivenöl
1 Zweig Rosmarin	400 g geschälte Garnelen

Zubereitung

Öl im Topf erhitzen. Gehackte Schalotten und 1 gehackte Knoblauchzehe mit der gewürfelten Pfefferschote dazugeben und kurz anschwitzen. Gehäutete und entkernte Pfirsiche dazugeben und mit Thymian und 1 Zweig Rosmarin würzen. Mit Wein ablöschen und mit Sahne, Pfirsichsaft, Pfirsichlikör und 200 ml Wasser auffüllen. Salzen und pfeffern.

Die Suppe bei mittlerer Hitze ca. 20–25 Minuten durchkochen. Anschließend die Kräuterzweige herausangeln und die Suppe mit dem Pürierstab bearbeiten, bis sie schön glatt ist. In einer Pfanne das Öl erhitzen, 1 Zweig Rosmarin und 1 Knoblauchzehe dazugeben. Die Garnelen salzen und pfeffern und von beiden Seiten braten.

Zum Anrichten die Garnelen in die Tellermitte legen und die Suppe vorsichtig dazugeben.

Currysuppe mit Hähnchenkeulen

Zutaten

130 g Basmati	1 kleine Knoblauchzehe
4 Hähnchenkeulen ohne Haut	1 TL Currypulver
Salz, Pfeffer	200 ml Kokosmilch
20 g Butter	500 ml kräftige Hühnerbrühe
150 g kleine Gemüsewürfel	50 ml Sahne
(Möhre, Lauch, Stangensellerie)	Kokosflocken zum Garnieren

Zubereitung

Den Reis kochen. Hähnchenkeulen salzen und pfeffern. Butter in einem Bräter aufschäumen und die Hähnchenschenkel darin von allen Seiten goldgelb anbraten. Gemüsewürfel und den fein gehackten Knoblauch dazugeben und kurz mit anschwitzen. Mit Currypulver bestäuben und mit Kokosmilch und Hühnerbrühe auffüllen. 30 Minuten köcheln lassen. Basmatireis einstreuen und weitere 5 Minuten kochen. Hähnchenkeulen herausfischen und kurz im Backofen warm halten. Die Sahne einrühren und nochmals kräftig aufkochen. Die Hähnchenkeulen auf Teller legen und mit der heißen Suppe übergießen. Mit Kokosflocken und etwas Curry garnieren.

Tipp Ein optischer Hochgenuss wird das Ganze, wenn Sie die Suppe in Kokosnusshälften servieren. Die Kokosnuss halbieren und jede Hälfte in eine große Suppentasse oder Milchschale setzen. Ansonsten wie oben beschrieben.

Erbsensuppe mit Minzblättchen

Vergessen Sie alles, was Sie bisher von Erbsensuppe zu wissen glaubten. Hier kommt das ultimative Rezept.

Zutaten

110 g Butter	Salz, Pfeffer, Muskat
60 g weiße Zwiebel	500 ml heiße Gemüsebrühe
1 Knoblauchzehe	1 TL frisch gehackte Minzblätter
300 g ausgepulte Erbsen	1 TL gehackte Petersilie
100 g Zuckerschoten	40 g Weißbrotwürfel ohne Rinde
1 Messerspitze Puderzucker	100 ml Sahne

Tipp Natürlich können Sie auch Tiefkühlerbsen verwenden. Sollte Ihnen diese Variante zu fett für jeden Tag sein, können Sie die Schlagsahne zum Schluss auch weglassen, aber bitte nicht auf die ›Nussbutter‹ verzichten. Sie verbessert das Aroma wirklich entscheidend.

Zubereitung

In 20 g Butter die in feine Streifen geschnittene Zwiebel und den gehackten Knoblauch anschwitzen. 250 g Erbsen und 80 g Zuckerschoten zufügen, mit Puderzucker bestäuben und kurz mit anschwitzen. Würzen und die Brühe angießen. Nach 10 Minuten leichtem Köcheln mit dem Pürierstab fein pürieren. 50 g Butter in einem Pfännchen hell bräunen (Nussbutter) und in die Suppe gießen. Im gleichen Pfännchen anschließend die restlichen Erbsen und die in Streifen geschnittenen restlichen Zuckerschoten anschwitzen. Salzen und pfeffern und mit etwas Brühe gar dünsten. In die pürierte Suppe geben. Minze und Petersilie einrühren. In 40 g heißer Butter die Weißbrotwürfel knusprig ausbacken. Die Sahne schlagen. Die Suppe in gewärmte Teller geben, einen Schlag Sahne in die Mitte setzen und darauf einige Brotwürfel verteilen.

Kürbissuppe mit Zimtcroûtons

Kürbiszeit ist ja eigentlich von September bis Oktober. Aber inzwischen findet man die riesigen Kürbisse auch länger. Ich benutze für dieses Rezept ohnehin den wunderbar intensiven Hokkaido-Kürbis, den Sie fast ganzjährig in Bioläden und auf Ökomärkten erhalten.

Zutaten

500 g geputztes Kürbisfleisch	1 getrocknete Chilischote
4 EL Butter	4 EL Ingwersirup
100 g Zwiebeln	1 l heiße Gemüsebrühe
1 Knoblauchzehe	Salz, Pfeffer
100 g Möhren	250 ml Sahne
100 g rote Paprika	4 EL Kokosmilch
50 g Staudensellerie	Zucker
1 EL frisch geriebener Ingwer	40 g Butter
1 Prise Paprikapulver	40 g Weißbrotwürfel ohne Rinde
1 TL Currypulver	1 EL Zimt

Zubereitung

Das geputzte Kürbisfleisch grob raspeln. Butter in einem großen Suppentopf zerlassen. Gewürfelte Zwiebeln, gehackte Knoblauchzehe, gewürfelte Möhren, gewürfelte Paprika und grob zerteilten Sellerie kurz anschwitzen. Ingwer, Paprikapulver, Currypulver, eine zerteilte Chilischote und Ingwersirup zugeben und weitere 5 Minuten anschwitzen. Kürbis dazugeben und 15 Minuten unter Rühren garen. Heiße Brühe angießen, salzen und pfeffern und 20 Minuten leise köcheln lassen. Sahne, Kokosmilch und eine Prise Zucker mischen und halbsteif schlagen. Nach und nach unter die Suppe rühren. Mit einem Pürierstab pürieren und abschmecken.

Die Butter in einer Pfanne aufschäumen und die Brotwürfel darin goldbraun ausbacken. Zum Schluss die Croûtons mit Zimt bestäuben und auf der Suppe verteilen.

Tipp Auf keinen Fall sollten Sie auf die Croûtons verzichten, sie sind das ›Salz‹ in der Suppe. Ingwersirup bekommen Sie im Asia-Shop. Er stammt meist aus Holland, weshalb das anhaftende Etikett ihn als *Gembersiroop* ausweist. Nicht immer leicht zu bekommen, aber wichtig für den Geschmack. Achtung: In Sirup eingelegter Ingwer ist nicht das Gleiche.

Kartoffel-Knoblauch-Suppe

Die Heimat dieser Suppe sollte wohl Spanien sein. Nirgendwo sonst werden so intensiv Kartoffel und Knoblauch gemischt wie auf der iberischen Halbinsel.

Zutaten

50 ml Olivenöl	*Für die Einlage*
100 g Frühlingszwiebeln	30 g Knoblauch
100 g Knoblauchzehen	20 g Frühlingszwiebeln
1 kg Kartoffeln	Olivenöl
1 1/2 l kräftige Gemüsebrühe	200 g Kartoffeln
Salz	100 g Champignons oder Pfifferlinge
Pfeffer	Salz, Pfeffer
100 ml Sahne	Schnittlauchröllchen

Zubereitung

Olivenöl erhitzen und darin die in dünne Streifen geschnittenen Frühlingszwiebeln und den gehackten Knoblauch anschwitzen. Die geschälten und in Stücke geschnittenen Kartoffeln dazugeben und kräftig anschwitzen. Mit der heißen Brühe ablöschen. Salzen und pfeffern. Aufkochen lassen und bei geschlossenem Deckel so lange kochen, bis die Kartoffeln weich sind. Die Sahne schlagen. Mit dem Pürierstab fein pürieren und mit der geschlagenen Sahne mischen. Abschmecken und warm halten.

Für die Einlage gehackten Knoblauch und in Streifen geschnittene Frühlingszwiebel in Olivenöl anschwitzen. Kartoffeln schälen und in sehr kleine Würfel schneiden. Die Kartoffelstückchen und die gehackten Pilze dazugeben und in ca. 10 Minuten goldgelb braten. Würzen und mit Schnittlauch bestreuen. Die Einlage in die Suppenteller geben und mit der heißen Suppe auffüllen.

Tipp An eine Kartoffelsuppe Geschmack zu bringen, ist nicht einfach. Die Knolle hat ja nicht wirklich Eigengeschmack. Deshalb sind hier zwei Dinge sehr wichtig. Die Brühe muss wirklich kräftig ›gemüsig‹ schmecken und die Einlage sollte herzhaft sein. Auf Wunsch können in der Einlage auch noch ausgelassene Speckstreifen verarbeitet werden.

Kerbelsuppe

Die Kerbelsuppe stammt noch aus Zeiten, in denen nicht auf Kalorien geachtet wurde. Man kann sie auch als klassisch bezeichnen oder einfach als super lecker.

Zutaten

- 500 ml Geflügelbrühe
- 250 ml Crème double
- 2 Schalotten
- 70 g Butter
- 100 g Kerbel
- 2 Eigelb
- 50 ml Sahne
- 20 g Butter
- Salz, Pfeffer
- evtl. Croûtons

Zubereitung

Die Brühe aufkochen und mit der Crème double mischen. Die gehackten Schalotten in etwas Butter anschwitzen und den abgezupften Kerbel dazugeben. Kurz anziehen lassen und die Brühe-Sahne-Mischung angießen. Kräftig durchkochen und mit dem Pürierstab sehr fein pürieren. Eigelb und Sahne mischen und unter ständigem Rühren in die Suppe fließen lassen. Vorsicht: Nicht mehr kochen, sonst gerinnt die Suppe. Die eiskalte Butter einschlagen und abschmecken. Eventuell mit Croûtons servieren.

Spargelcremesuppe

Spargelsuppe schmeckt in aller Regel nach ›Tüte‹. Das muss aber nicht sein, wie nachstehendes Rezept beweist.

Tipp: Probieren Sie diese Suppe auch einmal mit frischem grünen Spargel. Egal ob weiß oder grün, frisch muss das Gemüse aber auf jeden Fall sein! Noch besser ist der Geschmack, wenn Sie tags zuvor frischen Spargel gekocht haben. Dann die Schalen in dem gebrauchten Wasser auskochen und dieses Spargelwasser am nächsten Tag zur Herstellung der Spargelsuppe verwenden.

Zutaten

- 16 Stangen Spargel
- Salz, Pfeffer, Zucker
- 4 kleine Frühlingszwiebeln
- 80 g Butter
- 100 ml Weißwein
- 100 ml Crème double
- evtl. Pfeilwurzelmehl (Speisestärke) zum Binden

Zubereitung

Spargel schälen und die Köpfe abschneiden. 1 l Wasser mit einer Prise Salz und Zucker erhitzen und die Spitzen 4 Minuten abkochen. Herausnehmen und auf die Seite stellen.

Die Frühlingszwiebeln und die Spargelstangen klein schneiden und in 20 g Butter anschwitzen. Mit dem Weißwein ablöschen und mit dem Spargelwasser auffüllen. In ca. 20 Minuten alles weich kochen und anschließend durch die ›Flotte Lotte‹ passieren. Die restliche eiskalte Butter einschlagen und herzhaft abschmecken. Wem die Suppe so zu dünn ist, der kann sie mit etwas aufgelöstem Pfeilwurzelmehl binden.

Hühnercreme mit Champignons

Zutaten

250 g Hähnchenbrustfilet
500 ml Geflügelbrühe
30 g Butter
2 EL Mehl
ca. 1 l Milch
Salz, Pfeffer, Muskat
400 g Champignons
1 Bund Petersilie
Zitronensaft und Calvados
2 Eigelb
200 ml Crème double

Zubereitung

Die Hähnchenfilets in der heißen Geflügelbrühe gar ziehen lassen. Herausheben und würfeln. Aus der Butter und dem Mehl eine Mehlschwitze herstellen und mit 200 ml Milch ablöschen. Mit etwas Muskat würzen und dicklich einkochen.

Die Pilze fein hacken und anschließend in einem Topf mit dem ganzen Petersilienbund und etwas Zitronensaft erhitzen. Das entstehende Wasser ganz auskochen. Die dickliche Mehlsauce dazugeben und gut durchrühren. Die Petersilie entfernen und den Topf zunächst beiseite stellen. Die restliche Milch erhitzen. Das Hühnerfleisch hineingeben und fein pürieren. Alles zu dem Pilzpüree geben und mit Salz, Pfeffer, Zitronensaft und Calvados abschmecken. Nochmals erhitzen. Währenddessen die Eigelb mit der Crème double verrühren. Den Topf vom Feuer nehmen und das Eigemisch mit dem Schneebesen einschlagen. Bei Bedarf nochmals vorsichtig erwärmen. Die Suppe darf jedoch nicht mehr kochen.

Gulaschsuppe

Die Partysuppe schlechthin. Sie macht viel Arbeit, aber Sie werden bestimmt auch sehr gelobt. Aufgewärmt schmeckt die Suppe mindestens ebensogut – besonders nach Mitternacht. Dieses Rezept ist daher auch nicht für 4 Personen, sondern für mindestens 12 Partygäste ausgerechnet.

Zutaten

- 3 kg mageres Rindfleisch (vom Metzger in kleine Stücke geschnitten)
- Salz, Pfeffer, Paprikapulver
- Kümmel
- 100 g Schweineschmalz
- 2 kg Gemüsezwiebel
- 7 Knoblauchzehen
- 6 l kräftige Fleischbrühe
- 50 g scharfes Paprikapulver
- 2 EL konzentriertes Tomatenmark
- 1 kg Tomatenfruchtfleisch
- 1 kg Kartoffel
- 5 rote Paprikaschoten
- 1 Gewürzstrauß (1 Bund Petersilie und 2 Lorbeerblätter)
- je 1 TL Kümmel, Fenchelsamen, Currypulver, frische Thymianblättchen
- 2 Gewürznelken
- 60 Pfefferkörner
- 1 Prise Oregano
- Cayennepfeffer

Tipp Natürlich können Sie auch Tomaten aus der Dose nehmen und, anstatt Brühe, Wasser. Es geht dann viel schneller, aber das Ergebnis ist nicht ganz das Selbe.

Zubereitung

Die Rindfleischwürfel mit Salz, Pfeffer, Paprika und Kümmel gut würzen. Das Schweineschmalz in einem großen Bräter auslassen und die fein gewürfelten Zwiebeln und angedrückten Knoblauchzehen beifügen. Glasig anschwitzen und mit 50 g Paprikapulver bestäuben. Gut rühren, damit nichts anbrennt. Das Tomatenmark beigeben und mit 200 ml heißer Brühe ablöschen. Die Brühe etwas einkochen lassen. Die Fleischstücke dazugeben und 30 Minuten im eigenen Saft schmoren. Das Tomatenfleisch mit etwas Brühe mischen und mit dem Stabmixer pürieren. Das Tomatenpüree zum Fleisch geben. Auf großer Flamme kochen, bis fast alle Flüssigkeit verkocht ist.

Kartoffeln schälen und würfeln. Paprika würfeln. Kräutersträußchen, Kartoffelstücke und die kleinen Paprikastücke der Suppe beifügen und das Ganze mit der restlichen Brühe auffüllen. Jetzt den Deckel aufsetzen und bei kleiner Flamme 3–4 Stunden köcheln lassen.

Währenddessen Kümmel, Fenchel, Curry, Thymian, Nelken, Pfefferkörner und Oregano im Mörser zu einem feinen Pulver zerstoßen. Dieses Gewürz 1/2 Stunde vor dem Servieren in die Suppe einrühren. Erst danach abschmecken und eventuell mit Salz, Pfeffer und noch etwas Cayennepfeffer nachwürzen.

Maronensuppe

Ein Pflichtprogramm im Oktober. In den Städten gibt es die Stände mit den gebratenen Maronen. Die mag ich nicht, aber meine Maronensuppe esse ich ausgesprochen gerne. Ehrlich gesagt mache ich mir nicht die Arbeit mit frischen Maronen, sondern greife auf die für diesen Zweck gut geeignete vakuumverpackte Ware zurück.

Zutaten

- 200 ml Gemüsebrühe
- 200 g Maronen
- 100 g Sellerieknolle
- 250 ml Sahne
- 1 Knoblauchzehe
- Salz, Pfeffer, Muskat, Zucker
- Trüffelöl

Tipp: Wenn Sie frische Maronen nehmen, brauchen Sie 300 g Maronen. Erhitzen Sie den Backofen auf 250 °C. Die Maronen kreuzweise einritzen und auf das Blech legen. Wenn sich die Schalen öffnen, herausnehmen und mit einem scharfen Küchenmesser gut häuten.

Zubereitung

Die Brühe mit den Kastanien in einem Topf erhitzen. Den Sellerie schälen und in 4 Stücke zerteilt zufügen. Bei schwacher Hitze 30 Minuten köcheln. Den Sellerie entfernen und die Maronen in der Brühe mit dem Stabmixer pürieren. Anschließend so viel Sahne zufügen, dass die Suppe eine schöne Konsistenz erhält. Den gehackten Knoblauch einrühren und mit den Gewürzen herzhaft abschmecken. Den Pfiff erhält diese Bauernsuppe durch 2 EL Trüffelöl aus weißen Trüffeln, das Sie zum Schluss einrühren.

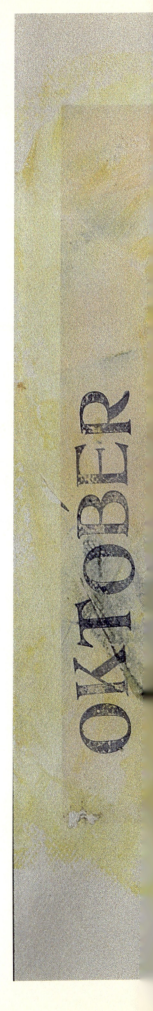

Tomatensuppe
Eine wirklich schmackhafte Suppe, wenn die Zutaten stimmen.

Zutaten

> Olivenöl
> 1 Gemüsezwiebel
> 2 Knoblauchzehen
> 1 Möhre
> je 50 g Stangensellerie
> und Petersilienwurzel
> 1/2 Bund Petersilie
> 500 g vollreife Tomaten
> 750 ml kräftige Gemüsebrühe
> 2 Zweige Thymian
> Salz, Pfeffer
> 10 Blätter Basilikum

Zubereitung

Das Olivenöl in einem Topf erhitzen. Die fein gehackte Zwiebel und den Knoblauch darin anschwitzen. Die fein geschnittenen Gemüse und die grob gehackte Petersilie zufügen und 5 Minuten anbraten. Die Tomaten häuten, entkernen und würfeln. Das Tomatenfleisch dazugeben und nach abermals 5 Minuten mit der Brühe auffüllen. Thymianblättchen dazugeben und 20 Minuten köcheln lassen. Pürieren und mit Salz und Pfeffer abschmecken. Das Basilikum grob hacken und unter die Suppe mischen.

Französische Zwiebelsuppe

Es gibt sicher unzählige Rezepte. Dies ist das klassische. Ich mache mir zwar nicht viel daraus, bereite sie aber gerne auf Wunsch einer einzelnen Dame zu. Diese jedenfalls findet die Suppe göttlich.

Zutaten

400 g Gemüsezwiebeln	300 g Greyerzer (Gruyère)
80 g Butter	20 ml Cognac
30 g Mehl	1 Eigelb
1 1/2 l kräftige Fleischbrühe	100 ml Portwein
Weißbrotscheiben	Salz, Pfeffer

Zubereitung

Die in dünne Ringe geschnittenen Zwiebeln in 60 g Butter unter häufigem Rühren weich dünsten. Sie sollen schön Farbe nehmen. Anschließend das Mehl überstäuben und 1 Minute mit anschwitzen. Mit der Fleischbrühe ablöschen und 1/2 Stunde köcheln lassen. Salzen und pfeffern.

Die Weißbrotscheiben rösten, den Käse reiben. Eine große Suppenterrine mit 20 g Butter ausstreichen. 50 g Käse einstreuen. Die Brotscheiben darauf legen. Abermals Käse darüber geben und diesen Vorgang nochmals wiederholen. Jetzt die heiße Brühe darauf gießen, so dass das Brot eben bedeckt ist. Die Terrine unter den heißen Grill schieben, bis die Brühe vollständig von dem Brot aufgesaugt ist. Den Cognac in die Suppe gießen. Jetzt noch mal in den heißen Ofen geben. In der Zwischenzeit das rohe Eigelb mit dem Portwein gut vermischen. Die Suppe nach 10 Minuten aus dem Ofen holen und den Portwein einschlagen. Sehr heiß servieren. Den restlichen Käse dazureichen.

Tipp Natürlich können Sie auf Wunsch zum Schluss nochmals getoastete und mit Käse überbackene Weißbrotscheiben obenauf setzen. Es wird aber dann wirklich etwas üppig.

VON SEEN, FLÜS

EN UND MEEREN

Wir leben nicht am Meer! Mit der Zubereitung von Fisch haben wir in Deutschland wenig Erfahrung. Dies beweist alleine der Begriff: ›Fischgeruch‹. Fisch riecht nur dann, wenn er nicht frisch ist. Am Meer zuckt die Seezunge beim Einkauf noch, und man ist geneigt, sie erst noch einen Tag ›abzulagern‹, um sie besser verarbeiten zu können. In deutschen Fischgeschäften ist die Ware manchmal schon einige Häuser vor Erreichen des Ladens nur allzu deutlich zu riechen. Nun gibt es Unterschiede und wir wollen auch nicht jammern. Ich erhalte von einem befreundeten Gastronomen, allerdings auf Vorbestellung, immer frischeste Ware. Ansonsten würde ich sagen – lieber verzichten, denn die meisten von uns leben nicht am Meer.

Gerichte mit wirklich frischem Fisch gibt es nicht allzu viele. Auf die Kurzformel gebracht, heißt das: Je frischer der Fisch, desto einfacher sollte die Zubereitung sein. Einfach sauber putzen und filetieren, die Gräten sorgfältig entfernen und leicht dämpfen oder in Butter braten. Ganz den Eigengeschmack sich entfalten lassen. Umso wichtiger werden beim Fisch die Beilagen. Bleibt alles leicht und dezent oder soll es eher kräftig schmecken? Ich habe in den Kapiteln Gemüse

und Saucen immer auf die Verwendung mit Fisch hingewiesen, daher empfehle ich auch hier wieder den kreativen Umgang mit der Ware. Einige so genannte Fischgerichte kenne auch ich, sie sollen also nicht fehlen.

Einige Anmerkungen zum Fischkauf
Achten Sie darauf, dass die Haut des Fisches schön glänzt. Die Flossen sollten gut erhalten sein. Ist dies nicht der Fall, deutet es auf ein zu langes Schleppen im Fangnetz hin. Achten Sie besonders auf die Augen. Sie müssen prall und klar sein, nicht eingesunken und trüb. Ein weiteres Merkmal: Je roter die Kiemen, desto frischer der Fisch. Grau-

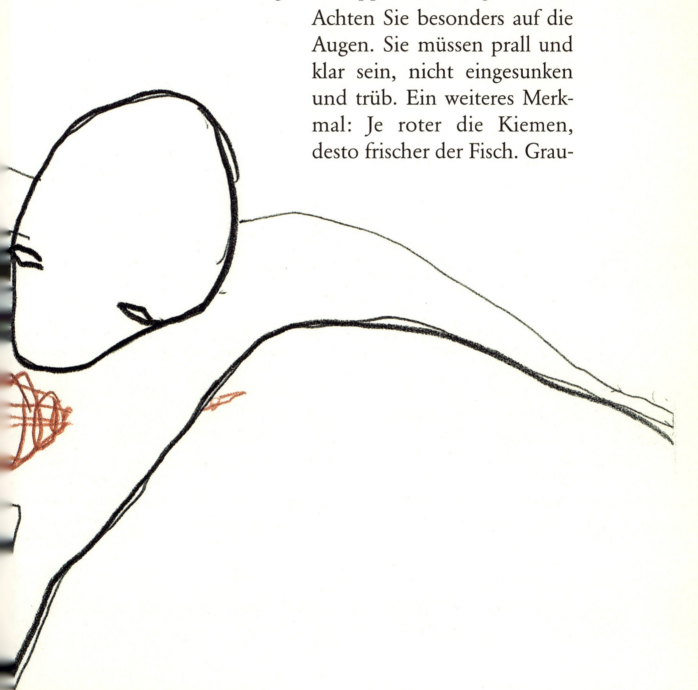

weiße, hellgelbliche oder verschleimte Kiemen zeigen, dass der Fisch bereits lange tot ist, oder noch schlimmer, dass die Kühlkette unterbrochen wurde, das heißt: Der Fisch wurde unsachgemäß gelagert. Und zum Schluss nochmals: Achten Sie auf den Geruch. Ein frischer Fisch hat nahezu keinen Geruch. Dieser lässt sich übrigens ebenfalls am besten hinter den Kiemen feststellen.

Die Garmethoden

Dämpfen
Zum Fischdämpfen benötigen Sie einen großen Topf und ein entsprechendes Dämpfsieb. Dies gibt es aus Metall mit zwei Klammern, so dass man es in den Topf hängen kann, ohne dass die darin kochende Flüssigkeit den Fisch erreicht.
Besser geeignet finde ich jedoch die in jedem Asia-Shop erhältlichen Dämpfkörbe aus Bambus. Diese Körbe sind preiswert und es gibt sie in allen Größen. Mit ein wenig Übung erzielt man hiermit hervorragende Ergebnisse.
Dämpfen können Sie über heißem Salzwasser. Sie können das Salzwasser auch mit etwas Wein aromatisieren. Aber auch über Brühe kann gedämpft werden. Sie können den Fisch alleine dämpfen oder zusammen mit Gemüse. So kann man z. B. Spinat in den Korb legen, eine Knoblauchzehe darauf verteilen und obenauf die Fischfilets, z. B. Glattbutt oder Steinbutt, legen.

Braten
Fischfilets immer in einer ausreichend großen Pfanne braten. Man benötigt Butter und ein wenig Mehl, um die Filets ganz leicht zu bestäuben. Einmal vorsichtig wenden und servieren.

In Folie garen
Dies ist eine wunderbare Methode, die man unbedingt üben sollte. Üben muss man eigentlich nur das Einwickeln. Sie benötigen ein großes Stück extra dicke Alufolie. Da hinein kommt der Fisch mit etwas Gemüse und etwas Sauce. Näheres dazu später. Nehmen Sie die beiden gleich langen Enden der Folie in der Luft über dem Fisch zwischen Daumen und Zeigefinger. Schlagen Sie die Enden gleichmäßig, etwa 2 cm breit von Ihrem Körper weg, ein. Fahren Sie in der gleichen Richtung fort, bis nur noch eine Umdrehung möglich ist. Diese allerdings vollführen Sie genau in die entgegengesetzte Richtung, also auf Ihren Körper zu. Sie haben jetzt ein Paket vor sich auf dem Tisch, das wie ein schönes Geschenk verpackt ist. Nur die Seiten sind noch offen. Mit diesen verfahren Sie auf genau dieselbe Art und Weise. Der Backofen wird auf 250 °C

vorgeheizt und die Pakete mit etwas Abstand auf ein Blech gelegt. Die Pakete werden sich im Backofen wie von Zauberhand selbst auseinander wickeln und sehen dann aus wie aufgeplusterte Kugelfische. Genau dann ist alles wunderbar gar. Dies ist keine Zauberei und klingt viel komplizierter als es ist. Auf diese Weise erhalten Sie ein wunderbar zartes Aroma.

Im Backofen braten
Es gibt Fische, die kann man im Ganzen im Backofen braten. Siehe hierzu die Einzelgerichte. Ansonsten nutze ich den Ofen nur zum Garziehen nach dem Anbraten oder für die Foliengerichte.

Die Fische
Die Aufzählung ist, wie gesagt, sehr subjektiv und richtet sich allein nach meinem Geschmack. Ich habe jeweils die französische, italienische und spanische Bezeichnung der Fische beigefügt, da die Ware z. T. auch unter diesen Namen angeboten wird.

Goldbrasse *Dorade royale* Orata *Dorada*
Die Königin unter den Brassen. Zwischen Juli und Oktober schmeckt dieser Fisch hervorragend. Teuer ist sie allerdings das ganze Jahr. Die Goldbrasse erhält ihren Namen von einem auffallenden Goldband zwischen den Augen. Dies unterscheidet sie auch von der normalen Brasse, die auch angeboten wird, aber bei weitem nicht diesen feinen Geschmack aufweist.

Garmethoden: Gedämpft, in Folie, im Salzmantel oder auch gebraten

Goldbrasse im Salzmantel

Zutaten

1 Goldbrasse von etwa 1,5 kg	1/2 Bund Petersilie
Pfeffer	4 Eiweiß
2 Zweige Thymian	1 1/2 kg grobes Meersalz

Tipp: Sollten Sie sich mit diesem Teig nicht so wohl fühlen, rühren Sie sich einen richtigen Teig aus 250 g Mehl, 1 kg Salz, 2 Eiern und so viel Wasser wie nötig zusammen. Sie erhalten einen Teig, den Sie ausrollen können. Umwickeln Sie damit den Fisch.

Zubereitung

Den Backofen auf 220 °C vorheizen. Die ausgenommene Dorade im Ganzen waschen und gut abtrocknen. Innen und außen leicht pfeffern. Die Kräuter in die Bauchhöhle stecken.

Das Eiweiß schaumig (nicht fest) schlagen und mit dem Meersalz vermischen. Wenn nötig, etwas Wasser dazurühren, bis ein formbarer Salzteig entsteht. Eine dicke Alufolie in der Größe des Fisches auf ein Blech legen. Die Hälfte der Masse darauf verteilen. Den Fisch darauf legen und den übrigen Teig darüber streichen. Der Fisch muss ganz eingehüllt sein. In den Ofen schieben und 30 Minuten backen. In der Salzkruste servieren und erst am Tisch aufbrechen.

Goldbrasse in Alufolie

Zutaten

500 g Filet von der Goldbrasse	bestes Olivenöl
1 Fenchelknolle	Salz, weißer Pfeffer
2 Möhren	1 Stange Zitronengras
1 kleine Zucchini	4 kleine Zweige Thymian
2 große Tomaten	100 ml Weißwein

Zubereitung

Die Fenchelknolle hauchdünn aufschneiden, die Möhren und die Zucchini in sehr feine Stifte schneiden. Die Tomaten häuten, entkernen und das Tomatenfruchtfleisch grob hacken. 4 Alufolien, wie vorher beschrieben, auslegen und leicht einölen. Das Gemüse darauf verteilen. Ganz leicht salzen und pfeffern. Die Fischfilets aufsetzen und ebenfalls leicht würzen. Das Zitronengras in sehr feine Scheibchen schneiden und pro Portion 6 Scheibchen auf den Fisch legen. Die Blätter vom Thymianzweig abschneiden und dazulegen. In jede Folie etwas Wein gießen und, wie vorher erklärt, schließen und backen. Wenn die Alufolie wie ein Kugelfisch aussieht, das Gericht auf Teller setzen und servieren. Bei Tisch öffnen und mit etwas Olivenöl beträufeln. Hierzu keine anderen Beilagen servieren.

Kabeljau Cabillaud Merluzzo Bacalao

Der Kabeljau, auch Dorsch genannt, stammt aus dem Atlantik und kann bis zu 2 m groß werden. Der Fisch hat schon früher viele Menschen ernährt. Getrocknet wurde er als Stockfisch über lange Strecken transportiert. (Buchtipp: Kabeljau – Der Fisch, der die Welt veränderte.) Das Fleisch wird auf Grund der Größe des Fisches meist bereits filetiert angeboten. Es ist immer noch preiswert und von ausgezeichnetem Geschmack. Spötter behaupten, wenn es teurer wäre, würde es in der gehobenen Gastronomie einen ähnlich hohen Stellenwert haben wie etwa die Dorade oder der Steinbutt. Da die Fangquoten derzeit in der EU drastisch reduziert werden, kann sich diese Aussage bald bewahrheiten.

Garmethoden: braten, dämpfen oder in Pasteten o. ä.

Kabeljau gebraten

500 g Kabeljau in 4 Stücke teilen. Leicht salzen und pfeffern und mit etwas Mehl bestäuben. In heißem Butterschmalz von beiden Seiten je 3 Minuten braten. Dazu passt Kartoffelpüree (siehe Seite 94) oder die Linsen von Seite 36. Auch Confit von roten Zwiebeln (siehe Seite 80) schmeckt hierzu sehr lecker oder einfach eine Kapern- oder Zitronenbutter (siehe Seite 249).

Tipp Zum Bestäuben mit Mehl 1 EL Mehl in ein kleines Sieb geben. Durch leichtes Bewegen des Siebes das Mehl sehr dünn und sehr gleichmäßig auf dem Fisch verteilen.

Deftige Variante

Wickeln Sie um jedes Filet eine Scheibe dänischen Frühstücksspeck und braten den Fisch genau wie oben. Jedoch nicht salzen und nicht mit Mehl einstäuben. Diese deftige Variante passt ebenfalls sehr gut zu Linsen oder Kartoffelpüree.

Kabeljau-Frikadellen

Zutaten

500 g Kabeljaufilet	2 EL frische Semmelbrösel
5 Schalotten	2 EL gehackte Petersilie
1 Knoblauchzehe	2 EL gehackter Schnittlauch
125 ml Sahne	Salz, Pfeffer, Cayennepfeffer, Zitronensaft
1 Ei	Pflanzenöl

Zubereitung

Das Kabeljaufilet in sehr kleine Würfelchen schneiden. Die Schalotten fein würfeln und die Knoblauchzehe fein hacken. Alle restlichen Zutaten bis auf das Öl dazugeben und gut vermischen. Mit den Gewürzen abschmecken. Die Masse 15 Minuten ziehen lassen. Anschließend kleine Frikadellen formen und im heißen Öl knusprig ausbacken. Dazu etwas Schnittlauchsauce oder Quark servieren.

Seeteufel   Lotte   Rospo   Rape

In der Regel heißt dieser Fisch in den Kühltheken der Fischgeschäfte Lotte. Sein Fleisch ist sehr fest und grätenfrei. Sein Körper wird jedoch von 3 Schichten Haut umhüllt, die man vor dem Braten vollständig ablösen sollte. Gegessen wird der Schwanz des Fisches. Das Fleisch liegt um eine biegsame Wirbelsäule herum, an deren beiden Seiten sich die Filets befinden.

Garmethoden: braten

Seeteufel-Saltimbocca

Probieren Sie diese herzhafte Variante mit Spinatrisotto (siehe Seite 138).

Zutaten

400 g Seeteufel (Lotte)	weißer Pfeffer
4 dünne, große Scheiben Parmaschinken	gemahlener Koriander
	10 Salbeiblätter
Salz	Butter

Tipp: Zum Servieren eventuell einmal durchschneiden (nur aus optischen Gründen) und senkrecht auf die Teller stellen.

Zubereitung

Die Lotte in 4 Teile teilen. Die Filets sehr gut säubern. Alle Häute entfernen! Den Parmaschinken auf ein Küchenbrett legen. Auf jede Scheibe ein Filet setzen und wenig mit Salz, Pfeffer und Koriander würzen. Mit einem Salbeiblatt belegen. Den Fisch in den Schinken einwickeln. Butter in einer Pfanne aufschäumen lassen und die Päckchen darin rundherum anbraten. Die restlichen Salbeiblätter in die Pfanne geben und diese für 5 Minuten in den auf 150 °C vorgeheizten Backofen schieben.

Seeteufel mit Balsamicosauce

Zutaten

600 g Seeteufel	2 EL Balsamessig
Salz, Pfeffer,	3 EL Noilly Prat
2 EL Olivenöl	40 ml Weißwein
80 g Butter	50 ml Fischfond
4 Knoblauchzehen	1 EL Sahne
4 Zweige Thymian	Zitronensaft
1 Schalotte	Cayennepfeffer, Paprikapulver

Zubereitung

Den Fisch leicht salzen und pfeffern. Olivenöl und 30 g Butter in einer großen Pfanne erhitzen. Die geschälten Knoblauchzehen mit einem breiten Messer-

rücken leicht andrücken und zusammen mit den Thymianzweigen in die Pfanne geben. Hitze reduzieren und den Fisch einlegen. Bei sanfter Hitze von beiden Seiten in je 4 Minuten gar braten.

Für die Sauce die Schalotte fein hacken. 10 g Butter in einem Töpfchen erhitzen und darin die gehackte Schalotte anschwitzen. Etwas Paprikapulver anstäuben und mit Balsamessig und Noilly Prat ablöschen. Mit Wein und Fischfond auffüllen und auf die Hälfte einkochen lassen. 40 g eiskalte Butter in kleinen Stückchen einschlagen. Mit den Gewürzen abschmecken und die geschlagene Sahne unterheben.

Bemerkung

Dazu passt hervorragend etwas Auberginengemüse (Ratatouille von Seite 47). Den Fisch können Sie immer auf diese leicht aromatisierte Weise zubereiten und ihn z. B. mit einer Tomatensauce servieren. Auch Linsengemüse (siehe Seite 63) oder Risotto (siehe Seite 134) passen sehr gut.

Seeteufel mit Sardellen
Eine eher deftige Variante, die aber zu diesem robusten Fisch schön passt.

Zutaten

4 kleine Seeteufel à 300 g	80 g Butter
16 Sardellenfilets in Öl	250 ml Fischfond
Salz, Pfeffer	2 EL Olivenöl
je 100 g Möhren, Lauch, Kohlrabi	5 Knoblauchzehen

Zubereitung

Die Seeteufel säubern und mit je 4 Sardellen spicken. Salzen und pfeffern. Die Gemüse in hauchdünne Streifen schneiden. 50 g Butter in einem Töpfchen aufschäumen und das Gemüse einrühren. Kurz anschwitzen und mit dem Fischfond aufgießen. Bei geschlossenem Deckel und schwacher Hitze gar ziehen lassen.

Das Öl in einer ofenfesten Pfanne erhitzen und die Seeteufel rundherum anbraten. Die restliche Butter und die leicht angedrückten Knoblauchzehen mit in die Pfanne geben und das Ganze für etwa 8 Minuten in den 200 °C heißen Backofen schieben. Anschließend die Fische aus der Pfanne nehmen und warm stellen. (Einfach Backofen ausstellen und Tür geöffnet lassen.)

Die Pfanne wieder auf den Herd stellen und die Gemüse mit der Flüssigkeit hineingießen. Heftig durchkochen, bis sich die Flüssigkeit der Gemüse mit dem Bratfond der Fische verbunden hat. Wenn gewünscht, die Knoblauchzehen entfernen und abschmecken. Über die Fische gießen und servieren. Dazu passt Kartoffelpüree, aber auch Pommes frites.

Seezunge Sole Sogliola Lenguado

Die Seezunge ist der wohl bekannteste und beliebteste Plattfisch. Ihr weißes Fleisch ist wohlschmeckend und nahezu das ganze Jahr erhältlich. Im Ganzen gebraten, ohne Haut, wird sie meist nur mit einer Butter-Zitronen-Sauce serviert. Es gibt sehr große und auch sehr kleine Exemplare. Die kleinen sind geschmacklich besser.

Garmethoden: dämpfen und braten

Seezunge gebraten

4 Seezungen ohne Kopf und Haut leicht mit Salz und Pfeffer würzen und mit Mehl anstäuben. In Butter von jeder Seite je nach Größe 3–4 Minuten goldbraun braten. Mit Butterkartoffeln und einer Kapernbutter (siehe Seite 249) servieren.

Seezungensalat

An warmen Tagen im Sommer ist dies eine wunderbar erfrischende Vorspeise oder mit einem kleinen Salat auch eine Hauptspeise.

Zutaten

4 Seezungen, filetiert	250 ml süßer Weißwein
500 ml Gemüsebrühe oder Fischfond	2 EL Cognac
	3 EL Zitronensaft
je 50 g Möhren und rote, grüne, gelbe Paprika	Salz
	Pfeffer

Zubereitung

Die Seezungenfilets in der Brühe gar ziehen lassen. Abtropfen und in eine Form mit hohem Rand legen.
Die Gemüse in feinste Streifchen schneiden und zusammen mit allen anderen Zutaten und 125 ml Wasser in einen Topf geben. Einmal aufkochen und anschließend 5 Minuten gar ziehen lassen. Abschmecken und erkalten lassen. Die Marinade über die Seezungen gießen und das Gefäß mit Folie abgedeckt für mindestens 12 Stunden in den Kühlschrank stellen.
Einfach mit Weißbrot oder auf Wunsch auch mit Mayonnaise servieren.

Tipp Auf diese Weise können Sie auch mit anderen Plattfischen verfahren.

Steinbutt *Turbot* *Rombo chiodato* *Rodaballo*

Der schuppenlose Fisch ist bei einer Größe von 1–3 kg geschmacklich am besten. Bleibt er unter 1 kg, ist die Fleischausbeute zu gering. Das Fleisch des sehr teuren Fisches ist zart und schmeckt ausgezeichnet. Die kleineren Brüder sind Glattbutt und Scholle. Der Glattbutt hat ebenfalls schönes Fleisch, ist aber mit Schuppen ausgestattet. Die Scholle schmeckt besonders gut im Mai. Sie wird dann im Ganzen mit Haut gebraten.

Garmethoden: dämpfen oder braten, aber immer ohne Haut

Steinbutt mit Rucola und Tomaten

Zutaten

4 Steinbuttfilets	weißer Pfeffer
100 g Rucola	2 EL Olivenöl
4 EL Tomatenfruchtfleisch	250 ml Fischfond
2 EL Schalottenwürfel	125 ml Weißwein
Salz	2 EL Crème fraîche

Zubereitung

In einen Dämpfkorb den Rucola legen. Mit dem Tomatenfleisch und den Schalotten bestreuen und die Fischfilets aufsetzen. Würzen und mit Olivenöl beträufeln. In den großen Topf Fond und Weißwein geben und das Ganze erhitzen. Den Dämpfkorb in den Topf stellen und zugedeckt 8 Minuten garen. Anschließend die Crème fraîche in die Dämpfflüssigkeit einrühren und zu einer sämigen Sauce einkochen. Abschmecken. Die Fischfilets damit auf dem angerichteten Teller überziehen.

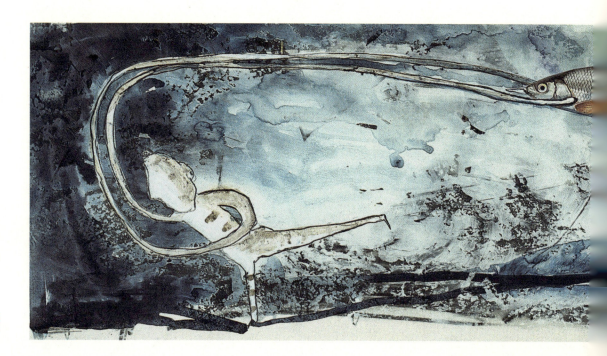

Wolfsbarsch   *Loup de mer*   *Branzino*   *Lubina*

Der Wolfsbarsch ist einer der teuersten Speisefische der Welt. Die gängige Marktgröße liegt zwischen 40 und 60 cm. Er wiegt zwischen 600 g und 1,5 kg und wird im Mittelmeer und im Atlantik gefangen. Da der Fisch so begehrt ist, gibt es heute bereits Versuche ihn zu züchten.

Garmethoden: schonendes Garen oder Dämpfen und anschließend mit einer kräftigen Sauce, z. B. Pesto oder Radicchiosauce, im Salzteig mit diversen Kräutern gefüllt, in der Pfanne braten, eventuell mit einer Anissauce oder wie im folgenden Rezept mit einer Tomaten-Oliven-Sauce servieren

Wolfsbarsch in Tomaten-Oliven-Sauce

Zutaten

4 Filets à 100 g mit Haut	Salz
20 dünne Zweige Thymian	Pfeffer
Olivenöl	100 ml Fischfond
30 g Butter	10 schwarze Oliven
4 Tomaten	Balsamessig

Zubereitung

Die Filets zum Braten vorbereiten. Dafür die Hälfte der Thymianzweige im Ganzen nehmen und die Filets damit spicken. Dies kann entweder mit einer Spicknadel gemacht werden oder, falls diese nicht zur Hand ist, indem mit einem kleinen, sehr scharfen Messer kleine Löcher in den Fisch gebohrt werden. Die Thymianzweige dort hineinstecken. Sie dürfen ruhig überstehen.

In einer Pfanne etwas Olivenöl und 10 g Butter erhitzen. Die Tomaten enthäuten, entkernen und würfeln. Die Fischfilets mit der Hautseite nach unten einlegen und 2 Minuten braten. Umdrehen, leicht pfeffern und salzen und die Tomatenwürfel beigeben. Nach abermals 2 Minuten den Fisch aus der Pfanne nehmen und im Ofen warm stellen. Den Fischfond zu den Tomaten geben und kräftig aufkochen. Die restlichen, abgezupften Thymianblättchen einrühren. Die Hitze reduzieren und die eiskalte Butter einschlagen. Zum Schluss die Oliven entkernen, halbieren und dazugeben und die Sauce mit Balsamessig, Salz und Pfeffer abschmecken. Mit dem Fisch servieren.

Hierzu passen bestens die Kartoffel-Zucchini-Plätzchen von Seite 75.

Wolfsbarsch in Safransauce

Zutaten

> 400 g Wolfsbarschfilet mit Haut
> 2 kleine Zucchini
> 4 Tomaten
> 60 g Butter
> 2 Schalotten
> 20 Fäden Safran
> 1 Spritzer Weißwein
> Saft von 1/2 Zitrone
> 50 ml Fischfond
> Salz, Pfeffer
> 100 ml Sahne
> 2 Zweige frische Estragonblättchen
> 1 Spritzer Pernod

Zubereitung

Das Fischfilet in fingerdicke Streifen schneiden. Die Zucchinis fein würfeln und mit heißem Wasser überbrühen. Die Tomaten häuten, entkernen und würfeln. In einer ausreichend großen, feuerfesten Form 30 g Butter auslassen. Darin die fein gewürfelten Schalotten und die Safranfäden anschwitzen. Mit dem Wein ablöschen, mit Zitronensaft und Fischfond auffüllen. Die Filetstreifen dazugeben, salzen und pfeffern und auf kleinster Flamme in 5 Minuten gar ziehen lassen (nicht kochen!). Die Fischfilets herausnehmen und warm stellen. Den Fischfond aufkochen und fast ganz einkochen lassen. Mit der Sahne auffüllen und zu einer schönen Konsistenz einkochen. Die Gemüsewürfel und den Estragon einrühren und die restliche eiskalte Butter einschlagen. Mit Pernod abschmecken.

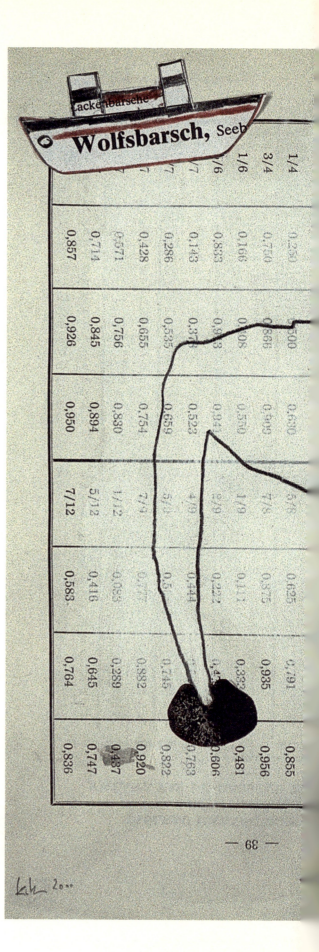

n	$\sqrt{n}$	$\sqrt[3]{n}$	n^2	n^4	$\frac{1}{n}$	$\log n$
731						

Zander *Sandre Lucioperca* *Lucioperca*

Der Zander ist ein Raubfisch, der in Flüssen und Seen zu finden ist. Seine Form und auch der Geschmack seines Fleisches sind denen des Hechts sehr ähnlich. Das Fleisch enthält wenige Gräten und ist fest und mager.

Garmethoden: als Filet braten, aber auch im Backofen als ganzer Fisch

Gebratenes Zanderfilet
Probieren Sie dieses Filet unbedingt mit dem Kürbis-Kartoffelpüree von Seite 96.

Tipp: Zum Entgräten streichen Sie mit dem Finger einmal in jede Richtung über den Fisch. Die Gräten stellen sich dabei in eine Richtung auf und können mit Hilfe einer Pinzette herausgezogen werden. Diese Prozedur ruhig wiederholen. Gräten im Mund stören den Genuss doch enorm.

Zutaten
- 1,5 kg Zanderfilet mit Haut
- Olivenöl
- Salz, Pfeffer

Zubereitung

Den Zander filetieren. Besser macht das der Fischhändler. Die Filets auf Gräten untersuchen und anschließend unter kaltem Wasser gut abspülen. Mit Küchenkrepp abtupfen. In 4 Portionen teilen, salzen und pfeffern. Das Öl in der Pfanne erhitzen und den Fisch zunächst 4 Minuten auf der Hautseite braten. Umdrehen und nochmals 3 Minuten braten.

Zanderterrine
Diese Terrine reicht für bis zu 12 Personen – also ideal für eine Party.

Zutaten

500 g Zanderfilet ohne Haut	1 Bund Dill
je 50 g Sellerieknolle und Möhren	4 Eier
Salz	130 g Mehl
Pfeffer	1 1/2 Päckchen Trockenhefe
2 Zweige Estragon	25 g Butter

Zubereitung

Den Fisch, den Sellerie und die Möhren in kleine Würfelchen schneiden. Die Gemüsewürfel in Salzwasser bissfest garen. Gemüse, Fisch und die gehackten Kräuter mischen. Die Eier in eine Schüssel geben und über dem heißen Wasserbad schaumig aufschlagen. Die Schüssel wieder herausnehmen und auf Eiswasser kalt schlagen. Nacheinander mit der Hefe das Mehl und die flüssige Butter einschlagen. Zum Schluss die Zandermischung vorsichtig unterheben. Den so entstandenen Teig in eine gebutterte und mit Mehl ausgestäubte Terrine füllen. Im 180 °C heißen Backofen 45 Minuten lang backen.

Am besten schmeckt die Terrine lauwarm mit etwas Salat.

Meeresfrüchte

Mit den Meeresfrüchten ist es so eine Sache. Eigentlich heißen alle Garnelen oder Scampi. Die Unterschiede sind keinem so richtig bekannt. Wir unterscheiden allenfalls in blau und rot. Roh oder gekocht wäre richtiger. Frische Ware gibt es bei uns kaum. Meist werden die guten Dinger tiefgekühlt angeliefert.

Ein kleiner Erklärungsversuch
Zu den Garnelen gehören: die Sandgarnele, besser als Nordseekrabbe bekannt. Frisch gibt es sie eigentlich nur direkt am Wasser. Sie müssen ›gepult‹ werden, was eine Heidenarbeit ist, aber dann sind sie sehr schmackhaft. Weitaus häufiger werden Tiefseegarnelen aus dem Atlantik angeboten. Sie werden noch an Bord der Fangboote abgekocht und tiefgefroren als Shrimps verkauft. Krabbe und Shrimps sind nicht das Gleiche, werden aber in der Küche mangels Angebot meist gleich verwendet.
Dann gibt es noch die Sägegarnelen, besser als Crevetten bekannt. Sie werden mit Kopf etwa 8–12 cm lang und sehen leicht rosa aus. Diese mittlere Garnelengröße heißt in Nordamerika Prawns. Riesengarnelen sind dann das Ende der Garnelenkette, in Spanien Gambas genannt. Sie können bis 30 cm groß werden und werden meist ohne Kopf angeboten.
Die zweite Familie ist die der Hummer oder hummerähnlichen Tiere: Hummer, Langusten und Langustinen. Hummer sind eindeutig identifizierbar. Langusten gehören zur gleichen Familie und werden ähnlich zubereitet (gegrillt oder pochiert). Als ganze Tiere kann man sie nicht verwechseln. Der Hummer hat Scheren, die Languste hat lange Antennen. Die Langustine gehört eigentlich nicht in diese Familie, sondern zu den Krebsen, wenn sie auch einen ähnlichen Namen trägt. Sie hat lange dünne Scheren, ist blässlich rosa und hat ein hervorstechendes Merkmal: Ihre runden Knopfaugen stehen vor dem Kopf.
Diese Langustinen werden in den südlichen Ländern meist auf den Grill gelegt und heißen Scampi.
Alles klar? Na gut, fangen wir an.

Krabben mit Knoblauchmayonnaise

Dieses wohl einfachste Gericht sollte hier am Anfang stehen. Es ist ein ideales Mittagessen nach einem ausgedehnten Strandspaziergang. Dazu ein Glas kühlen, frischen Weißwein und alles ist auf einmal gar nicht mehr so schlimm.

Pulen Sie hierfür einfach so viele Krabben, wie Sie essen möchten und mischen Sie diese dann auf dem Teller mit der Knoblauchmayonnaise (siehe Seite 244). Dazu reichen Sie Weißbrot.

Das nächste Gericht ist ebenfalls kalt zu genießen, aber verursacht schon etwas mehr Aufwand.

Marinierte Shrimps mit Fenchel und Rösti

Zutaten

Saft von 3 Zitronen	Salz
3 EL Essig	1 Fenchelknolle
2 EL Orangensaft	200 g Shrimps
50 ml Olivenöl	

Zubereitung

Aus Zitronensaft, Essig, Orangensaft, Olivenöl und Salz eine Marinade rühren. Die Fenchelknolle in hauchdünne Scheiben schneiden. Die Shrimps und den Fenchel getrennt voneinander in die Marinade einlegen. Etwa 3–5 Stunden im Kühlschrank marinieren.

Rösti zubereiten (Rezept siehe Seite 91). Auf die Rösti den gut abgetropften Fenchel legen und oben auf die Shrimps geben. Dazu passt wunderbar eine Aioli (siehe Seite 244) oder etwas Cocktailsauce (siehe Seite 244).

Garnelen

Garnelen-Buletten

Zutaten

- 700 g Riesengarnelen ohne Kopf
- 150 g rote Zwiebeln
- 1 Knoblauchzehe
- 3 rote Chilischoten
- 2 grüne Chilischoten
- 1 Bund Koriandergrün
- Salz, Pfeffer
- 1 unbehandelte Limette
- 150 ml Crème fraîche
- 2 EL Öl

Zubereitung

Die Garnelen aus der Schale befreien, den Rücken der Länge nach aufschneiden und den schwarzen Darm entfernen. In Stücke schneiden und in der Küchenmaschine zu einem glatten Püree verarbeiten. Kalt stellen.

Zwiebeln und Knoblauch fein hacken. Beide Chilisorten fein hacken und auch das Koriandergrün fein schneiden. (Alles getrennt aufbewahren.) Zwei Drittel der Zwiebeln, die grüne Chilischote, den Knoblauch und die Hälfte des Koriandergrüns mit der kalten Garnelenmasse mischen. Salzen und pfeffern und aus der Masse ca. 12 Buletten formen. Erneut kalt stellen.

Von der Limette die Schale abreiben und 1 EL Saft auspressen. Die Crème fraîche mit der Schale und dem Saft der Limette, den restlichen Zwiebeln, dem restlichen Koriandergrün und der roten Chilischote mischen. Salzen und pfeffern. Öl in einer Pfanne erhitzen und die Buletten von jeder Seite 4 Minuten braten. Mit der Sauce servieren.

Tipp Diese Buletten können genau wie ihre Brüder aus Fleisch sehr gut kalt gegessen werden. Also, ruhig etwas mehr machen. Wer Koriander nicht so gern mag, kann darauf verzichten, etwas weniger nehmen oder einfach anstelle Koriander etwas glatte Petersilie verwenden.

Curry-Garnelen

Als Begleiter sei das Limettenpüree von Seite 96 sehr empfohlen.

Zutaten

- 20 Garnelen ohne Kopf
- 1 Limette
- Salz
- Pfeffer
- 1 EL Currypulver
- 1 Spritzer Sesamöl
- 6 EL Olivenöl
- 1 Bund Schnittlauch

Zubereitung

Die Garnelen häuten und den Darm entfernen. Limette auspressen und mit den restlichen Zutaten zu einer Marinade rühren. Den Schnittlauch fein schneiden. Etwas Olivenöl in der Pfanne erhitzen. Die Garnelen salzen und pfeffern und in der Pfanne von jeder Seite 2 Minuten anbraten. Zwei Drittel der Marinade angießen und die Schittlauchröllchen untermischen. Die Garnelen servieren und mit der restlichen Marinade beträufeln.

Garnelen mit Kokosmilchsauce

Diese asiatische Variante kann wunderbar in einem Wok gerührt werden.

Zutaten

400 g Garnelen ohne Schale	Korianderpulver
100 g Schalotten	Salz
3 Knoblauchzehen	3 EL Zitronensaft
5 EL Erdnussöl	250 ml Kokosmilch
1 EL frisch gehackter Ingwer	1 scharfe Chilischote
1 EL Kurkuma	

Zubereitung

Schalotten und Knoblauch fein hacken. Das Öl in einem Topf erhitzen und darin Zwiebel, Knoblauch und Ingwer anschwitzen. Alle Gewürze dazugeben und mit dem Zitronensaft ablöschen. Die Kokosmilch zufügen und alles so lange einkochen, bis eine dickliche Sauce entsteht. Jetzt die Tiere einlegen und mit der fein gehackten Chilischote abschmecken. Probieren und wenn nötig mit etwas Salz nachwürzen. Nach etwa 4 Minuten mit Brot oder Basmatireis servieren.

Riesengarnelen (Gambas) mit Knoblauch

Der Klassiker in Spanien. Einfach und lecker, wenn die Ware gut und frisch ist.

Zutaten

600 g Gambas ohne Kopf	5 Knoblauchzehen
4 EL Olivenöl	100 ml Weißwein
3 EL gehackte Kräuter (Petersilie, Salbei, Thymian, Rosmarin)	Salz
	Pfeffer

Zubereitung

Die Garnelen ausbrechen und, wenn gewünscht, den Darm entfernen. Das Olivenöl in einer großen Pfanne erhitzen und die Garnelen darin 4 Minuten rundherum anbraten. Die Kräuter und den fein gehackten Knoblauch zufügen und eine weitere Minute braten. Mit dem Wein ablöschen und diesen fast verkochen lassen. Auf die Teller verteilen und mit Weißbrot servieren.

Jakobsmuschel

Die Jakobsmuschel besteht aus weißem Fleisch und orangefarbenem Rogen, auch Corail genannt. Besonders in den Wintermonaten zwischen November und März ist das Fleisch eine echte Delikatesse. Kaufen Sie nur Jakobsmuscheln in der Schale und achten Sie darauf, dass diese fest geschlossen ist. Wenn sie frisch sind, können sie roh gegessen werden, was aber eher unüblich ist. Sie werden gebraten oder gratiniert und meist, der Dekoration halber, in ihrer hübschen Muschel serviert.

Jakobsmuschel mit Vinaigrette

Dazu passt wunderbar ein Fenchelpüree (siehe Seite 56).

Zutaten

8 Jakobsmuscheln in der Schale	Salz, Pfeffer
3 vollreife Tomaten	1 Prise Zucker
1 Messerspitze Senf	2 EL Traubenkernöl
2 EL weißer Balsamessig	1 TL Estragon
Mark von einer Vanilleschote	Olivenöl

Tipp: Zum Öffnen der Muscheln gehen Sie mit einem scharfen kleinen Messer zwischen die Schalen und ziehen das Messer parallel zur Schalentrennung entlang der oberen flachen Schalenhälfte. Damit zerschneiden Sie den Muskel und die Muschel lässt sich leicht öffnen. Den Sand unter fließendem Wasser ausspülen und alles außer der Muschel und dem Rogen wegschneiden.

Zubereitung

Die Tomaten vierteln und durch ein Sieb drücken. Dieses Tomatenpüree mit Senf, Essig, Vanillemark, Salz, Pfeffer, 1 Prise Zucker, Traubenkernöl und Estragon zu einer schönen Vinaigrette verarbeiten. Die Jakobsmuscheln aus der Schale brechen und gut säubern. Die untere Schalenhälfte ebenfalls gut abbürsten und eventuell zum Anrichten benutzen. Die Muscheln mit dem anhaftenden rosafarbenen Rogen leicht pfeffern und in einer Pfanne in etwas Olivenöl in 2 Minuten von beiden Seiten braten.
Die Muscheln in die Schale setzen und mit der Sauce überziehen. Sollten Sie das Fenchelpüree dazu servieren, dieses zuerst in die Schalen füllen und dann erst Muscheln und Vinaigrette einfüllen.

Jakobsmuscheln mit Honigkuchen und Risotto
Das klingt wesentlich exotischer als es ist. Einfach und sehr lecker.

Zutaten
- 12 Jakobsmuscheln
- 1 Scheibe Honigkuchen
- Salz, Pfeffer
- 1 Portion Risotto Grundrezept (siehe Seite 134)

Zubereitung
Die Jakobsmuscheln wie im vorherigen Rezept beschrieben auslösen und putzen. Den Honigkuchen im Backofen trocknen und anschließend in der Küchenmaschine zu feinem Pulver verarbeiten. Die Jakobsmuscheln in etwas Olivenöl in 2 Minuten pro Seite gar braten, dabei leicht würzen. Die fertig gegarten Muscheln in dem Honigkuchenpulver wenden und unter dem heißen Grill sehr kurz von beiden Seiten karamellisieren.
Sofort heiß mit dem Risotto servieren.

Tipp Jakobsmuscheln immer in ganz heißem Öl braten, damit sie ihre feste Konsistenz behalten.

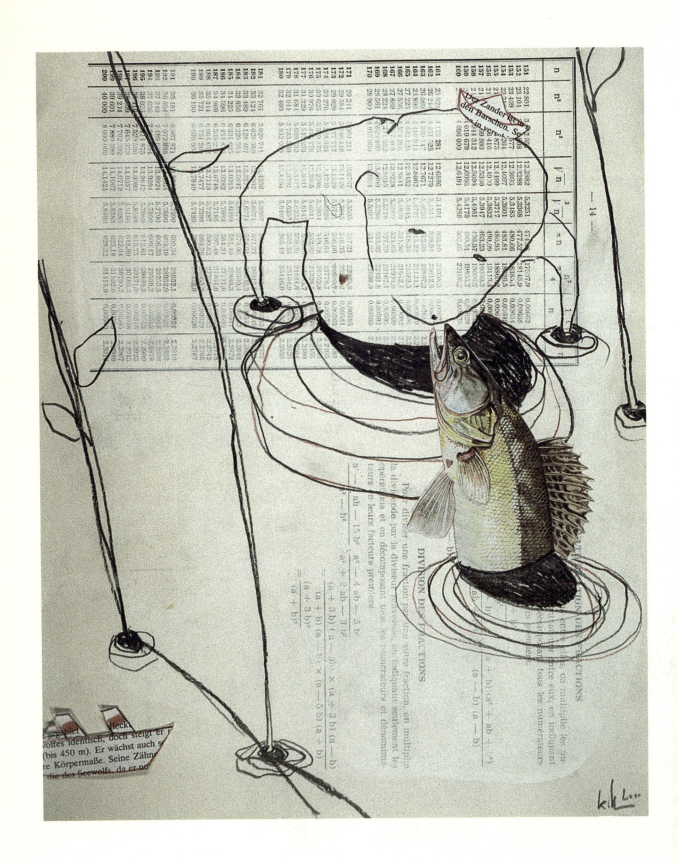

Miesmuscheln

Miesmuscheln gibt es bei uns nur in den Monaten mit ›r‹. Also nicht im Sommer. Was dieser Aberglaube soll, ist mir relativ unverständlich. An der französischen Nordküste gibt es sie das ganze Jahr und am besten schmecken die kleinen Muscheln eigentlich im Mai. Nun gut, wahrscheinlich rührt dieser Brauch noch aus der Zeit, als es keine Kühlung gab, denn eins ist richtig: Muscheln müssen frisch sein, im Idealfall werden sie noch lebend geliefert. Sie werden fast überall in Muschelgärten gezüchtet und bevorzugt im eigenen Sud gegart.

Miesmuscheln gedämpft

Zutaten

4 kg Muscheln	2 Knoblauchzehen
200 g Möhren	4 Zweige Thymian
200 g Lauch	1 Lorbeerblatt
2 Zwiebeln	1 Flasche Weißwein
Olivenöl	

Tipp: Der Sud kann unendlich variiert werden. Z. B. können Sie statt Wein ein Gemisch aus Sherry und Fischfond in gleicher Menge nehmen und dazu noch 3 EL grüne Pfefferkörner geben. Auch bei den Gemüsen können Sie unendlich erweitern.

Zubereitung

Die Muscheln unter fließendem Wasser kräftig abschrubben und die Bärte entfernen. Abermals im Sieb gut abspülen. Dabei bereits geöffnete Muscheln aussortieren und wegschmeißen.

Möhren, Lauch und Zwiebeln in kleine Würfelchen schneiden und im Olivenöl anschwitzen. Die Muscheln, den Knoblauch und die Gewürze dazugeben und mit Weißwein ablöschen. Bei kleiner Hitze und geschlossenem Topf 10 Minuten garen. Sofort servieren. Achtung: Ungeöffnete Muscheln wegwerfen, nicht gewaltsam öffnen.

Dazu gibt es im Rheinland Schwarzbrot und Butter. In Frankreich serviert man Pommes frites dazu. Und bei Ihnen?

Muscheln mit Tomatensauce

Zutaten

- 4 kg Miesmuscheln
- 4 Zwiebeln
- 4 Knoblauchzehen
- 8 Fleischtomaten
- 8 EL Olivenöl
- 4 Zweige Thymian
- 2 Lorbeerblätter
- Salz
- Pfeffer
- 250 ml Fischfond

Tipp Diese Variante schmeckt auch scharf sehr gut. Dabei getrocknete Chilischoten verarbeiten und zum Schluss gehacktes Basilikum dazugeben.

Zubereitung

Muscheln putzen wie beschrieben. Zwiebeln und Knoblauch fein hacken. Die Tomaten häuten und entkernen.

Das Olivenöl in einem großen Topf erhitzen und die Zwiebel und Knoblauch anschwitzen. Tomatenfleisch dazugeben und mit Kräutern, Salz und Pfeffer würzen. Den Fischfond angießen und einige Minuten durchkochen. Muscheln einfüllen und bei geschlossenem Topf 8–10 Minuten garen.

Mit Weißbrot oder Nudeln servieren.

Tintenfisch *Sepia* *Kalmar* *Oktopus*

Wieder so ein Verwirrspiel wie mit den Garnelen. Zunächst: Die Tintenfische sind keine Fische, sondern sie gehören in die gleiche Familie wie die Muscheln, Mollusken genannt. Besser gleich wieder vergessen, denn wichtiger ist, was die einzelnen Arten unterscheidet.

Der Tintenfisch hat das bekannte Tintensäckchen, das vor dem Kochen entfernt werden muss. Überhaupt ist es hauptsächlich ein Akt der Säuberung, bis der Tintenfisch zubereitet werden kann. Er wird entweder gefüllt oder in Ringe geschnitten. Der Tintenfisch wird auch *Sepia* genannt, mit der Tinte können Reis und Nudeln gefärbt werden.

Der *Kalmar* ist deutlich schlanker als der Sepia und hat einen länglichen Körper. Er besitzt ebenfalls ein Tintensäckchen, ist aber meiner Meinung nach schmackhafter als sein großer Bruder. Er kann gefüllt werden oder in Ringe geschnitten frittiert werden: die berühmt-berüchtigten Calamares, die frisch zubereitet allerdings eine Delikatesse sind. Der ganze Körper kann auch gegrillt werden.

Die Krake, auch *Oktopus* oder *Pulpo* genannt, ist der Namensgeber des Oktopussalates. Die mit Noppen besetzten Fangarme der Krake schmecken gekocht hervorragend. Je kleiner die Tiere, umso wohlschmeckender. Das Tier muss frisch mindestens eine halbe Stunde gegen einen harten Stein geschlagen werden, ansonsten ist es ungenießbar. Diese Aufgabe übernimmt aber auch der Tiefkühler. Aus mir unverständlichem Grund ist ungeschlagene Tiefkühlware sehr zart.

Alle oben aufgeführten Arten gibt es auch als Miniaturausgaben. Sie heißen Zwergsepia, Minioktopus oder ähnlich. Ganz kleine Exemplare können sogar im Ganzen gekocht und verzehrt werden.

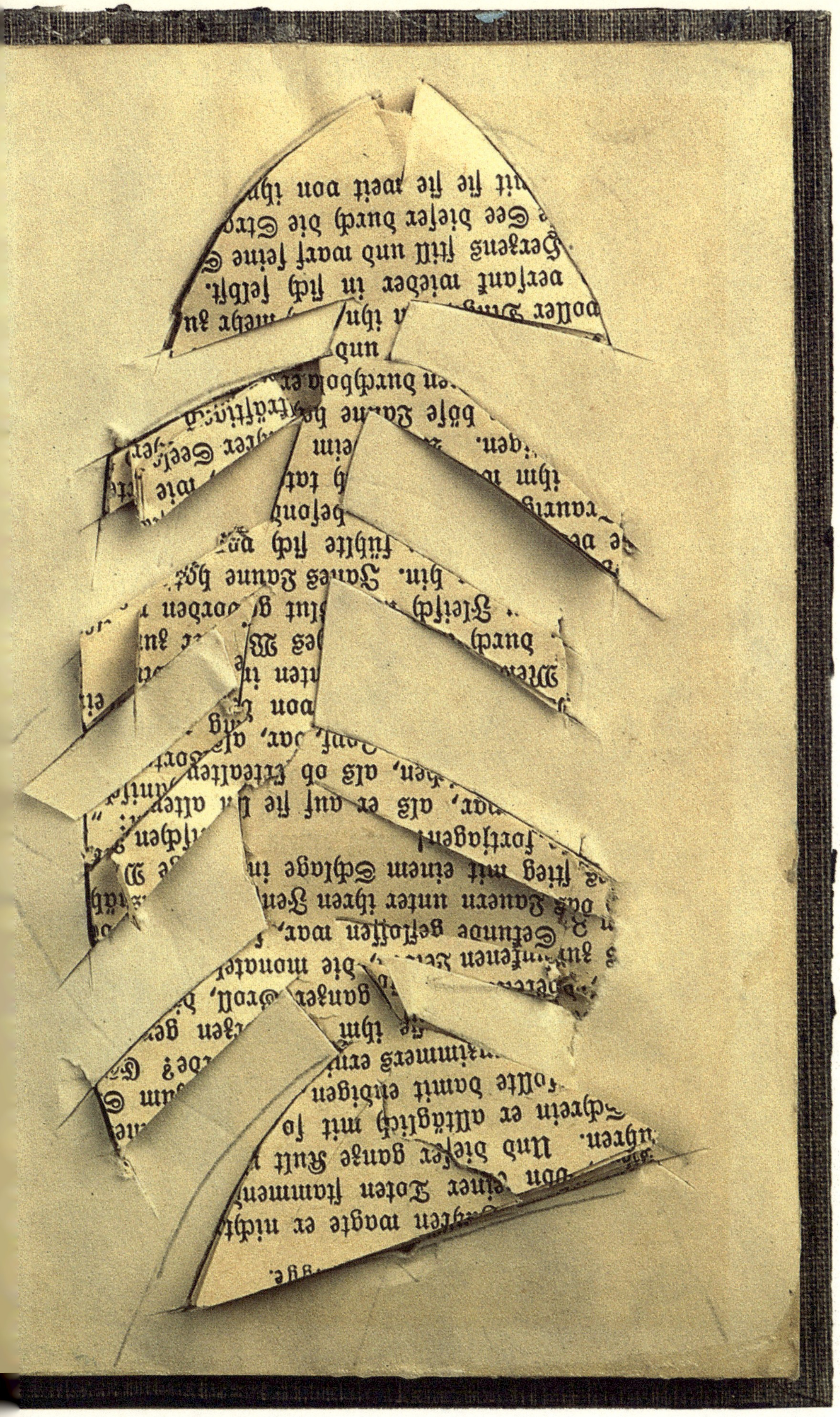

Geschmorte Calamares

Zutaten

- 4 geputzte Calamares
- Saft von 2 Zitronen
- Olivenöl
- 2 Knoblauchzehen
- 1 Gemüsezwiebel
- 4 Fleischtomaten
- 1 kleine scharfe Chilischote
- 200 ml Weißwein
- Salz, Pfeffer, Zucker
- 4 EL Basilikum

Zubereitung

Die geputzten Calamares in feine Streifen schneiden und mit dem Zitronensaft mischen. Für mindestens 3 Stunden im Kühlschrank marinieren lassen. Olivenöl erhitzen und darin den gehackten Knoblauch und die gehackte Zwiebel anschmoren. Tomaten häuten und entkernen. Tomatenfleisch dazugeben, die klein gehackte Chilischote beifügen und mit dem Weißwein ablöschen. Mit den Gewürzen abschmecken und die Calamares mit der Marinade hineingeben. Zugedeckt bei schwacher Hitze 45 Minuten kochen. Zum Schluss mit dem frisch gehackten Basilikum bestreuen.

Frittierte Tintenfische

Dieses herrlich frische Gericht hat bei guten Zutaten nichts mit der Gummiware zu tun, die Ihnen beim Italiener um die Ecke vorgesetzt wird.

Tipp: Wenn keine Minioktopusse zu bekommen sind, können Sie auch die vorher beschriebenen Calamares-Ringe verwenden.

Zutaten

- 400 g Minioktopus
- 100 ml Sherry
- Saft von 1 Zitrone
- 2 Spritzer Tabasco
- Salz
- Pfeffer
- Mehl
- 1 Zitrone

Zubereitung

Aus Sherry, Zitrone, Tabasco, Salz und Pfeffer eine Marinade herstellen. Die geputzten Minioktopusse darin etwa 3 Stunden einlegen. Anschließend in Mehl wenden und in einer heißen Fritteuse schön knusprig ausbacken. Mit Zitrone servieren.

Oktopussalat

Zutaten

500 g gesäuberte Minioktopusse	2 Knoblauchzehen
Saft von 1 Zitrone	1 kleine Chilischote
Salz, Pfeffer	200 g Garnelen
Olivenöl	4 EL gehackte Petersilie

Zubereitung

In einem Topf 1 l Wasser mit der Hälfte des Zitronensaftes und etwas Salz aufkochen. Die geputzten Tintenfische hineingeben und bei geschlossenem Topf in 30 Minuten weich köcheln. Den Tintenfisch in mundgerechte Stücke teilen.
3 EL Zitronensaft mit 5 EL Olivenöl, gehacktem Knoblauch und fein geschnittener Chilischote verrühren. Salzen und pfeffern und über die Tintenfische gießen. Mit den gekochten Garnelen mischen und für 5 Stunden in den Kühlschrank stellen. Vor dem Servieren die Petersilie dazufügen.

Von Kühen, Hühnern und anderen Freiläufern

Ein schwierigeres Kapitel kann man in diesen Zeiten wohl nicht schreiben. Nicht aus Mangel an Rezepten, sondern aus mangelndem Vertrauen in die Fleischproduzenten. Mir ist allerdings bei den ganzen Diskussionen der Vergangenheit noch einmal bewusst geworden, wie sehr es auf uns, die Konsumenten, ankommt. Solange wir ohne Nachdenken Hackfleisch im Supermarkt für unter 50 Cent pro 100 Gramm kaufen, so lange sind wir für diese Missstände selber verantwortlich. Wir essen viel zu viel Fleisch und sind nicht gewillt, hierfür Geld auszugeben. Fleisch soll ein hochwertiges Lebensmittel sein oder besser gesagt, wieder werden. Dafür müssen die Tiere artgerecht aufgezogen werden und das kostet Geld. Und das ist gut so. Fleisch soll gut und teuer sein. Dadurch reduzieren wir automatisch unseren Konsum auf ein gesundes Maß. Ein- bis zweimal Fleisch in der Woche reicht mir allemal aus. Es könnte alles so einfach und auch so lecker sein.
Ich kann Vegetarier gut verstehen und habe immer weniger Gründe, mich deren Argumenten zu verschließen.
Und dennoch: Ich bin mit Fleisch aufgewachsen und habe dessen Geschmack lieben gelernt. Aber ich gehe bewusst damit um, habe lange vor den Skandalen ausschließlich Biofleisch gekauft und hoffe, Sie tun das auch.

Kalbfleisch

Kalbfleisch ist zwar sehr teuer, aber man kann es sich leisten, denn es sollte immer sehr dünn geschnitten werden. So sind bereits 100 g pro Person absolut ausreichend.

Kalbsröllchen in Weißwein

Zutaten

- 4 dünne Kalbsschnitzel à 100 g
- 2 kleine Bratwürstchen
- 3 EL Petersilie
- 2 EL geriebener Parmesan
- 2 Eigelb
- 2 Knoblauchzehen
- Salz, Pfeffer
- 50 g Frühstücksspeck
- 10 Salbeiblätter
- etwas Mehl
- 50 g Butter
- 125 ml Weißwein
- 200 ml kräftige Geflügel- oder Gemüsebrühe

Zubereitung

Die Bratwürste aufschneiden und das Brät in eine Schüssel geben. Mit Petersilie, Parmesan, Eigelb und gehacktem Knoblauch gut mischen. Salzen und pfeffern. Frühstücksspeck in dünne Scheiben schneiden. Die Schnitzel gut platt klopfen, mit je einem Salbeiblatt belegen und mit je einem Viertel der Bratmasse bestreichen. Aufrollen und anschließend mit einer Scheibe Speck umwickeln. Mit einer Spicknadel feststecken. Die so hergestellten Rouladen dünn mit Mehl bestäuben.

Die Butter in einer Casserole aufschäumen und die Rouladen rundherum goldbraun backen. Wein angießen und auf die Hälfte reduzieren lassen. Brühe dazugießen. Restliche Salbeiblätter einrühren und zugedeckt bei kleiner Flamme 20 Minuten schmoren lassen.

Die Rouladen warm stellen und die Sauce auf die gewünschte Konsistenz einkochen.

Zu Tagliatelle (siehe Seite 111) oder besser zu mit Trüffelöl aromatisiertem Kartoffelpüree (siehe Seite 94) servieren.

Tipp Wenn es dekorativer sein soll, die Sauce pürieren oder durchsieben und die Fleischröllchen in je 5 Scheiben schneiden. Wenn die Kalbfleischscheiben zu lang sind, einfach halbieren und auf diese Art für jede Person 2 Röllchen schmoren.

Kalbfleisch in Zitronensauce

Zutaten

- 400 g Kalbsschnitzel
- Salz, Pfeffer
- Mehl
- 60 g Butter
- Saft von 1 Zitrone
- 50 ml Fleischfond

Zubereitung

Die Schnitzel flach klopfen. Salzen und pfeffern und leicht mit Mehl bestäuben. In einer großen Pfanne 40 Gramm Butter erhitzen und darin die Schnitzel von

jeder Seite 3 Minuten braten. Auf eine Platte legen und warm stellen. Den Bratensatz mit dem Zitronensaft loskochen und mit Brühe auffüllen. Etwa 10 Minuten einkochen. Vom Herd nehmen und die restliche eiskalte Butter einschwenken, das bindet die Sauce sehr schön.
Die Schnitzel auf Teller legen und mit der Sauce überziehen.
Dazu passen: gebutterte Bandnudeln, Kartoffelpüree (siehe Seite 94), glasierte Möhrchen (siehe Seite 65) oder auch Spinatgemüse (siehe Seite 72).

Kalbsschnitzel mit Salbei

Zutaten

8 dünne, kleine Schnitzel à 50 g	40 g Butter
8 Scheiben hauchdünner Parma- oder San Daniele-Schinken	200 ml Weißwein
	Salz
8 große Salbeiblätter	Pfeffer

Zubereitung

Die Schnitzel flach klopfen. Auf jedes Stück eine Scheibe Schinken und ein Salbeiblatt legen und mit einem Zahnstocher feststecken. 30 g Butter in einer Pfanne aufschäumen lassen und die Schnitzel bei kleiner Flamme von beiden Seiten je 2 Minuten braten. Vorsichtig würzen und warm stellen.
Den Bratensatz mit dem Wein loskochen und auf zwei Drittel reduzieren. Vom Feuer nehmen und die restliche eiskalte Butter einschwenken. Schnitzel auf warme Teller verteilen und mit der Sauce überziehen.
Dazu passen Erbsen.

Wiener Schnitzel

Wiener Schnitzel sind immer vom Kalb. Schnitzel Wiener Art sind Schweineschnitzel und taugen nicht. Ein gutes Wiener gibt es ganz selten. Wichtig ist beste Fleischqualität, ordentliche Würze und sehr gutes, selbst gemachtes Paniermehl. Und nur in Butter braten. Zum Schluss muss die Panade nur ganz leicht am Fleisch haften und Wellen schlagen. Sie merken schon: Ich liebe Wiener Schnitzel!!!

Zutaten

4 Kalbsschnitzel à 100 g	1 Zitrone
2 Eier	Mehl
Salz	selbst gemachtes Paniermehl
Pfeffer	Butter

Zubereitung

Die Eier in einem tiefen Teller verquirlen. Kräftig mit Salz und Pfeffer und dem Saft einer halben Zitrone würzen. Auf einen Teller Mehl geben, auf einen anderen das Paniermehl.

In einer Pfanne, die ausreichend Platz für die Schnitzel hat (oder besser in 2 Pfannen), die Butter aufschäumen lassen. Die Schnitzel jetzt nacheinander zuerst im Mehl (etwas abklopfen), dann in der Eimasse und anschließend im Paniermehl wälzen. Die Panade etwas andrücken und sofort in die heiße Butter geben. Von jeder Seite etwa 3 Minuten braten. Heiß sofort auf Teller geben und mit einer Zitronenscheibe belegt servieren.

Dazu passen Bratkartoffeln (siehe Seite 88) oder Pommes frites (siehe Seite 90) und Erbsengemüse (siehe Seite 53).

Tipp Paniermehl gehört zu den Dingen, die man immer selbst herstellen sollte. Dafür einfach einige Brötchen oder etwas Baguette hart werden lassen. Anschließend in der Küchenmaschine fein mahlen. Fertig. Übrigens sollten Sie dieses Paniermehl auch nicht aufbewahren, sonst schmeckt es eines Tages so gruselig wie das gekaufte. Also, immer nur so viel herstellen, wie eben benötigt. Kleiner Aufwand – großer Geschmack!

Kalbsgeschnetzeltes

Zutaten

400 g Kalbsbraten	50 ml Weißwein
40 g Butter	50 ml Kalbsfond
1 Schalotte	50 ml Sahne
250 g kleine Champignons	Worcestershiresauce
Öl	Salz
15 g Mehl	Pfeffer

Zubereitung

Das Kalbfleisch zuerst in Scheiben und dann in dünne Streifen von ca. 5 cm Länge schneiden. 20 g Butter in einer Casserole erhitzen. Die klein geschnittene Schalotte und die ganzen Champignons darin kräftig anbraten, bis kein Wasser mehr kommt.

Jetzt in derselben Pfanne das Fleisch in etwas Öl anbraten, würzen und zu den Champignons geben. Die restliche Butter erhitzen, das Mehl einrühren und mit Weißwein, Fond und Sahne ablöschen. Aufkochen lassen und mit Worcestershiresauce abschmecken. Die Zutaten wieder dazugeben und kurz erwärmen.

Dazu schmecken Rösti (siehe Seite 91) oder auch Reis.

Tipp Sollte die Sauce zu flüssig sein, zuerst noch etwas einkochen lassen. An dieser Stelle ein Trick, um einen intensiveren Fleischgeschmack zu erhalten: Dr. Liebigs Fleischextrakt. Eine Messerspitze genügt.

Geschmorte Kalbshaxe (Ossobuco)

Ein wirklich typisches italienisches Gericht: Einfach, preiswert, aber leider mit relativem Aufwand herzustellen.

Zutaten

8 kleine Kalbshaxenscheiben (quer geschnitten)	Mehl
	6 EL Olivenöl
4 Möhren	250 ml Weißwein
4 Stangen Staudensellerie	1 kg vollreife Tomaten
3 Zwiebeln	250 ml Fleischbrühe
9 Knoblauchzehen	2 Bund Petersilie
4 EL Butter	1 TL Thymian und Oregano
Salz	2 Lorbeerblätter
Pfeffer	Schale von 2 Zitronen

Zubereitung

Möhren, Sellerie, Zwiebeln und 3 Knoblauchzehen fein hacken. In einer großen Casserole die Butter erhitzen und die Gemüse anrösten. Vom Herd nehmen.
In der Zwischenzeit die Haxe mit etwas Küchengarn schön rund binden und mit Salz und Pfeffer würzen. In Mehl wenden und in Olivenöl in einer Pfanne von allen Seiten bei mittlerer Hitze anbraten. Fleisch herausnehmen, in die Casserole geben und den Bratenfond in der Pfanne mit Wein ablöschen. Auf die Hälfte einkochen. Den Backofen auf 180 °C erhitzen. Die Tomaten häuten, entkernen und grob hacken. In den Pfannenfond jetzt die heiße Brühe geben. Tomatenfleisch, 1 Bund gehackte Petersilie, Kräuter dazugeben und mit Salz und Pfeffer würzen. Alles über das Fleisch in der Casserole gießen und diese mit einem Deckel verschlossen für 2 1/2 Stunden in den Ofen stellen.
Die restlichen Knoblauchzehen hacken und mit der gehackten Petersilie und der Zitronenschale mischen. Diese Würzmischung über den fertigen Braten geben.
Hierzu Brot oder Polenta (siehe Seite 140) reichen.

Kalbsfilet in Gorgonzolasauce

Am Monatsletzten kann man diese Sauce auch einfach mit Nudeln essen oder mit einer Frikadelle.

Zutaten

4 Kalbsfilets à 150 g	200 ml Sahne
Salz	2 EL Weißweinessig
Pfeffer	4 EL Sherry
500 ml Kalbsfond	100 g Gorgonzola

Zubereitung

Die Filets salzen und pfeffern und in der Pfanne von beiden Seiten je 4 Minuten braten. Aus der Pfanne nehmen und in Alufolie eingeschlagen in den auf 80 °C vorgeheizten Backofen warm stellen. Alle Zutaten außer dem Käse aufkochen und auf die Hälfte reduzieren. Den Käse in kleine Stücke schneiden und unter die Sauce rühren. Dies geht schneller mit dem Pürierstab. Abschmecken.
Hierzu passen Nudeln. Ich finde sogar Vollwertnudeln zu dieser würzigen Sauce am besten.

Tipp Preiswerter, aber auch lecker schmeckt anstelle des Kalbfleischs Schweinefilet in Medaillons gebraten.

Kalbsfilet in Calvadossauce

Obst und Fleisch war der Renner in den Achtzigern. Was gut war, muss nicht schlecht werden, wie diese gehaltvolle Köstlichkeit beweist.

Zutaten

4 Kalbsfilets à 150 g
Salz
Pfeffer
Öl, Butter zum Braten
2 Tomaten
2 Äpfel

200 ml Sahne
1 EL gehackter frischer Estragon
40 g Greyerzer
8 Walnüsse
Saft von 1/2 Zitrone
3 EL Calvados

Zubereitung

Die Kalbsfilets salzen und pfeffern und in Öl-Butter-Gemisch von jeder Seite 3 Minuten braten. Anschließend warm stellen.
Die Tomaten häuten, entkernen und würfeln. Dann die Äpfel schälen und in 2 Teile schneiden. Die Unterseite glatt schneiden und anschließend in einer zweiten Pfanne mit etwas Butter langsam von beiden Seiten halbgar braten. Die Tomatenwürfel in der Filetpfanne anschwitzen, salzen und pfeffern und mit der Sahne auffüllen. Mit dem Pürierstab glatt rühren und mit dem Estragon würzen. Den Backofen auf 250 °C vorheizen. Eine Auflaufform ausbuttern. Die Kalbsmedaillons einsetzen und jedes mit einem halben Apfel belegen. Die Sauce darüber gießen und mit geriebenem Käse bestreuen. In den Ofen geben und bei möglichst starker Oberhitze (eventuell Grill zuschalten) ca. 5 Minuten gratinieren. Kurz vor Schluss die gehackten Nüsse beigeben und mit Zitronensaft beträufeln. Aus dem Ofen nehmen. Den vorher erhitzten Calvados darüber gießen und flambieren. Sofort servieren.

Tipp Am besten ist es, das Kalbsfilet in kleinen, feuerfesten Formen zuzubereiten. Dann kann jedes Filet für sich bearbeitet werden. Anschließend die heißen Förmchen auf kalte Teller stellen und stressfrei an den Tisch bringen.

Tipp: Eigentlich handelt es sich hier um eine Vorspeise, zumal es keine sinnvolle Beilage gibt. Ich esse es einfach mittags mit einem Glas Weißwein.

Kalbsfilet-Carpaccio

Zutaten

- 400 g Kalbsfilet
- 4 Scheiben Blätterteig
- 100 g Butter
- Salz, Pfeffer
- 2 Gemüsezwiebeln
- 150 g Speck
- Schale von 1 Zitrone
- 40 g Parmesan

Zubereitung

Die Blätterteigscheiben aufeinander legen und mit dem Rollholz dünn ausrollen. Mit einem Ausstecher 4 kreisrunde Scheiben im Durchmesser von 10–12 cm stechen. Mit etwas Butter bepinseln und mit den Zinken einer Gabel mehrfach einstechen. Im auf 220 °C vorgeheizten Backofen 4 Minuten backen. Der Blätterteig darf nicht aufgehen.

Das Filet salzen und pfeffern und in Butter rundherum anbraten. Aus der Pfanne nehmen und sehr dünn aufschneiden. Das Fleisch soll noch sehr blutig sein. Restliche Butter in einer Pfanne auslassen und die in dünne Scheiben geschnittenen Zwiebeln und den fein gewürfelten Speck dazugeben. Alles zu einer kompottartigen Masse kochen. Die abgeriebene Zitronenschale beifügen. Anschließend alles auf Küchenkrepp entfetten. Diese Masse jetzt auf den Blätterteigscheiben verteilen. Die Fleischscheiben kreisförmig darauf legen. Salzen und pfeffern und mit geriebenem Parmesan bestreuen. Die Küchlein auf ein eingefettetes Backblech setzen und unter dem heißen Grill im Backofen gratinieren. Dabei darauf achten, dass das Fleisch nicht zu durch gebraten wird (ca. 2 Minuten).

Königsberger Klopse

Die meisten Klopse, die Sie erhalten, sind aus Rindfleisch hergestellt. Ich bevorzuge eindeutig die zarte Kalbfleischvariante.

Zutaten

- 600 g Kalbsgehacktes
- 2 altbackene Brötchen
- 4 EL sehr fein gehackte Schalotten
- 60 g Butter
- 2 Eier
- 6 Sardellenfilets
- Schale und Saft von 1 Zitrone
- Salz
- Pfeffer
- Muskat
- 1 l kräftige Gemüsebrühe
- 20 g Mehl
- 100 ml Sahne
- 100 g Kapern

Zubereitung

Die Brötchen in warmem Wasser einweichen und gut ausdrücken. Die Schalotten in 20 g Butter weich braten. Hack, Brötchen, Schalotten, Eier, fein gehackte Sardellen und Zitronenschale mit feuchten Händen gut durchkneten. Mit Salz, Pfeffer und Muskat herzhaft abschmecken. Die Gemüsebrühe aufkochen. Mit feuchten Händen kleine Klopse formen und in der heißen Brühe gar ziehen lassen (nicht kochen!).

Aus 40 g Butter und Mehl eine helle Schwitze herstellen. Mit so viel Kochbrühe ablöschen, dass eine sämige Sauce entsteht. Mit Sahne auffüllen und aufkochen. Mit Zitronensaft, Salz und Pfeffer abschmecken. Die abgespülten Kapern dazugeben und die Klopse nochmals warm werden lassen. Dazu gehören einfache Salzkartoffeln.

Tipp Zum Thema Kapern gibt es, wen wundert es, wieder ganze Abhandlungen. Kommen die besten nun aus Südfrankreich oder von den Liparischen Inseln? Sollen sie nur in Salz oder besser in Öl konserviert werden? Sind die großen Exemplare besser als die kleinen oder umgekehrt? Das Einzige, was man aus dieser Diskussion lernen kann, ist, dass es große geschmackliche Unterschiede gibt. Ich esse die großen, nur in Salz eingelegten, kräftig schmeckenden Exemplare von den Liparischen Inseln. So, jetzt suchen Sie sich Ihre Lieblingskapern.

Frikadellen mit Speck

Zutaten

- 150 g Kalbfleisch
- 250 g Schweinefleisch
- 100 g magerer Schinkenspeck
- 2 altbackene Brötchen
- 125 ml Milch
- 100 g Zwiebel
- 1 Knoblauchzehe
- Olivenöl
- 1 Bund Petersilie
- 2 Eier
- 1 TL scharfer Senf
- Salz, Pfeffer
- Muskat, Majoran
- Öl, Butter zum Braten

Zubereitung

Fleisch und Schinken durch den Fleischwolf drehen. Brötchen in der warmen Milch einweichen und anschließend gut ausgedrückt zu der Fleischmasse geben. Fein gehackte Zwiebel und gehackten Knoblauch in etwas Olivenöl anschwitzen, die gehackte Petersilie zufügen und alles zusammen mit den Eiern zu der Fleischmasse geben. Mit Gewürzen kräftig abschmecken und mit nassen Händen gut durchmischen. Frikadellen formen und in einer Pfanne in einem Öl-Butter-Gemisch knusprig ausbacken.

Tipp Seitdem ich einen Fleischwolf habe, kaufe ich kein fertiges Hack mehr. Der Unterschied wird sehr schnell deutlich, so dass ich die wenige Mehrarbeit gerne in Kauf nehme.
Alle Fleischküchlein können übrigens auch vor dem Braten entweder in etwas Mehl oder Paniermehl gewendet werden. Die äußere Kruste wird dann noch knuspriger.

Lamm

Es gibt viele Gründe, sich über die vielen Ausländer im Lande zu freuen. Einer davon ist die unglaubliche Erweiterung der Rezeptvielfalt durch die Einflüsse der ausländischen Küchentraditionen. Was die Türken angeht, so ist wohl in erster Linie ihr unglaublich sauberer Umgang mit Fleisch zu nennen. Es käme mir gar nicht in den Sinn, Lammfleisch bei einem deutschen Metzger zu kaufen. In Köln, der Stadt in der ich lebe, gibt es eine so unglaubliche Fülle an guten türkischen Läden, dass ich an dieser Stelle nur »Danke« sagen kann.

Marinierte Lammscheiben

Zutaten

500 g Lammkeule ohne Knochen
100 g Schalotten
3 Knoblauchzehen
4 EL Zitronensaft
50 ml Olivenöl
3 Zweige Rosmarin
Salz
Pfeffer

Tipp: Versuchen Sie die Fleischscheiben wirklich dünn zu schneiden. Je dünner, desto knuspriger, desto leckerer!

Zubereitung

Lammfleisch von Sehnen, Fett und Häuten befreien. In sehr dünne Scheiben schneiden. Aus den übrigen Zutaten eine Marinade rühren, dabei Schalotten und Knoblauch fein gehackt einrühren. Das Fleisch in dieser Marinade für 24 Stunden in den Kühlschrank stellen. Anschließend entweder in der Pfanne in Öl knusprig ausbacken oder auf den Grill geben. Dazu schmeckt knuspriges Weißbrot, aber auch ein schöner Bohnensalat oder, oder, oder ...

Lammrücken mit Kräuterkruste

Zutaten

600 g ausgelöster Lammrücken
200 g Butter
20 Zweige Thymian
1 Bund Petersilie
3 Knoblauchzehen
selbst gemachtes Paniermehl (siehe Seite 195)
Salz, Pfeffer
Olivenöl
Senf

Zubereitung

Die Butter in einem Topf aufschäumen und die fein gehackten Kräuter und den gehackten Knoblauch dazugeben. Jetzt so viel Paniermehl beifügen, bis alle flüssigen Teile gebunden sind und eine homogene Masse entstanden ist. Mit Salz und Pfeffer würzen und zur Seite stellen. (Kann auch vorher gemacht werden. Dann aber bis zu 2 Tagen im Kühlschrank aufbewahren.)

Das Fleisch von allen Fettstellen befreien, salzen und pfeffern und in Olivenöl von beiden Seiten anbraten. Im 200 °C heißen Ofen in 6–8 Minuten rosa

braten. Kurz ruhen lassen und dann auf der Oberseite dünn mit Senf bestreichen. Auf den Senf etwa 1/2 cm dick die Kräutermasse auftragen und im Backofen unter dem Grill so lange gratinieren, bis eine schöne Kruste entstanden ist (etwa 2 Minuten).
Dazu passt Kartoffelgratin (siehe Seite 100). Sollte eine Sauce gewünscht werden, nehmen Sie die Lammsauce von Seite 252.

Gekochte Lammkeule
Danke, verehrter Großmeister Siebeck!

Zutaten

1 Lammkeule, vom Knochen getrennt, 4 Knoblauchzehen, 2 Zweige Thymian, 1 Zweig Rosmarin, 1 TL grob geschroteter Pfeffer

Für die Kochbrühe

4 Lorbeerblätter
2 Zwiebeln
1/2 Sellerieknolle
2 Lauchstangen
1 Möhre
Salz
Pfeffer

Für die Sauce

1 Schalotte
5–8 Knoblauchzehen
500 ml saure Sahne
4 EL Crème fraîche
1 TL scharfer Senf
Salz
Pfeffer
Schnittlauch

Zubereitung

Zunächst 1 1/2 l Wasser für die Brühe aufsetzen. Das Gemüse klein schneiden. Alle Zutaten in einen Topf und auf kleiner Flamme köcheln. Dabei die Suppe stark würzen, sogar überwürzen.
Inzwischen das Fleisch von allen Sehnen und Fett befreien. Das Fleisch sieht danach nicht sehr schön aus. Gewürze und Kräuter über das Fleisch verteilen und dann zu einer Kugel zusammenrollen. Mit Küchengarn wie einen Rollbraten zusammenbinden. Den Backofen auf 80 °C vorheizen. Den Braten in die Brühe einlegen und den gesamten Topf

Tipp Machen Sie ruhig etwas mehr Sauce. Es bleibt selten etwas übrig. Außerdem schmeckt sie am nächsten Tag fast noch besser.

in den Ofen schieben. Bei 80 °C kann er jetzt eigentlich unbegrenzt darin schmurgeln. Mindestens jedoch 2 Stunden garen.

Jetzt die Sauce zubereiten. Die Schalotte fein hacken und die Knoblauchzehen fein pressen. Alle Zutaten zusammenrühren und mit Salz, Pfeffer und Schnittlauch würzen. Die Sauce bis zum Beginn des Essens kühl stellen.

Zu diesem Essen passen dünne Böhnchen und auf jeden Fall Pellkartoffeln, damit Sie etwas für Ihre Sauce haben.

Lammfrikadellen

Sehr zarte Hackbällchen, die auch gerne auf Partys serviert werden. Sie brauchen vielleicht etwas Tsatziki oder eine Joghurt-Zitronen-Sauce.

Zutaten

500 g Lammhack	1 Ei
1 altbackenes Brötchen	je 2 EL frische Petersilie,
2 Zwiebeln	Basilikum, Minze und Kerbel
2 Knoblauchzehen	Salz, Pfeffer
Butter	Olivenöl

Zubereitung

Das Brötchen in Wasser einweichen und anschließend gut ausgedrückt zum Hack geben. Die Zwiebeln und den Knoblauch fein hacken und in etwas Butter in der Pfanne anschwitzen. Anschließend zusammen mit dem Ei und den fein gehackten Kräutern zum Fleisch geben. Mit Salz und Pfeffer würzen und gut durchkneten. Kleine Bällchen formen und diese in der Pfanne in heißem Olivenöl von allen Seiten knusprig braten.

Innereien

Leber

Bei gebratener Leber kommt bei mir nur Kalbsleber in Frage. Der Rest ist mir zu intensiv im Geschmack. Die zarte Kalbsleber könnte ich allerdings andauernd essen.

Gebackene Leber mit Zwiebeln und Äpfeln

Zutaten

- 4 Scheiben Leber à 100 g
- 2 Äpfel
- 100 g Butter
- 1 Gemüsezwiebel
- Mehl
- Salz, Pfeffer

Tipp
Leber muss nicht mit Äpfeln und Zwiebeln gegessen werden. Lecker ist sie auch mit etwas Salbei, den sie kurz vor Schluss mit in die Pfanne geben.

Zubereitung

Die Äpfel schälen und in Spalten schneiden. In einem kleinen Topf auf mittlerer Stufe mit 30 g Butter aufsetzen. Immer mal wieder vorsichtig umrühren. Sie sollen keinesfalls zu Apfelmus werden. Die Zwiebel in dünne Scheiben schneiden und in 30 g Butter braun braten. Die Zwiebeln sollten wirklich gut bräunen, damit sie den richtigen Geschmack entfalten können.

Die Leber dünn mit Mehl bestäuben. Die restliche Butter in einer großen Pfanne aufschäumen und die Leber kräftig von beiden Seiten anbraten. Danach auf kleiner Flamme gar ziehen lassen. Sie sollte leicht rosa sein.

Alles zusammen mit Püree (siehe Seite 94) servieren.

Kalbsleber mit Whisky

Zutaten

- 600 g Kalbsleber
- 50 g Butter
- Salz, Pfeffer
- 4 EL Whisky
- 200 ml Kalbsfond
- 2 Knoblauchzehen
- 2 EL Crème double
- 2 TL gehackter Estragon

Zubereitung

Die Leberscheiben in Butter von beiden Seiten rosa braten. Anschließend salzen und pfeffern und im 50 °C warmen Backofen warm stellen. Den Whisky in die Pfanne gießen und mit einem Streichholz flambieren. (Achtung: Nie unter einer Dunstabzugshaube mit Fettfiltern aus brennbaren Stoffen.) Wenn die Flammen verlöscht sind, den Fond angießen und auf großer Hitze sirupartig einkochen. Knoblauch hacken. Die Sauce vom Herd nehmen und die Crème double einrühren, mit Knoblauch und Estragon bestreuen und mit Salz und Pfeffer würzen. Über die Leber gießen und mit Püree (siehe Seite 94) servieren.

Venezianische Leber

Die südliche Variante der sauren Leber, wie sie in Bayern gegessen wird.

Zutaten

400 g Leber	4 EL Balsamessig
100 g Butter	200 ml Weißwein
1 Gemüsezwiebel	Salz
Mehl	Pfeffer

Zubereitung

30 g Butter zerlassen und die in Scheiben geschnittene Zwiebel goldgelb anbraten. In eine Schüssel geben. 40 g Butter aufschäumen. Die Leber in Streifen schneiden und mit Mehl bestäuben und kräftig in der Butter anbraten. Salzen und pfeffern. Nach 3 Minuten zu den Zwiebeln geben. Den Bratfond mit dem Essig ablöschen und mit Wein auffüllen. Vom Herd nehmen und die restliche Butter einschwenken. Die Leberstreifen und Zwiebeln wieder dazugeben, nochmals pfeffern und vermischen. In Suppenteller verteilen und mit Weißbrot servieren.

Leberknödel mit Speckbutter

Zutaten

4 altbackene Brötchen	2 Eier
Milch	Salz, Pfeffer
100 g Butter	Majoran
1 Schalotte	evtl. selbst gemachtes Paniermehl (siehe
1/2 Bund krause Petersilie	Seite 195)
300 g Rinderleber	1 Paket dänischer Frühstücksspeck

Zubereitung

Die Brötchen in lauwarmer Milch einweichen und gut ausdrücken. 10 g Butter erhitzen und darin die sehr fein geschnittenen Schalotten glasig dünsten. Die fein gehackte Petersilie kurz mit andünsten und alles zu den Brötchen und der durch den Fleischwolf gedrehten Rinderleber geben. Die Eier und 30 g Butter beifügen und würzen. Die Zutaten zu einer homogenen Masse kneten. Sollte der Teig nicht fest genug sein, mit etwas frischem Paniermehl nachhelfen. Knödel formen und in reichlich Salzwasser, ohne zu kochen, gar ziehen lassen (20 Minuten). Danach die Knödel abgedeckt ruhen lassen.

60 g Butter in einer Pfanne aufschäumen. Die Speckstreifen in 5 cm lange Stücke schneiden und in der Butter knusprig braten. Zum Schluss die Leberknödel entweder im Ganzen oder besser geviertelt dazugeben und gut erhitzen. Dazu muss Sauerkraut (siehe Seite 58) gegessen werden.

Omas Variante

Eine ungleich schwierigere Variante sind die Leberknödel meiner Großmutter, die keine Brötchen vorsieht und damit einen wesentlich luftigeren Teig erzielt.

Zutaten

300 g Rinderleber, durch den Fleischwolf gedreht	Salz, Pfeffer
1 Schalotte	Thymian, Majoran
1 Ei	selbst gemachtes Paniermehl (siehe Seite 195)

Zubereitung

Die Zwiebel fein schneiden und alles mischen. Jetzt so viel Paniermehl dazugeben, dass der Teig zu kleben beginnt. Mit 2 Löffeln Klößchen formen und in das Salzwasser gleiten lassen. Gar ziehen lassen. Dabei entstehen auch viele kleine und kleinste Partikelchen, was aber nicht schlimm ist. Zum Schluss die Leberknödel in ein Sieb abgießen. Zurück in den Topf geben und mit der wie oben beschriebenen vorbereiteten Speckbutter mischen.

Schwein

Das mit dem Schwein ist heute wirklich so eine Sache. Ich esse für mein Leben gerne Schweinefleisch. Ein wunderbarer Schweinsbraten, ein Gulasch oder eine edle Schweinelende – einfach herrlich. Wenn es nur einfacher wäre, gutes Schweinefleisch zu bekommen. Also, machen Sie sich die Mühe und suchen Sie sich einen guten Metzger.

Schweinegulasch mit Sauerkraut

Zutaten

> 800 g Schweinefleisch aus der Schulter
> 3 Knoblauchzehen
> Salz
> Pfeffer
> 2 EL Kümmel
> 250 g Zwiebeln
> 40 g Schweineschmalz
> 3 EL Paprikapulver
> 250 ml Rotwein
> 1 Bund Petersilie
> 1 EL gekörnte Brühe
> 1 rote Paprika
> 800 g Sauerkraut
> 150 ml Crème fraîche

Zubereitung

Die Knoblauchzehen mit etwas Salz und Kümmel im Mörser zerstoßen. Die Zwiebeln in Scheiben schneiden und in Schmalz anbraten. Aus dem Topf nehmen und das gewürfelte Schweinefleisch mit etwas Salz und Pfeffer anbraten. Zwiebeln wieder dazugeben und mit dem Paprikapulver bestäuben. Die Knoblauchpaste einrühren und mit Wein und 250 ml Wasser ablöschen. Das Bund Petersilie im Ganzen beifügen und mit gekörnter Brühe und Gewürzen abschmecken. Zugedeckt 1 Stunde köcheln lassen.

Die Paprikaschote in feine Streifchen schneiden und in etwas Öl so lange schmoren, bis sie sehr weich ist. Pürieren und nach einer 1/2 Stunde mit dem Sauerkraut zufügen. Am Ende der Garzeit die Crème fraîche einrühren.
Mit Salzkartoffeln oder einfach nur mit Weißbrot servieren.

Schweinebraten mit Kräutern

Zutaten

- 1 kg ausgelöstes Schweinekotelett
- 1 unbehandelte Zitrone
- 2–3 Zweige Rosmarin
- 3 Knoblauchzehen
- 1 TL Fenchelsamen
- Salz, Pfeffer

Zubereitung

Backofen auf 200 °C aufheizen. In einem Schüsselchen die abgeriebene Zitronenschale, ein Drittel der Rosmarinnadeln, den gehackten Knoblauch und die Fenchelsamen mit Salz und Pfeffer mischen. In das Fleisch mit einem spitzen Messer rundherum Löcher von ca. 1 cm Tiefe stechen. Die Öffnungen jeweils mit etwas Gewürzmischung verstopfen. Den Braten salzen und pfeffern und wie einen Rollbraten mit Küchengarn fest verschnüren. Den Braten auf ein Grillrost legen. Darunter eine Fettpfanne schieben und im Backofen 2 Stunden garen. Dabei häufig wenden und mit dem austretenden Bratensaft übergießen.

Tipp Legen Sie nach einer Stunde Gemüse und Kartoffeln mit in die Schmorpfanne, so haben Sie eine sehr schöne Beilage. Wer einen guten Grill besitzt, sollte diesen Braten unbedingt im Sommer als Drehbraten über Holzkohle versuchen. Schmeckt noch einmal so gut!

Schweinsbraten mit Schwarte

Der Klassiker aus Bayern, hier in der etwas gemüsigeren Variante.

Zutaten

1 Schweinsbraten mit Schwarte	3 EL Kümmel
3 Knoblauchzehen	je 50 g gewürfelte Zwiebel
Salz	Möhre und Sellerieknolle
Pfeffer	1 Flasche Bayrisches Starkbier

Zubereitung

Den Knoblauch mit reichlich Salz im Mörser zu einer Paste zerstoßen. Den Kümmel dazugeben. Den Braten rundherum mit der Paste einreiben.

Den Braten mit der Schwarte nach unten in den Bräter legen. Den Backofen auf 200 °C erhitzen. Den Braten in den Ofen schieben und 100 ml stark kochendes Wasser angießen. Wenn das Wasser verdampft ist, den Braten herausnehmen und die Schwarte rautenförmig einschneiden. Wieder mit der Schwarte nach unten in den Bräter legen und das gewürfelte Gemüse dazugeben. 200 ml Wasser angießen und den Braten für 1 Stunde in den Ofen schieben. Anschließend den Braten wenden und weitere 30 Minuten braten, bis die Schwarte knusprig ist. Dabei immer wieder mit dem Bier begießen. Zum Schluss den Braten entnehmen und das Gemüse mit der Sauce pürieren. Mit Salz, Pfeffer, Kümmel und Bier abschmecken. Dazu gehören Semmelknödel (siehe Seite 103).

Tipp In Bayern wird der Braten mit klarer Sauce serviert. Dafür müssen Sie die Sauce zum Schluss durchsieben und das Gemüse entfernen. Dann mit etwas kalter Butter binden.

Schweinemedaillons in Senfsauce

Zutaten

600 g Schweinefilet	1 EL weißer Balsamessig
Salz	250 ml Sahne
Pfeffer	2 EL Senf
Öl, Butter zum Braten	4 EL gemischte frische Kräuter (Petersilie,
2 Schalotten	Kerbel, Schnittlauch etc.)

Zubereitung

Das Filet in 4 Medaillons schneiden. Mit Salz und Pfeffer würzen und in Öl-Butter-Mischung von beiden Seiten rosa braten. In Alufolie wickeln und im 80 °C heißen Ofen warm halten.

Die fein gehackten Schalotten in etwas Butter anschwitzen. Mit Balsamessig die Schalotten ablöschen, Sahne und Senf mischen und angießen. Mit den gehackten Kräutern, Salz und Pfeffer würzen und über die Medaillons gießen. Dazu passen Püree (siehe Seite 94), Bandnudeln, aber auch Broccoli.

Schweinefilet in Starkbier

Zutaten

600 g Schweinefilet, in gleich dicke Medaillons geschnitten	30 g Butter
Salz	5 Knoblauchzehen
Pfeffer	2 EL Kümmel
Öl, Butter zum Braten	100 ml dunkles Starkbier
	40 ml Kalbsfond

Zubereitung

Die 8 Medaillons salzen und pfeffern und in der Öl-Butter-Mischung von jeder Seite 3 Minuten anbraten. In Alufolie einwickeln und im Backofen bei 80 °C warm stellen.

10 g Butter in die Pfanne geben und die leicht angedrückten Knoblauchzehen sowie den Kümmel anrösten. Mit dem Starkbier ablöschen und auf die Hälfte einkochen. Den Kalbsfond beifügen und 5 Minuten köcheln. Die Sauce durch ein feines Sieb gießen und erneut erhitzen. Jetzt vom Feuer nehmen und 20 g eiskalte Butter einschlagen. Die Filets nochmals in der Sauce wenden, dabei den entstandenen Fleischsaft in die Sauce einrühren.

Unbedingt mit Semmelknödeln (siehe Seite 103) servieren.

Schweinebraten in Milch

Zutaten

- 1 Schweinerollbraten, ca. 600 g
- Salz
- Pfeffer
- 50 g Butter
- 1 Gemüsezwiebel
- 2 Knoblauchzehen
- 2 l Milch
- 5 Zweige Thymian
- 2 Zweige Rosmarin
- 2 Lorbeerblätter

Zubereitung

Den Rollbraten salzen und pfeffern. Die Butter auslassen und den Braten auf schwacher Hitze rundherum anbraten. Zwiebel und Knoblauch fein hacken und zum Braten geben. Ebenfalls anschwitzen. Mit der Milch ablöschen, dabei soll der Braten gerade bedeckt sein. Die Kräuter dazugeben. Bei geschlossenem Deckel und schwacher Hitze in 2–3 Stunden gar ziehen lassen. Wenn der Braten gar ist, herausnehmen, die Kräuterstiele entfernen und die Sauce auf die gewünschte Konsistenz einkochen. Salzen und pfeffern und mit dem aufgeschnittenen Braten servieren.

Rindfleisch

Noch immer ist Rindfleisch bei uns in großen Mengen zu finden. Und vielleicht ist genau das das Problem. Sie kennen das? Zwei Kilogramm Braten passen kaum in den Topf. Nach dem Braten ist der Fleischberg zu einem Hügelchen zusammengeschrumpft, dafür haben wir aber Unmengen an Sauce, die aber leider wässrig schmeckt. Pech gehabt? Nein, sondern den falschen Metzger. Und wo wir gerade dabei sind. Ich kaufe kein Fleisch im Supermarkt. Mich erfreuen die billigen Preise nicht, sondern sie schocken mich eher. Gutes Fleisch von Kühen, die halbwegs anständig gehalten werden, kann nicht billig sein. Lieber weniger, aber dafür gutes Fleisch!

Sauerbraten

Mein absoluter Lieblingsbraten und sicher das erste Gericht, das ich koche, wenn es draußen winterlich wird.

Zutaten

Für das Fleisch
2 kg mageres Rindfleisch aus der Schulter
50 g Schweineschmalz
50 g Zwiebeln
50 g Möhren
30 g Knollensellerie
20 g Mehl
Gewürzprinten oder Honigkuchen
Salz, Pfeffer

Für die Marinade
250 ml Rotwein
250 ml Rotweinessig
1 große Gemüsezwiebel
10 angedrückte Pfefferkörner
8 angedrückte Wacholderbeeren
3 Lorbeerblätter
2 TL Salz

Zubereitung

Rotwein, Essig, ca. 1 l Wasser, Zwiebelscheiben und Gewürze in einem Topf aufkochen. Vom Feuer ziehen und erkalten lassen. Darin den Braten einlegen und mindestens 3 Tage, besser eine Woche, unter zweimaligem Wenden pro Tag marinieren.

Die Marinade durch ein Sieb abgießen und das Fleisch gut trockentupfen. Die Gewürze wegwerfen. Das Schweineschmalz in einem großen Brattopf erhitzen und das Fleisch unter mehrmaligem Wenden rundherum anbraten. Herausnehmen und im selben Fett die fein geschnittenen Zwiebeln, die geraspelten Möhren und den geraspelten Sellerie anbraten. Das Mehl anstäuben und kurz anziehen lassen. Unter heftigem Rühren mit der Marinade ablöschen. Zum Kochen bringen und den Braten einlegen. Mit geschlossenem Deckel ca. 2 Stunden bei schwacher Hitze schmoren. Anschließend den Braten entnehmen und warm stellen. Die Sauce aufkochen und die Printen oder den Honigkuchen hineinbröseln. Jetzt müssen Sie Gefühl beweisen. Der Honigkuchen muss sich auflösen und fügt so der Säure die gewünschte Süße bei. Außerdem dickt er die Sauce an. Diese wird jetzt durch eine ›Flotte Lotte‹ passiert. Dadurch bleibt alles in der Sauce, sie schmeckt hervorragend und wird schön dick. Sauerbratensauce muss auf dem Fleisch ›stehen‹! Die Sauce mit etwas Salz und Pfeffer abschmecken. Sollte sie zu dick sein, mit etwas Rotwein verdünnen. Sollte sie nicht süß genug sein, mehr Printen beifügen und die Prozedur nochmals wiederholen.

Ideal hierzu sind Knödel in jeder Form. Ich esse allerdings nur Serviettenklöße (siehe Seite 104) dazu.

Rinderfilet in Pfeffermarinade

Dieses Gericht ist die ›Edel-Variante‹ des guten deutschen Sauerbratens. Ein königlicher Genuss, ein Braten für besondere Anlässe.

Zutaten

Für das Fleisch
1 ganzes Rinderfilet, ca. 1,5 kg
1 EL gekörnte Brühe
1 EL Tomatenmark
Salz
Pfeffer
Öl, Butter zum Braten
Pfeilwurzelmehl zum Binden
1 EL Johannisbeergelee
100 g eiskalte Butter

Für die Marinade
1 Gemüsezwiebel
2 dicke Möhren
1/4 Sellerieknolle
4 Knoblauchzehen
Olivenöl
100 ml Rotweinessig
1 Flasche kräftiger Rotwein
2 EL zerstoßener schwarzer Pfeffer
5 Wacholderbeeren
1 Kräuterstrauß (2 Lorbeerblätter, 10 Zweige Thymian, 1/2 Bund Petersilie)

Zubereitung

Die Gemüse für die Marinade in sehr feine Streifen schneiden. Alles zusammen in heißem Olivenöl anbraten, bis die Gemüse leicht bräunen. Mit dem Essig ablöschen und aufkochen lassen. Jetzt den Rotwein, den Pfeffer, die Wacholderbeeren und das Kräuterbündel dazugeben. Den Bräter schließen und bei schwacher Hitze 20 Minuten köcheln. Die Marinade anschließend abkühlen lassen. Das Filet hineinlegen und mindestens 24 Stunden marinieren.

Das Filet aus der Marinade nehmen und mit Küchenkrepp abtrocknen. In die Marinade die gekörnte Brühe und das Tomatenmark geben und bei großer Hitze auf ein Viertel Liter einkochen lassen. Derweil das Fleisch von beiden Seiten salzen und pfeffern. Den Backofen auf 250 °C aufheizen. In diesen jetzt einen Bräter mit Butter und Öl schieben und erhitzen. Das Filet hineinlegen und anbraten. Anschließend wenden und ca. 20 Minuten braten. Garprobe per Fingerdruck machen. Das Filet in Folie einpacken und im Ofen bei 80 °C warm halten. (Ofen bei geöffneter Tür bis auf 80 °C abkühlen lassen. Jetzt kann das Fleisch so lange wie nötig darin aufbewahrt werden.)

Jetzt den Bräter, in dem das Filet gebraten wurde, auf den Herd stellen und den Bratensatz lösen, indem die eingekochte Marinade angegossen wird. Mit einem Spachtel alle Bratenreste loskratzen. Anschließend die Sauce durch ein feines Sieb in einen kleinen Topf sieben und wieder auf schwache Hitze setzen. Jetzt mit etwas Pfeilwurzelmehl binden und mit Johannisbeergelee und den Gewürzen abschmecken. Vom Herd ziehen und die eiskalte Butter einschlagen. Zusammen mit dem Filet servieren. Dazu schmeckt Spinat und Kartoffelgratin (siehe Seite 100) oder Püree (siehe Seite 94).

Rindergulasch in Rotwein (Bœuf Bourguignon)

Man kann dieses Schmorgericht sicher einfacher herstellen. Aber auf die hier beschriebene Weise, wenn alle Zutaten sich erst zum Ende hin vereinigen, schmeckt es einfach viel besser.

Zutaten

- 1,5 kg Rindfleisch, in Würfeln
- 300 g magerer Frühstücksspeck
- 60 g Butter
- 30 geschälte Perlzwiebeln
- 400 g kleine Champignons
- 50 g Butterschmalz
- 2 EL gehackte Schalotten
- 2 EL fein gehackte Möhren
- 3 EL Mehl
- 250 ml kräftige Fleischbrühe
- 500 ml Rotwein
- 2 Knoblauchzehen
- 3 Zweige Thymian
- 2 Lorbeerblätter
- Salz, Pfeffer
- 4 EL fein gehackte Petersilie

Zubereitung

Den Speck in Streifen und dann in 3 cm lange Stücke schneiden. 20 g Butter auslassen und den Speck darin knusprig ausbacken. Zur Seite stellen. 20 g Butter in einer feuerfesten Form im 200 °C heißen Backofen zerlassen. Die Zwiebeln einfüllen und in etwa 10–15 Minuten weich backen. Zur Seite stellen. Die ganzen Champignons in 20 g Butter fest anbraten und garen. Zur Seite stellen.

Jetzt eine große Pfanne erhitzen und das Butterschmalz erwärmen. Die Fleischstücke darin portionsweise rundherum anbraten. Danach in einen feuerfesten Bräter legen. Die Schalotten und Möhren in die Pfanne geben und leicht anziehen lassen. Mit Mehl bestäuben und etwas anbräunen. Mit der heißen Fleischbrühe ablöschen und mit Wein auffüllen. Alles zum Kochen bringen. Den gehackten Knoblauch, Thymian und Lorbeer dazugeben und würzen. Das Ganze über das Fleisch in den Bräter gießen und diesen nochmals auf dem Herd erhitzen. Mit einem Deckel verschließen und in den heißen Ofen stellen. 2 Stunden bei 180 °C schmoren.

Zum Schluss den Speck, die Perlzwiebeln und die Pilze in den Topf einrühren und Lorbeer und Thymianzweige entfernen. Mit Salz und Pfeffer abschmecken und mit Petersilie bestreuen.

Ich esse dazu am liebsten nur Brot. Natürlich schmeckt auch Püree (siehe Seite 94).

Rinderfilet mit schwarzem Pfeffer

Zutaten

4 Rinderfilets à 200 g	20 g Butter
2 EL Pfefferkörner	100 ml Sahne
Öl, Butter zum Braten	Salz
20 ml Cognac	Pfeffer

Tipp: Filet muss nach dem Braten immer ruhen, damit der Fleischsaft stockt.

Zubereitung

Den im Mörser geschroteten Pfeffer auf einen Teller geben. Die Filets darin wenden. Das Öl-Butter-Gemisch in einer Pfanne erhitzen. Die Filets von jeder Seite 1 Minute bei starker Hitze braten. Temperatur verringern und von jeder Seite 3 Minuten rosa braten. Die Filets in Alufolie einschlagen und warm stellen. Den Cognac in die Pfanne geben und anzünden. Wenn die Flamme erloschen ist, die Butter dazugeben und aufschäumen. Mit der Sahne ablöschen. Einmal gut aufkochen und mit Salz und Pfeffer würzen. Die Folie öffnen und den ausgetretenen Bratensaft in die Sauce einrühren. Mit dem Fleisch servieren.

Gedämpftes Rinderfilet

Bei diesem wunderbaren Filetgericht sollten Sie ein gut abgehangenes Rinderfilet, das von ähnlicher Zartheit wie ein hochwertiger Speisefisch ist, kaufen. Wir verwenden die gleiche Garmethode wie beim Fisch: den chinesischen Bambus-Dämpfkorb (siehe Seite 160).

Zutaten

4 Rinderfilets à 200 g	12 Salbeiblätter
1 l kräftige Fleischbrühe	Salz
2 Knoblauchzehen	Pfeffer

Zubereitung

Die Fleischbrühe in einem Topf, in den man den Bambuskorb einsetzen kann, aufkochen und auf die Hälfte reduzieren. Dabei die angedrückten Knoblauchzehen mitkochen. Die Brühe muss sehr stark und intensiv schmecken, da wir mit ihrer Hilfe das Fleisch aromatisieren.

Das Fleisch von beiden Seiten salzen und pfeffern und in den Korb setzen. Mit je 2 Salbeiblättern belegen und den Korb in die Brühe stellen. Die restlichen Blätter in den Sud geben. Den Topfdeckel schließen und das Fleisch bei mittlerer Hitze rosa dämpfen. Mit dem Finger nach 5 Minuten die Druckfestigkeit und damit den Gargrad überprüfen.

Zu diesem sehr einfachen Fleisch esse ich ein mit Trüffelöl gewürztes Kartoffelpüree (siehe Seite 94) und trinke einen kräftigen, weißen Burgunder.

Entrecôte mit Schalottenbutter

Ersatzweise können Sie auch Hochrippe oder T-Bone nehmen, in jedem Fall aber muss das gute Stück mindestens 5 cm dick sein.

Zutaten

2 Scheiben Entrecôte mit Knochen à 800 g	3 Schalotten
Salz, Pfeffer	200 ml kräftiger Rotwein
Öl, Butter zum Braten	4 EL Kalbsfond
	60 g Butter

Zubereitung

Das Fleisch kräftig mit Salz und Pfeffer würzen. Öl-Butter-Gemisch erhitzen. Das Fleisch bei starker Hitze von beiden Seiten je 2 Minuten anbraten. Anschließend in 10–12 Minuten von jeder Seite rosa braten. Danach in Alufolie einschlagen und mindestens 10 Minuten im 80 °C warmen Backofen ruhen lassen.

Die fein gehackten Schalotten im Bratfett glasig braten und mit Wein und Kalbsfond aufgießen. Auf die Hälfte reduzieren lassen. Vom Herd nehmen und die eiskalte Butter in kleinen Stückchen einschlagen. Warm stellen, aber nicht mehr kochen lassen. Das Fleisch quer in leicht schräge Scheiben aufschneiden. Auf Teller legen und mit der Sauce überziehen. Dazu passen kleine gebratene Kartoffelwürfel (siehe Seite 88) oder Pommes frites (siehe Seite 90).

Tipp Die Schalottenbutter passt zu allen kurz gebratenen Rindfleischsorten.

Ganzes Rinderfilet mit Coppa di Parma

Ein großer Braten, besonders geeignet für Feste mit vielen Gästen.

Zutaten

1 ganzes Rinderfilet, ca. 2 kg schwer	Pfeffer
400 g Coppa di Parma	Olivenöl, Butter zum Braten
10 Knoblauchzehen	3 rote Zwiebeln
2 Zweige Rosmarin	1/2 Sellerieknolle
Salz	100 ml Rinderfond
	1 Flasche kräftiger Rotwein

Zubereitung

In das Filet mit einem scharfen Messer rundherum kleine Taschen schneiden. 100 g Coppa in kleine Stückchen schneiden. Den Knoblauch in feine Scheiben schneiden. Die Rosmarinnadeln fein hacken. Coppastückchen, Knoblauch und Rosmarin mit Salz und Pfeffer mischen und in die Taschen verteilen. Anschließend das gesamte Filet in die restlichen Coppascheiben einrollen. Fest mit Küchengarn umwickeln (wie einen Rollbraten). Butter und Öl in einer Casserole erhitzen und das Fleisch darin vorsichtig rundherum anbraten und

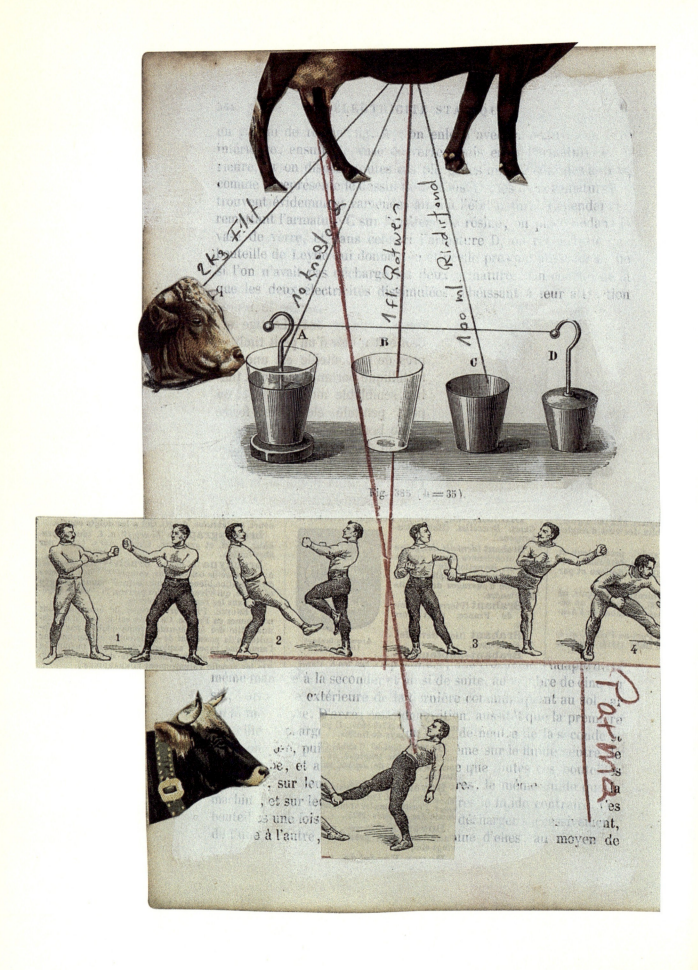

herausnehmen. In der Bratflüssigkeit jetzt die gehackten Zwiebeln und den gehackten Sellerie anschwitzen, das Fleisch wieder dazulegen. Den Rinderfond und so viel Wein angießen, dass das Fleisch halb bedeckt ist. Zum Kochen bringen und den Deckel halb aufsetzen. Bei schwacher Hitze 20 Minuten schmoren.

Sollte die Sauce zum Schluss zu dünn sein, das Fleisch bei 80 °C im Ofen warm stellen und die Sauce einkochen lassen. Auf Wunsch kann sie passiert werden. Ich tue das nicht.

Das Filet bei Tisch aufschneiden, mit Sauce übergießen und dazu Polenta (siehe Seite 140) servieren.

Tipp Coppa ist eine norditalienische Wurstspezialität: luftgetrockneter, gepökelter Schweinehals. Klingt schrecklich – schmeckt herrlich. Sollten Sie diese Delikatesse nicht erhalten, versuchen Sie es mit Schinkenspeck. Das Ergebnis ist allerdings nicht das gleiche.

Gebratenes Roastbeef

Roastbeef ist ein wenig aus der Mode gekommen. Nicht bei mir! Ich könnte es jeden Tag essen. Sowohl als Braten, also warm, als auch aufgeschnitten mit etwas Marinade oder sehr dünn geschnitten als Aufschnitt mit etwas Meerrettich (siehe Seite 253).

Zutaten

1 kg Roastbeef	1 Stängel Staudensellerie
Salz	4 EL Zitronensaft
Pfeffer	4 EL bestes Olivenöl
Olivenöl	Parmesan

Zubereitung

Den Ofen auf 80 °C vorheizen. Das Fleisch rundherum mit Salz und Pfeffer einreiben und im heißen Öl von allen Seiten kräftig anbraten. Danach für 1 1/2 Stunden in den vorgeheizten Backofen schieben. Mit Beilagen servieren oder in Alufolie wickeln und in den Kühlschrank legen.

Am nächsten Tag den hauchdünn geschnittenen Staudensellerie über dem dünn aufgeschnittenen Fleisch verteilen. Salzen und pfeffern. 4 EL Zitronensaft mit 4 EL Olivenöl mischen und über das kalte Fleisch gießen. Mit groben Parmesanspänen garnieren und mit Bratkartoffeln (siehe Seite 88) servieren.

Griechischer Hackbraten

Zutaten

- 500 g Rinderhackfleisch
- 2 altbackene Brötchen
- 500 ml Milch
- 1 Zwiebel
- 3 Knoblauchzehen
- 2 Eier
- Salz
- Pfeffer
- getrockneter Oregano
- 20 ml Ouzo oder ein anderer Anisschnaps
- 50 g Parmesan
- Olivenöl
- 100 g korsischer Schafskäse
- 600 g Kartoffeln
- etwas Paprikapulver

Zubereitung

Die Brötchen in lauwarmer Milch einweichen, anschließend gut ausdrücken und zum Fleisch geben. Zwiebel und Knoblauch sehr fein hacken und zusammen mit den Eiern, Ouzo, geriebenem Parmesan, Salz, Pfeffer und Oregano zum Fleisch geben. Die Masse kräftig durcharbeiten, bis ein homogener Teig entsteht.
Eine große feuerfeste Form mit reichlich Olivenöl auspinseln. Den Backofen auf 200 °C vorheizen und den Fleischteig zu einem Brotlaib formen. Mit der Handkante in der Mitte eine längliche Mulde öffnen und den Schafskäse hineinbröseln. Gut verschließen und den Braten mit der ›Naht‹ nach oben in die Mitte der Form legen. Mit etwas Olivenöl beträufeln.
Die Kartoffeln schälen und in Scheiben schneiden, waschen und gut abtrocknen. Um den Braten herum legen und mit Salz, Pfeffer und etwas Paprikapulver würzen. Sollte noch Schafskäse übrig sein, diesen über die Kartoffeln bröseln. Etwas Olivenöl über die Kartoffeln gießen und für 45 Minuten in den Backofen schieben. Nach 30 Minuten die Kartoffeln mit Hilfe eines Wenders drehen.

Schmorhühner
Wahrlich keine gewöhnliche Rubrik, aber es gibt unzählige Möglichkeiten, ein Huhn im Schmortopf zuzubereiten. Nachfolgend drei einfache und eine raffinierte Variante.

Schmorhuhn in Weißwein

Zutaten

1 Hähnchen, ca. 1 kg	2 Knoblauchzehen
Salz, Pfeffer, Zimt	400 ml Weißwein
Öl, Butter zum Braten	200 g kleine Champignons
3 EL fein gehackte Zwiebel	200 ml Crème fraîche

FLUEGEL

Tipp Leichter zu essen ist das Gericht, wenn Sie, während die Sauce reduziert, das Hühnerfleisch von den Knochen entfernen und dann wieder erwärmen wie oben beschrieben.

Zubereitung

Das Hähnchen in 8 Teile (4 x Brust, 2 x Keule, 2 x Flügel) teilen. Mit Salz, Pfeffer und etwas Zimt würzen. Das Öl-Butter-Gemisch erhitzen und die Hähnchenteile im Schmortopf rundherum knusprig anbraten. Zwiebel und den fein gehackten Knoblauch zufügen und kurz mitbraten. Den Wein angießen und den Topf schließen. Bei schwacher Hitze 30 Minuten köcheln. Inzwischen die Champignons in einer Pfanne mit wenig Fett so lange backen, bis alles Wasser herausgebraten ist. Erst dann leicht salzen.

Die Hähnchenteile aus dem Topf nehmen und die Crème fraîche eingießen. Aufkochen lassen und so lange reduzieren, bis die Sauce eine schöne Konsistenz hat. Würzen und Champignons und Hähnchenteile wieder hineingeben. Kurz erwärmen und in dem Topf servieren.

Schmorhuhn in Zitronensauce

Zutaten

1 Hähnchen, ca. 1 kg	Öl, Butter zum Braten
Saft und Schale von 2 Zitronen	250 ml Geflügelbrühe
Salz	3 Zweige Thymian
Pfeffer	100 ml Crème fraîche

Zubereitung

Das Huhn in 8 Teile teilen. Den Zitronensaft mit der fein abgeriebenen Zitronenschale, Salz und Pfeffer mischen und die Hühnerteile darin 5 Stunden marinieren. Anschließend die Hühnerteile trockentupfen und die Marinade auf die Seite stellen.

Das Öl-Butter-Gemisch erhitzen und die Hühnerteile im Schmortopf rundherum knusprig anbraten. Mit Marinade und Brühe ablöschen. Die Thymianzweige beifügen und bei geschlossenem Topf und kleiner Flamme in 30 Minuten gar schmoren. Die Thymianzweige entfernen und die Hähnchenteile herausheben. Crème fraîche einfüllen und sämig einkochen. Hähnchenteile mit oder ohne Knochen darin erwärmen und servieren.

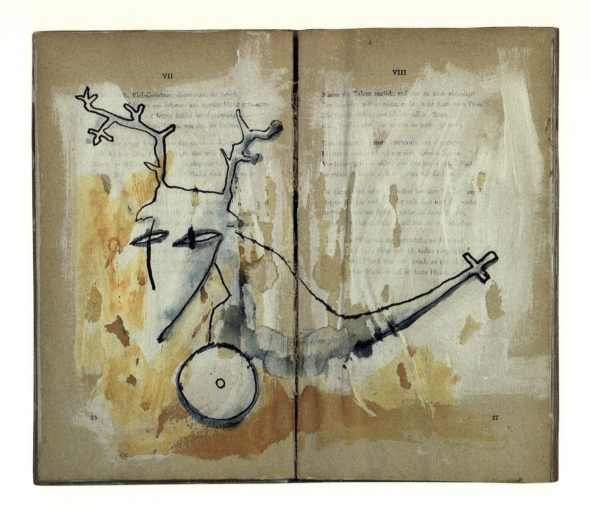

Schmorhuhn mit Calvados

Zutaten

1 Hühnchen, ca. 1 kg	40 ml Calvados
Salz	250 ml Geflügelbrühe
Pfeffer	30 g Butter
Öl, Butter zum Braten	2 säuerliche Äpfel
300 g kleine Champignons	100 ml Crème fraîche
4 EL fein gehackte Schalotten	2 Eigelb

Zubereitung

Das Huhn in 8 Teile teilen. Salzen und pfeffern. Im Schmortopf das Öl-Butter-Gemisch erhitzen und die Hähnchenteile rundherum knusprig anbraten. Derweil die Champignons mit den Schalotten in wenig Fett in einer Pfanne anbraten. Den Calvados über die Hühnerteile gießen und flambieren. Sobald die Flammen erloschen sind, die Champignons beifügen und mit der Geflügelbrühe ablöschen. 30 Minuten bei geschlossenem Topf auf kleiner Flamme gar schmoren.

In der Zwischenzeit die Äpfel schälen, Kerngehäuse entfernen und in kleine Würfel schneiden. In 30 g Butter weich, aber nicht matschig braten. Die Hähnchenteile aus der Sauce nehmen. Die Crème fraîche mit dem Eigelb verquirlen und in die Sauce schlagen. Nicht mehr kochen. Hühnerfleisch mit oder ohne Knochen wieder darin erwärmen und alles mit den Apfelstücken servieren.

Huhn in Rotweinsauce

Dies ist die aufwendigere Variante des französischen Coq au vin. Aber die Mühe lohnt wirklich.

Zutaten

1 fette Poularde, ca. 2 kg	2 Lorbeerblätter
Salz, Pfeffer, Mehl	2 Knoblauchzehen
Olivenöl, Butter zum Braten	10 Pfefferkörner
1 Kräuterstrauß aus Thymian,	2 EL Cognac
Petersilie und Lorbeer	1 Flasche kräftiger Rotwein
125 ml Crème double	Olivenöl
Zitronensaft	
	Für die Einlage
Für die Marinade	200 g Champignons
150 g gewürfelte Zwiebeln	250 g Frühlingszwiebeln
100 g Stangensellerie in Scheiben	150 g Speckstreifen
50 g Möhrenwürfel	20 g Butter
je 1 Zweig Thymian und Rosmarin	3 EL gehackte Petersilie

Tipp: Sollte eine Sahnesauce einmal gerinnen, nehmen Sie den Pürierstab und schlagen die Sauce nochmals auf. Wunderbarerweise verbinden sich die Zutaten wieder auf das Innigste.

Zubereitung

Die Poularde in Keulen, Flügel, Brust und Rest zerteilen und in einem großen Gefäß mit allen Zutaten der Marinade mischen. Gut abdecken und für mindestens 2 Tage im Kühlschrank marinieren.

Die Schenkel und Brüste entnehmen und trockentupfen. Salzen und pfeffern und mit etwas Mehl bestäuben. Im Öl-Butter-Gemisch rundherum anbraten. Die restlichen Hühnerteilchen mitbraten. Das Fleisch herausnehmen und auf eine Platte legen. Die Gemüse aus der Marinade fischen.

Einen Topf mit Butter erhitzen und die Gemüse mit etwas Mehl bestäubt anbraten. Derweil die restliche Marinade aufkochen und mit dieser das Gemüse ablöschen. Den Kräuterstrauß zufügen und bei offenem Deckel etwa 20 Minuten durchkochen. Die Poulardenstücke wieder dazugeben und 1/2 Stunde mitköcheln. Herausnehmen, die Haut entfernen und das Fleisch von den Knochen lösen. In mundgerechte Stücke teilen. Die Sauce durch ein feines Sieb gießen und die im Sieb verbleibenden Gemüse gut ausdrücken. Die Crème double einrühren, salzen und pfeffern und mit Zitronensaft abschmecken. Sollte die Sauce zu dünn sein, noch etwas einkochen lassen.

Für die Einlage Zwiebeln und Champignons in Scheiben schneiden und zusammen mit den Speckstreifen in Butter ausbraten.
Das Fleisch und die Einlage in die Sauce geben, nochmals abschmecken und mit der Petersilie bestreut servieren.

Scharfes Zitronenhuhn
Mir schmeckt das Zitronenhuhn am besten, wenn es sehr scharf und sauer ist.

Zutaten

1 Brathuhn, ca. 1 kg	100 ml Olivenöl
Saft und Schale von 2 Zitronen	5 getrocknete Chilischoten
Salz, Pfeffer	10 Salbeiblätter

Zubereitung

Saft und Schale der Zitrone mit Salz, Pfeffer und Olivenöl mischen. Chilischoten und Salbei fein hacken und unterrühren. Das Huhn in 8 Teile teilen und in der Marinade 5 Stunden kühl stellen. Danach die Hühnerteile nebeneinander in eine

Tipp Sollte keine Schmorpfanne vorhanden sein, entweder die Fettpfanne des Backofens oder einfach etwas aufgeklappte Alufolie nehmen. Die Hähnchenteile müssen jedoch schön frei liegen, damit sie gleichmäßig bräunen. Eventuell noch etwas von der Marinade dazu servieren.

Schmorpfanne legen und anschließend mit der Marinade begießen. Im 200 °C heißen Backofen so lange backen, bis die Haut schön knusprig ist. Mit Brot servieren.

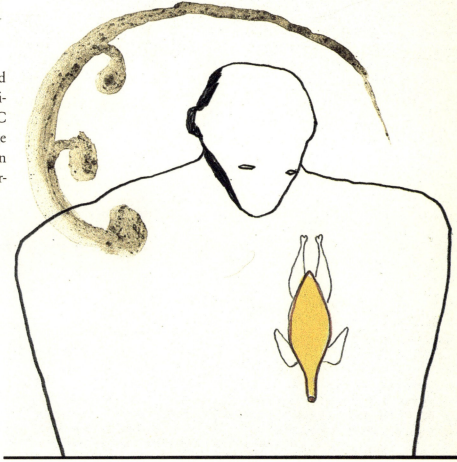

Brathähnchen

Hier nun das einfachste der Hühnchenrezepte: das Brathuhn. Es ist eigentlich etwas aus der Mode gekommen, was ich nicht verstehen kann. Darum stelle ich dieses Rezept hier vor.

Zutaten

2 Brathähnchen à 1 kg
Salz
Pfeffer
Paprikapulver
4 große Zweige Rosmarin
Öl, Butter zum Braten
200 ml Bier

Zubereitung

Die Hühner waschen und trockentupfen. Die Haut an der Brust und den Keulen mehrfach einritzen und die zerteilten Rosmarinzweige zwischen Haut und Fleisch schieben. Die Hühner salzen, pfeffern und mit Paprikapulver einmassieren. In einem großen Schmortopf in dem Öl-Butter-Gemisch rundherum anbraten. Anschließend mit der Brust nach oben für 40 Minuten in den 200 °C heißen Backofen schieben. Dabei immer wieder mit dem entstandenen Bratensaft begießen. Nach 30 Minuten die Hälfte des Biers über die Hühner gießen.
Die Hühner aus dem Topf nehmen und halbieren. Dabei entsteht nochmals Saft, der zurück in die Sauce gegossen wird. Mit dem restlichen Bier ablöschen, aufkochen und abschmecken. Das Brathuhn mit dieser Sauce servieren. Dazu schmeckt entweder Brot oder leckere Pommes frites (siehe Seite 90).

Hühnerfrikassee

Hühnerfrikassee gibt es bei uns immer, wenn wir neue Brühe brauchen. Das Suppenhuhn wird dann im Ganzen ins Wasser geworfen und sobald das Fleisch gar ist (20 Minuten), wieder herausgefischt. Dann löse ich alles Fleisch ab und gebe das Gerippe wieder ins Wasser und bereite daraus und aus den Gemüsen die Geflügelbrühe (siehe Seite 240) zu. Ein schöneres Abfallprodukt als dieses Frikassee ist kaum denkbar.

Zutaten

1 großes Suppenhuhn	250 ml Brühe
200 g Champignons	100 ml Sahne
30 g Mehl	Saft von 1 Zitrone
60 g Butter	Salz, Pfeffer
100 ml Weißwein	Worcestershiresauce

Zubereitung

Das Suppenhuhn wie beschrieben kochen und das Fleisch in mundgerechte Stücke teilen. Die geviertelten Champignons in etwas Butter in der Pfanne kräftig ausbraten. Aus Mehl und Butter eine helle Mehlschwitze machen. Mit Wein ablöschen, kurz einkochen und mit Brühe auffüllen. Kurz aufkochen und mit Sahne auffüllen.
Die Champignons und das Hühnerfleisch dazugeben. Mit Salz, Pfeffer, Zitronensaft und Worcestershiresauce kräftig abschmecken.

Gebratene Gänseleber mit Birnen und Rucola

Zutaten

800 g Gänseleber	2 EL Öl
40 g Pinienkerne	50 g Butter
70 g Schalotten	400 ml Geflügelfond
1 Birne	2 EL Balsamessig
100 g Rucola	grobes Meersalz, Pfeffer, Zucker

Zubereitung

Die Leber putzen und in mundgerechte Stücke schneiden. Pinienkerne in einer Pfanne leicht rösten. Schalotten in dünne Scheiben schneiden. Birne schälen, entkernen und würfeln. Rauke putzen und grob hacken.
Öl in einer Pfanne erhitzen und die Leber bei starker Hitze rundherum braten. Mit Pfeffer würzen und herausnehmen.
Die Butter in das Gefrierfach legen. Die Schalotten im Bratfett Farbe nehmen lassen. Mit Fond und Essig ablöschen. Etwas einkochen lassen und die Birnenwürfel dazugeben. Nach 2 Minuten die Butter aus dem Tiefkühlfach nehmen und in kleinen Würfeln beifügen. Nochmals aufkochen lassen. Die Leber in die Sauce zurückgeben

und mit den Pinienkernen und der Rauke mischen. Mit Salz und Zucker abschmecken und servieren.

Dazu passt Püree (siehe Seite 94), Bandnudeln oder am besten nur Baguette.

Marinierte Entenbrust

Zutaten

> 1 Entenbrust
> 1 EL flüssiger Honig
> weißer Pfeffer
> Salz
> Öl, Butter zum Braten
> 40 ml Calvados
> 20 g Butter

Zubereitung

Die Speckseite der Entenbrust rautenförmig einschneiden. Mit Honig einpinseln und pfeffern. Für 24 Stunden im Kühlschrank marinieren. Das Öl-Butter-Gemisch erhitzen und die Entenbrust von beiden Seiten anbraten, dabei den Saft, den sie gezogen hat, aufbewahren. Den Backofen auf 200 °C erhitzen. Die Ente darin in 15 Minuten schön rosa braten. Sollte die Fettschicht noch nicht ausreichend gebräunt sein, zum Schluss den Grill zuschalten. Die Pfanne wieder auf den Herd setzen, die Entenbrust warm stellen. Den Calvados beigeben und die Bratrückstände in der Pfanne loskochen. Die eiskalte Butter einschwenken und abschmecken. Die Entenbrust in Scheiben schneiden und mit der Sauce servieren.

Dazu passen Kartoffelgratin (siehe Seite 100) oder Nudeln und ein frisches Gemüse, z. B. Zuckerschoten. Aber auch gebackene Apfelstücke sind sehr lecker als Beilage.

Kaninchen in Weißweinsauce

Zutaten

1 ausgenommenes Kaninchen, ca. 1,5 kg	1 Zweig Rosmarin
Olivenöl	10 Salbeiblätter
5 Knoblauchzehen	Salz, Pfeffer
	400 ml Weißwein

Zubereitung

Das Kaninchen in etwa 12 Teile teilen. In einem Bräter das Olivenöl erhitzen. Die gehackten Knoblauchzehen und die Kräuter einlegen. Das Fleisch salzen und pfeffern und im Öl rundherum braun braten. Den Wein angießen und zugedeckt bei mittlerer Hitze 45 Minuten schmoren. Dazu schmeckt am besten Weißbrot oder Kartoffelpüree (siehe Seite 94).

Saltimbocca vom Reh

Italien trifft den deutschen Wald – das hat doch was, oder?

Zutaten

600 g Rehfilet	50 g Butter
24 Salbeiblätter	4 EL Öl
12 Scheiben Parmaschinken	Salz, Pfeffer
400 g Äpfel	80 ml Madeira

Zubereitung

Das Rehfilet in 12 Scheiben schneiden. Alle Scheiben mit der breiten Seite eines Messers platt klopfen. Mit je 2 Salbeiblättern und einer Scheibe Schinken belegen und alles mit einem Holz- oder Stahlspießchen feststecken. Kühl stellen. Aus den ungeschälten, aber vom Kerngehäuse befreiten Äpfeln ebenfalls 12 Scheiben schneiden. Zwei Pfannen mit Butter und Öl erhitzen und zunächst das Fleisch auf der Schinkenseite 3 Minuten und danach auf der anderen braten. Dabei leicht salzen. In Alufolie legen und im Backofen warm stellen.
Die Apfelscheiben im Bratfett von beiden Seiten langsam braten und mit dem Madeira ablöschen. Das Fleisch auf die Apfelscheiben legen und für ca. 1 Minute erhitzen und servieren.
Dazu passt Kartoffelpüree (siehe Seite 94).

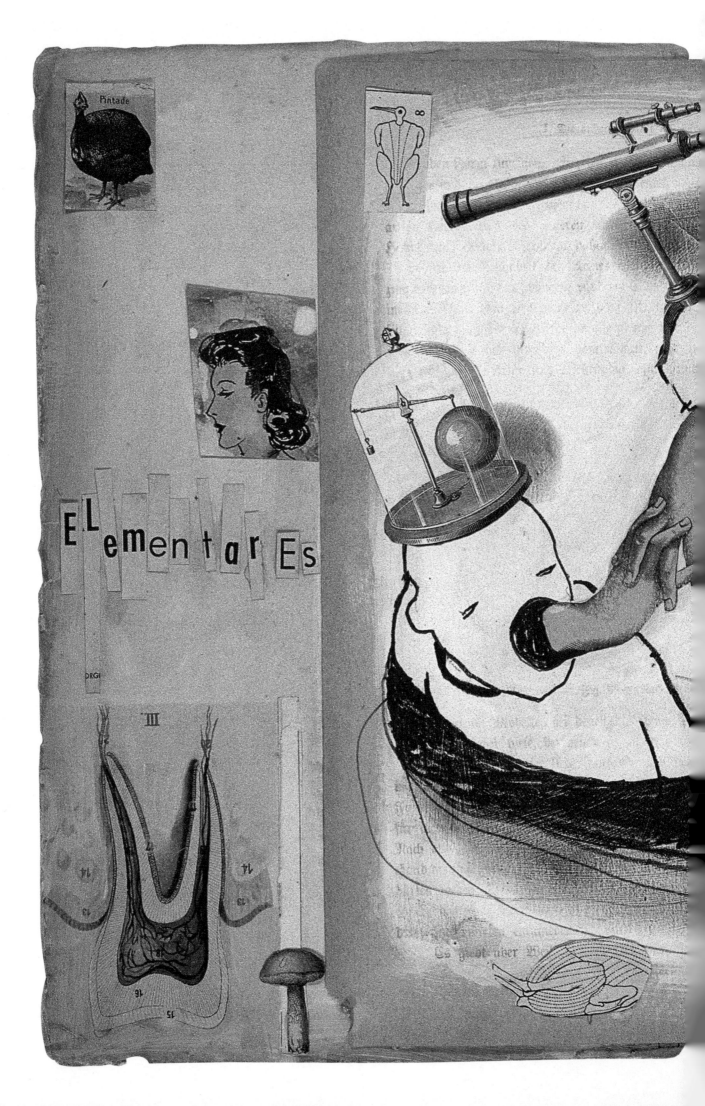

ELEMENTARE
SAUCEN
DIPS
BRÜHEN
FONDS

Brühen und Fonds sind eine der wichtigsten Grundlagen in der Küche. Es lohnt auf jeden Fall, sie selbst herzustellen. Der Aufwand ist gering und sie können zudem in größeren Mengen hergestellt werden, da sie sich problemlos einfrieren lassen. Abgefüllt in Marmeladengläser und gut lesbar beschriftet, hat man so einen Vorrat auf längere Zeit. Eine Gemüsebrühe, eine Geflügelbrühe sowie eine Fleischbrühe sollte immer greifbar sein. Ebenso ein gewisser Vorrat an ebendiesen Fonds. Fischfond ist sicher nicht für jeden empfehlenswert, da wir aufgrund der relativ großen Entfernung vom Meer Fisch nur selten auf dem Speiseplan haben.

Brühen bilden die Grundlage für Suppen und größere Mengen Sauce, wohingegen Fonds zur Abrundung von geschmacksintensiven Saucen genutzt werden. Grundsätzlich können aus jeder Brühe durch nochmaliges Reduzieren Fonds hergestellt werden. Es empfiehlt sich, diese in Gefrierbeutel für Eiswürfel zu füllen, so dass portionsweise Einzelmengen zur Verfügung stehen.

In vielen Kochbüchern soll die Brühe nach dem Erkalten entfettet werden. Dies ist eine Idee der modernen Restaurants. Abgesehen davon, dass die großen Köche längst von dieser heiligen Regel abrücken, ist sie beim ›normalen‹ Essen unsinnig. Das Fett ist ein wichtiger Geschmackstransporteur, darum wird vieles mit Fetten wie Sahne und Butter verfeinert. Dieses Entfetten macht nur bei wirklich fragilen und geschmackslabilen Saucen Sinn. Sollten in diesem Kochbuch solche Eigenschaften verlangt werden, wird an der entsprechenden Stelle darauf hingewiesen.

Gemüsebrühe

Zutaten

- 1 Gemüsezwiebel
- 1 Sellerieknolle
- 8 Möhren
- 4 Stangen Lauch
- 1 Lorbeerblatt
- 1 Bund Petersilie

Zubereitung

Die Gemüsezwiebel mit der Schale halbieren. Eine Platte des Elektroherdes auf Stufe 3 erhitzen und mit einer Alufolie abdecken. Die Zwiebelhälften mit der Schnittfläche nach unten aufsetzen und Farbe nehmen lassen. Auf diese Weise geben sie anschließend in der Brühe einen besseren Geschmack. Keine Angst: Dem Herd geschieht trotz des intensiven Geruchs nichts. Durch leichtes Drehen die Zwiebeln abheben und mit dem restlichen geputzten und klein geschnittenen Gemüse in 5 l kaltem Wasser aufsetzen. Aufkochen lassen und die Hitze reduzieren. Ohne Deckel mindestens 4 Stunden leise köcheln lassen. Anschließend durch ein Sieb abgießen und die Flüssigkeit auffangen. Sofort verwerten oder einfrieren.

Fond

Man erhält nach obigem Rezept etwa 3,5–4 l Brühe. Hiervon die Hälfte noch einmal bei mittlerer Hitze und offenem Topf einkochen lassen, bis noch etwa 1/2 l übrig ist. Diesen Fond in Gefrierbeuteln einfrieren.

Bemerkung

Ein sklavisches Einhalten der Mengenangaben sowie der Zutaten ist weder bei dieser Brühe noch bei den nachfolgend aufgeführten nötig. Verwenden kann man alle Suppengemüse, wobei die Einzelmengen ganz vom individuellen Geschmack oder der Versorgungslage abhängen können. Um sich jedoch nicht allzusehr einzuengen, sollte von Salz und Pfeffer in diesem Stadium abgesehen werden. Würzen sollte man erst in Verbindung mit dem jeweiligen

Gericht. Wenn größere Töpfe, mehr Gläser und eine größere Gefriertruhe zur Verfügung stehen, können die Mengen natürlich gesteigert werden.

Ein Letztes: Einmal aufgetaute Brühe sollte möglichst rasch verbraucht werden. Sie hält sich aufgetaut noch etwa zwei bis drei Tage im Kühlschrank, ehe sie ›sauer‹ wird. Sie kann allerdings auch ein zweites Mal eingefroren werden. Dazu muss die aufgetaute Brühe einmal kräftig durchgekocht werden. Anschließend wieder wie beschrieben verfahren.

Geflügelbrühe

Zutaten

- 1 fettes Suppenhuhn
- 1 Gemüsezwiebel
- 1 Sellerieknolle
- 6 Möhren
- 3 Stangen Lauch
- 1 Bund Petersilie

Zubereitung

Das Huhn im Topf mit 5 l kaltem Wasser aufsetzen. In der Zwischenzeit die Gemüsezwiebel anrösten, wie im vorherigen Rezept beschrieben. Das Gemüse putzen und schneiden. Sobald das Wasser kocht, setzt sich Schaum ab, der mit dem Schaumlöffel entfernt wird. Die Hitze reduzieren und das Gemüse zugeben. Bei offenem Topf 4–5 Stunden köcheln lassen. Die Brühe abseihen und wie im vorherigen Rezept beschrieben verfahren.

Fond

Siehe Gemüsefond

Tipp

Um eine besonders schmackhafte Brühe zu erhalten, kann diese auch bis zu 8 Stunden köcheln. Jedoch entfällt dann der Fond, da die Menge allenfalls noch 3 l beträgt. Für eine Hühnersuppe ist aber gerade diese Methode wichtig. Eine Variante, und damit eigentlich eine Zwischenlösung zwischen Gemüse- und Geflügelbrühe, bietet folgende Möglichkeit: Man verwendet ein kräftiges Freilandhuhn und entfernt es nach etwa 20 Minuten aus der Brühe. Das gute Fleisch (Brust, Keule und Flügel) auslösen und den Rest wieder in die Brühe geben. Aus dem Fleisch dann ein schmackhaftes Frikassee bereiten.

Rinderbrühe

Zutaten

- Öl
- 2 kg Rinderknochen
- 3 EL Tomatenmark
- 1 kg Rindfleisch
- 1 Gemüsezwiebel
- 3 Möhren
- 3 Stangen Lauch
- 3 Stangen Staudensellerie
- 1 Bund Petersilie

Zubereitung

Das Öl erhitzen und darin die Knochen anrösten. Das Tomatenmark zugeben und Farbe nehmen lassen. Mit dem zuvor erhitzten Wasser (5 l) ablöschen und erneut aufkochen. Das gewürfelte Fleisch zufügen und den auftretenden Schaum abheben. Die angeröstete Zwiebel (siehe Seite 239) und die geputzten und klein geschnittenen Gemüse beifügen und das Ganze bei offenem Topf 4–5 Stunden köcheln lassen. Dann wie unter Gemüsebrühe beschrieben verfahren.

Fond

Siehe Gemüsefond. Durch die Reduzierung einer Fleischbrühe entsteht in erkaltetem Zustand schnell ein Gelee, in der Küche Glacé genannt. Also, sofort abfüllen. Sollte der Fond sofort gebraucht werden, ist das Gelieren kein Problem. Einfach wieder erhitzen. Es handelt sich lediglich um das im Fleisch befindliche Eiweiß. Ein Effekt, den man sich auch bei der Herstellung von Sülze zu Nutze macht.

Tipp Das mürbe Rindfleisch sollte keinesfalls nach dem Kochen weggeworfen werden. Es schmeckt mit scharfem Senf zur Suppe oder einfach mit einem kräftigen Graubrot.

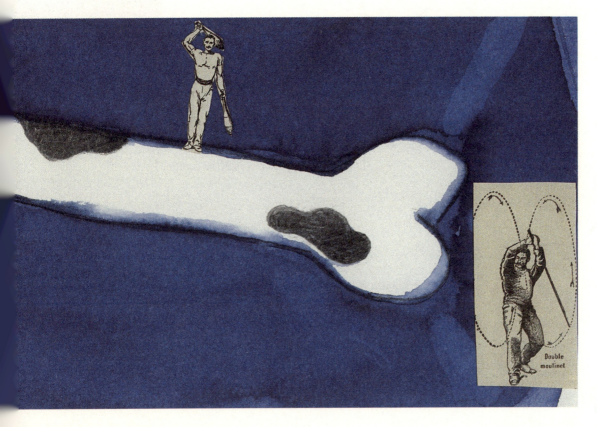

Fischbrühe

Tipp: Es empfiehlt sich, diese Brühe sofort zu verbrauchen. Es kann Salz, weißer Pfeffer und auch ein Zweig Thymian mitgeköchelt werden. Außerdem können Estragonblättchen beigefügt werden.

Zutaten

- 2 kg Fischgräten von Plattfischen (Seezunge, Steinbutt etc.)
- 2 Stangen Lauch
- 2 Stangen Staudensellerie
- 1 Fenchelknolle
- 2 Möhren
- 1 Bund Dill
- 1 l Silvaner Weißwein
- 200 ml Noilly Prat

Zubereitung

Die Gräten so lange unter fließendem Wasser abspülen, bis das abfließende Wasser klar ist. In einen Topf geben und mit kaltem Wasser soeben bedecken. Aufkochen lassen und den Schaum abheben. Das gewaschene und klein gewürfelte Gemüse beifügen. Zum Schluss den Alkohol beigeben und bei offenem Topf ca. 2 Stunden köcheln lassen.

Fond

Siehe Gemüsefond

Wildfond

Tipp: Nach gleichem Rezept kann auch ein perfekter Lammfond zubereitet werden. Hierfür Lammknochen verwenden und außerdem 1–2 Knoblauchzehen hinzufügen. Nach dem Abgießen nochmals etwas einkochen, mit Salz und Pfeffer würzen und heiß zum Lamm servieren.

Zutaten

- 2 kg Wildknochen
- Öl
- 3 EL Tomatenmark
- 200 ml Rotwein
- 2 Zwiebeln
- 3 Möhren
- 1/2 Knolle Sellerie
- 1 Lorbeerblatt
- 5 Wacholderbeeren
- 10 Pfefferkörner
- 1 Zweig Thymian

Zubereitung

Die möglichst klein gehackten Knochen in etwas Öl anrösten. Das Tomatenmark zufügen und nochmals kurz anrösten. Mit der Hälfte des Rotweins ablöschen und unter Rühren einkochen lassen. Den restlichen Rotwein beifügen und ebenfalls einkochen lassen. Jetzt mit 2 1/2 l kaltem Wasser auffüllen und aufkochen lassen. Den Schaum abheben und die geputzten Gemüse und die Gewürze zufügen. Bei offenem Topf ca. 3 Stunden köcheln lassen. Anschließend wie in den vorherigen Rezepten beschrieben verfahren.

Hummerfond

Zutaten

- 400 g Hummerkarkassen (alle Abfälle nach dem Auslösen des Hummerfleischs)
- Öl
- 40 g Lauch
- 40 g Schalotten
- 80 g Staudensellerie
- 30 g Möhren
- 30 ml Cognac
- 30 ml Noilly Prat
- 30 ml Portwein
- 2 Knoblauchzehen
- 1 Zweig Thymian
- 5 zerdrückte Pfefferkörner
- 250 ml Fischbrühe (siehe Seite 242)
- 250 ml Crème double
- Salz, Cayennepfeffer
- Zitronensaft

Tipp Achtung beim Flambieren. Niemals unter einer Dunstabzugshaube entzünden. Der herrliche Geschmack dieses Fonds rechtfertigt keinen Zimmerbrand.
Man sollte sich nicht von den vielen Zutaten schrecken lassen. Der Fond ist leicht zubereitet und bietet wie jeder Fond eine ideale Möglichkeit der

Zubereitung

Die Hummerüberreste im heißen Öl in einem ausreichend großen Topf anrösten. Die geputzten und klein geschnittenen Gemüse beifügen und leicht Farbe nehmen lassen. Den Cognac übergießen und mit einem langen Streichholz flambieren. Den restlichen Alkohol beifügen und mit Knoblauch, Thymian sowie Pfeffer würzen. Bei mittlerer Hitze und häufigem Rühren einkochen lassen, so dass nur noch wenig Flüssigkeit übrig bleibt. Jetzt die Fischbrühe angießen und um die Hälfte einkochen lassen. Die Crème double einrühren und etwa 20 Minuten bei kleiner Hitze köcheln lassen. Durch ein feines Spitzsieb abgießen, wobei man die festen Bestandteile kräftig ausdrückt. Die aufgefangene Sauce herzhaft mit Salz, Cayenne und etwas Zitrone abschmecken.

Resteverwertung. Auf diese Weise rechnet sich der Preis eines Hummers besser, als wenn die Schalen im Abfalleimer landen. Natürlich kann man diese Sauce auch aus anderen Schalentieren wie z. B. Flusskrebsen herstellen. Sie muss keinesfalls zum Hummer gegessen werden, sondern eignet sich herrlich zu frischen Nudeln.

Mayonnaise

Zutaten

3 Eigelb	1 EL Weißweinessig
Pflanzenöl	Salz
1 TL Olivenöl nach Geschmack	weißer Pfeffer
1 TL Dijonsenf	Zitronensaft

Zubereitung

Die sauber getrennten Eigelb in eine fettfreie Schüssel geben. Mit der Küchenmaschine schaumig schlagen. Jetzt den Essig und den Senf unterheben und unter ständigem Schlagen das Öl tropfenweise einlaufen lassen. Die Ölmenge richtet sich nach der Größe der Eigelb und der gewünschten Konsistenz. Wenn die Mayonnaise schön steif ist, mit Salz und Pfeffer würzen und mit Zitrone abschmecken.

Tipp *Eier und Öl müssen beide Zimmertemperatur haben, da die Mayonnaise sonst gerinnt. Ansonsten kann von dieser Basismayonnaise alles abgewandelt werden.*
Für eine Cocktailsauce fügen Sie etwas Cognac und Tomatenmark bei, für die Aioli fein gestampften Knoblauch. In jedem Fall ist die Mayonnaise so schnell und einfach herzustellen und ist geschmacklich nicht mit der gekauften Glasware zu vergleichen. Das Olivenöl gibt der Mayonnaise eine feine Abrundung. Wenn man es ausschließlich verwendet, wird sie jedoch leicht bitter.

Sauce béarnaise

Die warme Variante der Mayonnaise. Wunderbar zu Spargel oder Kalbsfilet. Ideal auch zu einer gemischten Gemüseplatte.

Zutaten

3 EL Estragonessig	3 Eigelb
3 EL Weißwein	Salz
1 EL fein gehackte Schalotten	Pfeffer
170 g Butter	3 EL fein gehackter frischer Estragon

Zubereitung

Essig, Wein und Schalotten aufkochen. Durch ein feines Haarsieb gießen und die Reste im Sieb gut ausdrücken. Die Butter in einem Töpfchen schmelzen, ohne Farbe nehmen zu lassen. Die Eigelb im Wasserbad aufschlagen, dann tropfenweise die flüssige Butter dazugeben. Vorsicht! Wirklich nur allerkleinste Mengen einschlagen, sonst gerinnt die Sauce. Wenn sie zu dicken beginnt, kann man einen dünnen Strahl einlaufen lassen. Zum Schluss abseits des Feuers die

Tipp *Das Wasserbad darf nicht zu heiß werden, sonst gibt's Rührei!*

Würzbrühe einschlagen und mit Salz und Pfeffer würzen. Den gehackten Estragon dazugeben und heiß oder lauwarm servieren.

Bemerkung

Eine Sauce hollandaise wird genauso hergestellt. Sie verwenden jedoch anstelle des Essigsuds und des Estragons nur etwas Zitronensaft zum Abschmecken.

Mehlbutter (Beurre panié)

Zutaten

- 30 g Butter
- 30 g Mehl

Zubereitung

Die nicht eiskalte Butter mit einer Gabel andrücken. Das Mehl zugeben und so lange mit der Gabel kneten, bis beide Zutaten vollständig miteinander verbunden sind. Danach gut kühlen und bei Gebrauch direkt aus dem Kühlschrank in die jeweilige Flüssigkeit einschlagen.

Tipp Die Mehlbutter hält sich im Kühlschrank in Alufolie verpackt ca. 1 Woche frisch. Sie wird zum Binden von Saucen und Suppen verwendet. Natürlich kann man auch das geschmacksneutrale Pfeilwurzelmehl zum Binden verwenden.

Mehlschwitze

Zutaten

- 40 g Butter
- 20 g Mehl
- Brühe zum Ablöschen

Zubereitung

Die Butter im Topf erhitzen. Das Mehl einrieseln lassen und mit dem Schneebesen kräftig rühren. Unter weiterem Schlagen die heiße Flüssigkeit beigeben, bis die Sauce die gewünschte Konsistenz erhält. Nochmals aufkochen lassen und dann weiterverarbeiten.

Bemerkung

Mehlschwitzen sind heute bei manchen Köchen unerwünscht. Betrachtet man die Dinge emotionslos, so gibt es Rezepte, deren feiner Geschmack unter dem Hinzufügen von Mehl leidet. Aber es gibt ebenso viele, in denen eine Mehlschwitze einfach die richtige Art ist, um eine Bindung herbeizuführen.
Grundsätzlich gilt: Je länger man Butter und Mehl einbrennen lässt, desto dunkler und damit kräftiger wird die Sauce. Man unterscheidet also zwischen heller, normaler und dunkler Schwitze. Die helle benötigt etwa 2 Minuten, die

normale bis zu 5 Minuten. Für die dunkle Schwitze kann man bis zu 15 Minuten einbrennen lassen, bevor man die Flüssigkeit angießt.

Eine schnelle Variante für eine Mehlschwitze, z. B. für Gemüse, ist das Auflösen von Mehl in Sahne oder die Verwendung der oben beschriebenen Mehlbutter.

Béchamelsauce

Letztlich nur der Fortsatz der klassischen Mehlschwitze ist die Béchamelsauce, die in manchen Gerichten wie z. B. Lasagne oder Moussaka gerne als ›oberste Lage‹, also als Abschluss genommen wird.

Hierzu füllen Sie die Mehlschwitze, wenn sie gerade zu bräunen anfängt, unter heftigem Schlagen mit dem Schneebesen mit so viel Milch auf, bis eine dicke Sauce entsteht. Diese würzen Sie mit Salz, Pfeffer und Muskat.

Frische Kräuterbutter

Zutaten

1 Schalotte	Petersilie, Thymian, Schnittlauch
150 g Butter	
2 Knoblauchzehen	1 Spritzer Weißwein

Zubereitung

Alle Zutaten sehr fein hacken und mit der zimmerwarmen Butter kräftig mischen. Anschließend bis zum Gebrauch kalt stellen.

Klassische Saucen

Viele Saucen stehen direkt in den jeweiligen Kapiteln, so dass ich sie hier nicht nochmals aufführen möchte. Daher sozusagen: vom Rest das Beste.

Remouladensauce

Ein unbedingter Leckerbissen zu kaltem Fleisch oder Eiern.

Zutaten

60 g Gewürzgurken	140 g Kapern
1/2 Bund krause Petersilie	1 Portion Mayonnaise (siehe Seite 244)
1/2 Bund Kerbel	2 EL Senf
5 Zweige Estragon	Salz, Pfeffer
4 Sardellenfilets	Zucker

Zubereitung

Gurken und Kräuter fein hacken. Sardellenfilets wässern, trockentupfen und fein hacken. Kapern abspülen und abtropfen lassen. Alles unter die Mayonnaise mischen. Mit Senf, Salz, Pfeffer und einer Prise Zucker würzen. Im Kühlschrank etwas durchziehen lassen.

Zitronensabayon mit Kapern

Zutaten

- 6 Eigelb
- 100 ml heiße Brühe
- Saft und Schale von 1 Zitrone
- Salz
- 50 g Kapern

Zubereitung

Eigelb, heiße Brühe und Zitronensaft verrühren und über einem heißen Wasserbad cremig aufschlagen. Zitronenschale, Salz und Kapern untermischen und servieren.

Tipp Diese Sauce passt wunderbar zu Königsberger Klopsen. In diesem Fall können Sie die 100 ml Brühe durch die gleiche Menge Kochbrühe der Klopse (siehe Seite 198) ersetzen und zum Schluss noch etwas Petersilie untermischen.

Tipp Hartgesottene können die Knoblauchstückchen natürlich auch drinnen lassen oder den Knoblauch vorher mit etwas Salz im Mörser zerstoßen und dann erst aufkochen. Sollten Sie die Sabayon zu gekochtem Gemüse servieren, können Sie anstelle der Gemüsebrühe auch das zuvor zum Kochen verwendete Garwasser benutzen.

Knoblauchsabayon

Diese leckere Sabayon ist ein vorzüglicher Begleiter für gekochtes Gemüse. Ideal mit Broccoli, jungen Bundmöhren, aber auch mit Spargel.

Zutaten

4 Knoblauchzehen	4 Eigelb
125 ml Schlagsahne	Salz
100 ml Gemüsebrühe	Pfeffer

Zubereitung

Knoblauch fein hacken und zusammen mit der Sahne zum Kochen bringen. Auf die Hälfte reduzieren und durch ein feines Sieb gießen. Abkühlen lassen. Sahne mit Gemüsebrühe und Eigelb im heißen Wasserbad schön cremig aufschlagen. Salzen und pfeffern.

Paprika-Kapern-Sauce

Die Sauce passt wunderbar zu gebratenem Fisch. Zum Beispiel zu einem Steinbuttfilet oder einer Dorade royal.

Zutaten

700 g rote Paprika	400 ml Geflügelbrühe
100 g Schalotten	40 g Kapern
6 EL Olivenöl	Salz, Pfeffer
250 ml Weißwein	Petersilie

Zubereitung

Paprikaschoten häuten. Die Hälfte davon anschließend grob zerschneiden. Diese Stücke zusammen mit den klein gehackten Schalotten in 3 EL Olivenöl anbraten. Mit Wein ablöschen und etwas einkochen lassen. Mit der Brühe auffüllen und 15 Minuten leicht köcheln lassen. Die restlichen Paprikaschoten derweil in sehr feine Würfel schneiden. Kapern in einem kleinen Sieb abspülen und trockentupfen.
Die Paprikasauce mit dem Pürierstab fein mixen. Die gewürfelte Paprika und die Kapern dazugeben und nochmals einige Minuten auf kleiner Flamme köcheln. Mit Salz und Pfeffer würzen. Abschließend mit Petersilie bestreuen.

Kapernbutter mit Fleur du Sel
Der ideale Begleiter für weißen Fisch. Besonders gut zu Seezunge oder Kabeljaufilet.

Zutaten

- 100 g Butter
- Saft von 1 Zitrone
- 50 g Kapern
- Fleur du Sel

Zubereitung

Die Butter in einem kleinen Topf aufschäumen lassen. Kapern dazugeben und 2 Minuten bei sehr geringer Hitze köcheln. Zitronensaft dazugeben und vermischen. Zum Schluss mit etwas Fleur du Sel würzen.

Tipp Wenn Sie kein Fleur du Sel bekommen sollten, können Sie zur Not auch grobes Meersalz verwenden, was aber bei weitem nicht den gleichen Geschmack hat.

Paprika-Tsatziki
Passt zu gegrilltem Fleisch, zu Kartoffel oder einfach zu Fladenbrot.

Zutaten

- 2 rote Paprikaschoten
- 250 g Salatgurke
- 1/2 Bund glatte Petersilie
- 2 Blättchen Minze
- 3 Knoblauchzehen
- 100 ml Sahne
- 500 ml Sahnejoghurt (am besten griechischer)
- 4 EL Zitronensaft
- 1 EL Schwarzkümmel
- Salz
- Cayennepfeffer

Zubereitung

Paprika nach der bekannten Methode häuten (siehe Seite 14) und anschließend in kleine Würfel schneiden. Gurke putzen und ebenfalls würfeln. Kräuter hacken und Knoblauch durchpressen.

Joghurt, Sahne, Zitronensaft, Kümmel, Knoblauch und Kräuter mit Paprika und Gurke mischen. Mit Salz und Cayennepfeffer abschmecken und etwa 2 Stunden durchziehen lassen.

Senfsauce

Passt zu Eiern und gegrilltem Fleisch. Versuchen Sie sie aber auch mal zur Weißwurst.

Zutaten

400 ml Crème fraîche	1 rote Chilischote
50 g Aprikosenmarmelade	1 Limette
50 g süßer Senf	1 TL Cayennepfeffer
40 g Sahnemeerrettich	1 EL Paprikapulver
Salz	4 EL Sonnenblumenöl

Zubereitung

Crème fraîche, Marmelade, Senf und Meerrettich verrühren und salzen. Chilischote fein würfeln, Limettenschale abreiben und eine Hälfte der Limette auspressen. Alles zusammenrühren und mit Cayennepfeffer, Paprikapulver und Öl abschmecken.

Thunfischcreme

Diese Creme ist wunderbar zu kalten Gemüsen wie zum Beispiel gehäuteten Paprikaschoten. Obwohl nicht zu verwechseln mit der Thunfischsauce des Vitello Tonnato, passt sie dennoch auch zu kaltem Kalbfleisch oder kaltem Hühnerfleisch.

Tipp: Thunfisch ist wirklich nicht gleich Thunfisch. Daher auch die enormen Preisunterschiede. Der einfache ist lediglich aus Resten zusammengepresst und nicht empfehlenswert. Der beste besteht aus ganzen Filets und wird meist in Gläsern ohne Etikett verkauft. Der Preis für ein solches Glas liegt immer über 5 Euro, ist aber jeden Cent wert.

Zutaten

200 g Thunfisch naturell	1 EL Balsamessig
3 EL Kapern	125 ml Schlagsahne
4 Sardellenfilets	Salz
2 EL Olivenöl	weißer Pfeffer

Zubereitung

Den Thunfisch mit den Kapern und den gewässerten Sardellen pürieren. Nach und nach Olivenöl, Essig und zum Schluss Sahne einrühren. Mit Salz und weißem Pfeffer abschmecken.

Sauce zum Lamm

Zutaten
- 1 Knoblauchzehe
- 500 ml Lammfond
- 100 ml Rotwein
- 2 EL Balsamessig
- 1 Zweig Rosmarin

Zubereitung

Die Knoblauchzehe andrücken und zusammen mit allen Zutaten in einem Topf aufkochen. Auf die Hälfte einkochen lassen. Knoblauch und Rosmarin entfernen und servieren.
Wenn Sie die Sauce dick haben wollen, mit etwas Mehlbutter oder angerührtem Pfeilwurzelmehl binden.

Bemerkung

Ähnlich wird eine zum Rind passende Sauce angerührt.

Sauce zum Rinderfilet

Zutaten
- 1 Flasche Rotwein
- 4 Knoblauchzehen
- 3 Zweige Thymian
- 500 ml Rinderfond
- 5 g Zucker
- Salz, Pfeffer

Zubereitung

Rotwein mit angedrücktem Knoblauch und Thymian so lange auf großer Flamme kochen, bis eine Art Sirup entsteht. Den Rinderfond dazugeben und mit Zucker, Salz und Pfeffer abschmecken.

Meerrettichsauce

Passt ausgezeichnet zu kaltem Fleisch und kaltem Braten.

Zutaten

- 1 EL rotes Johannisbeergelee
- 5 EL Crème double
- 1 TL extra scharfer Senf
- 4 EL fein geriebener frischer Meerrettich
- Salz, Pfeffer

Zubereitung

Das durch Erwärmen flüssig gewordene Gelee mit der Crème double mischen. Anschließend den Senf und dann den Meerrettich einrühren. Mit Salz und Pfeffer abschmecken.

Tipp Der frische Meerrettich, in Bayern auch Kren genannt, kommt im Oktober oder November auf den Markt. Dann schmeckt er am besten, d. h. sehr scharf. Das ganze Jahr über gibt es ihn als Creme in kleinen Gläsern zu kaufen. Hier trägt er meist seinen französischen Namen ›raifort‹.

DIE LETZTE

NACHSPEISEN

VERSUCHUNG

UND KUCHEN

Eigentlich bin ich ja kein süßer Typ. Aber wie man in den vorherigen Kapiteln gesehen hat, spielt das keine Rolle. Ich mache mir auch nichts aus Suppen. Gemüse ist nicht wichtig und Fleisch esse ich immer weniger. Fisch gibt es bei uns nicht und Nachspeisen esse ich auch nicht gerne.
Zugegeben, ein paar der Süßspeisen finde ich schon lecker, auch wenn sie über Gebühr Arbeit machen und ich nach Vor- und Hauptspeise schon satt und von der Arbeit müde bin. So ein kleines Mousse, ein paar zubereitete Früchte, ein ordentlich fettes Eis ... Gut, da bin ich käuflich, aber Kuchen müssen wirklich nicht sein, außer vielleicht Omas Apfelkuchen und, ja, der der Schwestern Tatin und so eine leckere französische Käsetarte ...
Sei es, wie es sei, die Auswahl ist in jedem Fall wieder höchst subjektiv, aber göttlich lecker!

Passierte Früchte

Dies ist kein eigenständiger Nachtisch, gehört aber wie ein guter Karamell (siehe Seite 271) zu vielen Speisen dazu. Deshalb diese Information vorneweg.

Zutaten

500 g Früchte (Erdbeeren, Himbeeren, Johannisbeeren oder eine Mischung)	20 ml Obstwasser (Himbeergeist zu Himbeeren etc.)
150 g Zucker	etwas Zitronensaft

Zubereitung

Alle Zutaten, bis auf den Zitronensaft, in einem Topf 10–15 Minuten köcheln. Anschließend durch ein feines Sieb passieren, damit die Fruchtkerne entfernt werden. Mit etwas Zitronensaft abschmecken und abgedeckt im Kühlschrank aufbewahren.

Vanillesauce

Noch eine Basissauce der süßen Küche.

Zutaten

250 ml Sahne
125 ml Milch
Mark von 2 Vanilleschoten
60 g Zucker
4 Eigelb

Zubereitung

Sahne, Milch, Vanillemark und Zucker einmal aufkochen. Die Eigelb in einer Schüssel aufschlagen und das warme Sahnegemisch langsam einschlagen. Diesen Topf anschließend in ein heißes Wasserbad setzen und mit dem Schneebesen so lange aufschlagen, bis die Vanillesauce eine schöne, cremige Konsistenz hat.

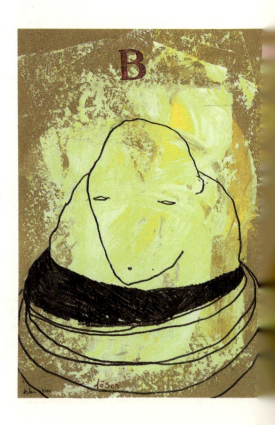

Mascarpone-Limetten-Mousse mit karamellisierten Pfirsichen

Zutaten

- 3 Eigelb
- 150 g Zucker
- Saft und abgeriebene Schale von 2 Limetten
- 2 Blatt Gelatine
- 150 ml Mascarpone
- 50 ml Milch
- 3 Eiweiß
- 4 kleine Pfirsiche
- 150 ml Crème de pêches (Pfirsichlikör)

Zubereitung

Eigelb, 50 g Zucker, Limettenschale und Limettensaft im heißen Wasserbad cremig aufschlagen. Die eingeweichte Gelatine gut ausdrücken und in die Eimasse schlagen. Die Mascarpone mit der Milch glatt rühren und ebenfalls unter die Masse heben. Eiweiß mit einer Prise Zucker zu einem festen Eischnee schlagen und mit dem Schneebesen unterheben. Die Mousse für einen halben Tag oder länger in den Kühlschrank stellen.

Die Pfirsiche schälen und in Spalten schneiden. Den restlichen Zucker in einem Topf bei mittlerer Hitze schmelzen lassen, bis er hellbraun ist. Jetzt Pfirsichlikör und 100 ml Wasser auf einmal einrühren und so lange kochen lassen, bis sich das Karamell vom Topfboden gelöst hat. Vom Feuer nehmen und die Pfirsiche einlegen. Zum Servieren mit dem Löffel Moussenocken ausstechen und mit etwas karamellisierten Pfirsichen umlegen.

Tipp Immer häufiger werden in den Nachspeisen Gewürze verwendet, die sonst nur in Hauptspeisen zur Anwendung kommen. Einfach das obige Rezept einmal mit klein geschnittenen Basilikumblättchen, die kurz vor dem Servieren unter die Pfirsiche gemischt werden, probieren. Das Limettenmousse schmeckt übrigens auch ohne Pfirsiche, also ganz für sich allein, ausgezeichnet.

Quarkmousse mit Balsamicoerdbeeren
Wo wir schon bei Mousse sind, hier ein wunderbares Rezept für warme Sommertage.

Zutaten

Saft und Schale von 3 Zitronen	250 ml Sahne
125 g Zucker	250 ml Balsamessig
2 Vanilleschoten	150 g Zucker
4 Blatt Gelatine	250 ml Rotwein
500 g Quark	500 g kleine Erdbeeren
	Minzeblättchen

Zubereitung

Den Zitronensaft mit 125 g Zucker, dem ausgekratzten Vanillemark und den Vanilleschoten aufkochen. Vom Feuer nehmen und die Schoten entfernen. Die eingeweichte und gut ausgedrückte Gelatine einrühren und den Quark unterheben. Zitronenschale und geschlagene Sahne unterheben und in kleine Portionsförmchen verteilen. (Kann auch in der Schüssel bleiben und hinterher mit dem Löffel zu Nocken abgestochen werden.) Jetzt kalt stellen und mit den Erdbeeren beginnen. Hierfür den Balsamessig mit dem Zucker und dem Rotwein aufkochen. Etwas einkochen lassen, aber nicht zu viel, sonst gibt es eher Karamellbonbons. Hier ist Gefühl und etwas Übung gefragt, denn beim Erkalten wird das Karamell nochmals fester. Es soll zäh fließen, aber immerhin noch fließen.
Die Mousse auf Teller geben, Erdbeeren darum herum verteilen und mit der Balsamsauce überziehen. Zum Schluss auf jede Portion etwas abgeriebene Zitronenschale streuen und mit kleinen Minzeblättchen verzieren.

Weiße Pfirsiche mit Himbeersauce

Zutaten

200 g frische (ersatzweise tiefgekühlte) Himbeeren
50 g Puderzucker
4 große reife weiße Pfirsiche
etwas Zitronensaft

Zubereitung

Himbeeren mit Zucker vermischen und in einem Topf kurz aufkochen. Anschließend durch ein sehr feines Haarsieb drücken. Kalt stellen. Die Pfirsiche

häuten (sollte das nicht so gehen, kurz mit kochendem Wasser überbrühen) und in Spalten schneiden. Mit etwas Zitronensaft beträufeln und kalt stellen. Zum Anrichten die Sauce auf Teller verteilen und die Pfirsichspalten darauf setzen.

Tipp Sehr gut schmeckt dazu auch etwas fein geschnittenes Basilikum, das zum Schluss über die Früchte gestreut wird.

Rhabarbercreme

Zutaten

400 g Rhabarber	6 Eigelb
Saft von 3 Zitronen	Mark von 1 Vanilleschote
250 g Zucker	1 Prise Zimt
200 ml Weißwein	100 ml Sahne

Zubereitung

Rhabarber putzen und in 2 cm große Stücke schneiden. Den Zitronensaft, 190 g Zucker und den Weißwein aufkochen. Rhabarberstücke dazugeben und weich, aber nicht matschig dünsten. Abgießen und dabei den Saft auffangen. Die Rhabarberstücke abkühlen lassen. 125 ml Kochsud mit den Eigelb, dem restlichen Zucker, dem Vanillemark und etwas Zimt im heißen Wasserbad cremig aufschlagen. Anschließend auf Eiswasser kalt schlagen. Wenn die Creme abgekühlt ist, die Rhabarberstücke und die geschlagene Sahne unterheben und das Ganze bis zum Servieren kühl stellen.

Tipp Mit aufgeschnittenen Erdbeeren servieren.

Crêpe mit heißen Äpfeln

Zutaten

Für den Crêpeteig	*Für die Äpfel*
125 g Mehl	100 g Butter
250 ml Milch	80 g Zucker
2 Eier	250 ml Weißwein
25 g Butter	2 EL Honig
1/2 EL Zucker	4 Äpfel
1 Prise Salz	40 ml Calvados
Butter	50 ml Sahne

Zubereitung

Zunächst den Crêpeteig vorbereiten. Dafür werden alle Zutaten mit der flüssigen Butter verrührt. Eine beschichtete Pfanne erhitzen und mit etwas Butter ausfetten. Etwas Teig in die Mitte der Pfanne geben und mit dem Löffelrücken so verstreichen, dass die Pfanne hauchdünn gefüllt ist. (Braucht etwas Übung, ist aber eigentlich sehr leicht.) Auf diese Weise den Teig verbrauchen. Die fertigen Crêpes im Backofen warm halten.

Für die Äpfel den Zucker in einem Topf hellbraun karamellisieren lassen. Die Butter zufügen und mit dem Wein ablöschen. Mit dem Honig süßen. Die Äpfel schälen und in Spalten schneiden. Anschließend sofort in den heißen Karamellwein geben, damit sie sich nicht verfärben. Wenn die Apfelspalten weich sind, den Calvados und die Sahne unterheben und die Crêpes damit füllen.

Es ist nichts dagegen einzuwenden, wenn dazu auch noch etwas guter Calvados getrunken wird.

Tiramisu

Dieses Dessert war zwar schwer in Mode, schmeckte jedoch in aller Regel eher furchtbar. Ich mache das Tiramisu schon ewig und werde es noch essen, wenn der Trend lange vorüber ist.

Zutaten

4 Päckchen Löffelbiskuits	4 Eier
1 große Tasse starker Espresso, frisch gebrüht	2 EL Zucker
	2 Päckchen Vanillezucker
5 EL Grand Manier	250 ml Mascarpone

Zubereitung

Den Boden einer 30 x 20 cm großen Auflaufform mit den Löffelbiskuits eng belegen. (Zuckerseite nach unten). Die Hälfte des Kaffees mit der Hälfte des Likörs verrühren und mit einem Löffel über die Biskuits träufeln, bis diese gut durchtränkt sind. Die Eier trennen, das Eiweiß steif schlagen. Die Eigelb mit Zucker und Vanillezucker schlagen, bis die Masse hell und schaumig ist. Die Mascarpone vorsichtig unterheben und anschließend auf gleiche Weise das Eiweiß. Die Hälfte der Masse auf die Biskuits streichen. Den restlichen Kaffee mit Likör vermischen und die restlichen Biskuits beidseitig darin eintauchen. (Am besten den Kaffee auf ein Tellerchen gießen und die Biskuits darin wenden.) Sofort die Biskuits auf die Masse legen und die restliche Creme darauf verstreichen. Die Form mit Alufolie gut verschließen und über Nacht in den Kühlschrank stellen. Zum Servieren jede Portion mit geriebener Schokolade bestreuen.

Mousse au chocolat

Ähnliches wie für das Tiramisu gilt auch für die Mousse au chocolat. Eine Zeitlang fand man sie auf allen Karten, selbst da, wo sie am besten nicht aufgetaucht wäre. Mir egal! Dieses Rezept ist superlecker.

Zutaten

200 g Edelbitter-Schokolade (beste Qualität)
6 cl starker Kaffee (am besten Espresso)
5 Eier, getrennt
50 g Zucker
30 g Vanillezucker
125 ml geschlagene Sahne

Zubereitung

Die Schokolade in kleine Stücke brechen und unter Zugabe von ein paar Tropfen Wasser in einem Topf schmelzen. Den noch heißen Kaffee mit einem Schneebesen darunter schlagen. Die Eiweiße mit dem Zucker steif schlagen. Die Eigelbe mit dem Vanillezucker schaumig rühren und anschließend unter die flüssige Schokolade heben. Die Sahne einschlagen. Sofort danach den Eischnee mit einem Schneebesen unterheben. Die Masse in eine Schüssel geben und abgedeckt im Kühlschrank fest werden lassen. Anschliessend mit Hilfe eines Löffels auf Teller portionieren.

Panna Cotta

Zutaten

| 2 Vanilleschoten | 750 ml Sahne |
| 80 g Zucker | 3 Blatt Gelatine |

Zubereitung

Die Vanilleschoten aufschneiden. Das innenliegende Mark herauskratzen. Schoten und Mark zusammen mit dem Zucker und der Sahne in einen Topf geben und 20 Minuten köcheln. (Achtung: kocht leicht über!)
Währenddessen die Gelatine nach Vorschrift einweichen. Gut ausdrücken und mit dem Schneebesen in die heiße Sahne einschlagen. In eine Glasschüssel gießen und im Kühlschrank fest werden lassen. Am besten mit einer Fruchtsauce servieren.

Pfirsich Melba

Wenn ich die französische Grenze überquere, kommen mir gleich zwei Dinge in den Sinn. Ein Eclaire au chocolat und ein Pêche melba. Warum – keine Ahnung, aber so ist es. Meistens werde ich aber vom Geschmack enttäuscht. Dabei kann diese Eisspezialität so lecker sein.

Zutaten

200 g Zucker	1 Päckchen Vanillezucker
Mark von 1 Vanilleschote	30 g Mandelblättchen
Saft von 1 Zitrone	Vanilleeis
4 reife Pfirsiche	Schlagsahne
300 g tiefgekühlte rote Früchte	

Zubereitung

150 g Zucker mit 500 ml Wasser, dem Vanillemark und dem Zitronensaft zum Kochen bringen. Die Pfirsiche häuten und in zwei Hälften schneiden. Den Kern entfernen. Das Zuckerwasser vom Herd nehmen und die Pfirsichhälften einlegen. Erkalten lassen.
Die aufgetauten Früchte mit dem restlichen Zucker und dem Vanillezucker aufkochen. Nach 10 Minuten pürieren und durch ein feines Sieb streichen, um die kleinen Kerne zu entfernen. Abkühlen lassen.
Zum Servieren die Mandelblättchen in einer Pfanne ohne Fett bräunen. Je 2 Pfirsichhälften in einen tiefen Teller setzen. Je 1 Kugel Eis hineingeben. Mit etwas Fruchtsauce übergießen. Schlagsahne dazugeben und mit Mandelblättchen garnieren. Na ja – eine Kalorienbombe ist es schon, aber schmecken tut das. Wahnsinn!

Mürbeteig (Grundrezept)

Zutaten

- 200 g Mehl
- 100 g Puderzucker
- 1 Päckchen Vanillezucker
- 1 Prise Salz
- 1 Ei
- 100 g Butter

Zubereitung

Mehl in eine Schüssel geben und in der Mitte eine Mulde formen. Hierein Puder-, Vanillezucker, Salz und Ei geben. Die Butter auf dem Mehlrand in Flöckchen verteilen. Von der Mitte aus zu einem glatten Teig verkneten. In Klarsichtfolie wickeln und für mindestens 1 Stunde in den Kühlschrank legen.

Quarktorte

Zutaten

- 750 g Magerquark
- 8 Eier
- 250 g Butter
- 150 g Puderzucker
- Salz
- 2 TL abgeriebene Zitronenschale
- 1 Päckchen Vanillezucker
- 100 g Zucker
- 60 g Speisestärke
- 1 Portion Mürbeteig

Tipp: Das Einschneiden des Deckels ist sehr wichtig. Die Feuchtigkeit des Kuchens kann so beim Erkalten entweichen und er fällt nicht zusammen.

Zubereitung

Den Quark sehr gut abtropfen lassen. (Am besten in einem Sieb etwa 4 Stunden.) Die trockene Masse durch ein feines Sieb streichen. Eigelb, zimmerwarme Butter, 130 g Puderzucker, abgetropften Quark, Prise Salz und Zitronenschale schaumig schlagen. Eiweiß mit Vanillezucker und Zucker steif schlagen. Zusammen mit der Speisestärke unter die Masse heben.

Mit zwei Dritteln des Teiges den Boden einer Springform auskleiden. Mit dem Rest den Rand formen. Am Boden zusammendrücken. Quarkmasse in die Form geben und glatt streichen. Bei 160 °C im Backofen 1 Stunde backen. Nach einer halben Stunde die Oberfläche zwischen Teig und Masse rundherum einschneiden. Sollte der Kuchen zuletzt zu braun werden, einfach eine Alufolie auflegen. Den Kuchen anschließend 30 Minuten auskühlen lassen. Dann sehr vorsichtig auf ein Kuchengitter stürzen und ganz auskühlen lassen. Anschließend wieder ›auf die Füße stellen‹, und zwar auf eine Kuchenplatte. Mit restlichem Puderzucker bestäuben.

Dünner Käsekuchen

Eine französische Abwandlung des vorherigen Rezeptes. Allerdings viel flacher – also eine Tarte. Daher sollte auch eine Quicheform anstelle einer Springform verwendet werden.

Zutaten

1 Portion Mürbeteig	1 Eigelb
Schale von 1 unbehandelten Zitrone	1 TL Mehl
	100 ml Sahne
125 g Zucker	500 g Magerquark
3 ganze Eier	Butter

Zubereitung

Eine Quicheform von 24 cm Durchmesser mit Butter einfetten. Den Mürbeteig dünn ausrollen und die Form damit auskleiden. Zitronenschale, Zucker, Eier, Eigelb und Mehl mit dem Handrührgerät schlagen, bis eine helle Masse entsteht. Die Sahne und den Quark beifügen und gut vermischen. Die Masse in der Form verteilen und im 200 °C heißen Backofen ca. 50 Minuten backen. Abgekühlt servieren.

Schokoladenkuchen

Nicht überrascht sein. Dies ist ein Kuchen ganz ohne Mehl. Zugegebenermaßen ist er nicht ganz leicht, eher so schwer wie Trüffelpralinen, aber herrlich!

Zutaten

200 g geraspelte bittere Blockschokolade	4 Eier
	1 Messerspitze Backpulver
200 g Butter	1 Messerspitze Salz
200 g Puderzucker	Zucker

Zubereitung

Schokolade im Topf auf kleinem Feuer unter Zugabe von 2–3 Tropfen Wasser auflösen. Vom Herd ziehen und weiche Butter dazurühren. Die Eigelb mit dem Zucker schaumig schlagen, Backpulver dazugeben und unter die Schokolade heben. Das Eiweiß mit einer Messerspitze Salz zu einem festen Eischnee schlagen und anschließend vorsichtig unterheben.
Eine Springform einfetten und mit etwas Zucker ausstreuen. Den Kuchenteig einlaufen lassen und anschließend bei 120 °C im Ofen 2 Stunden backen. Er ist fertig, wenn Sie ein scharfes Messer hineinstecken und es beim Herausziehen sauber bleibt. Im Ofen auskühlen lassen. Mit kalter, ungesüßter Schlagsahne servieren.
Der Kuchen fällt nach dem Backen deutlich zusammen. Das ist normal und tut dem Geschmack keinen Abbruch.

Omas Apfelkuchen

Was soll ich sagen: Simply the best!

Zutaten

- 1,3 kg säuerliche Äpfel
- 175 g Zucker
- 2 Päckchen Vanillezucker
- Saft von 1 1/2 Zitronen
- 3 EL Zimt
- 450 g Mehl
- 1 Päckchen Backpulver
- 125 g Butter
- 2 Eier
- 5 EL Milch
- 150 g Puderzucker

Zubereitung

Die Äpfel schälen und in Stücke schneiden. Zusammen mit 50 g Zucker andünsten. 1 Päckchen Vanillezucker und Zitronensaft von 1 Zitrone dazugeben und mit Zimt kräftig abschmecken. Den Topf verschließen. 10 Minuten bei kleiner Flamme köcheln. Danach mit einem Kartoffelstampfer etwas stampfen. Es sollen aber noch Stücke sichtbar bleiben. Die Apfelmasse abkühlen lassen.

Aus Mehl, Backpulver, Butter, 125 g Zucker, Vanillezucker, Eiern und Milch einen Mürbeteig herstellen. Eine große Springform buttern. Vom Teig zwei Drittel abstechen und ausrollen. Der Teig ist klebriger als normaler Mürbeteig, deshalb eventuell auf Klarsichtfolie ausrollen. Die Springform einschließlich Rand damit auskleiden. Der Teig sollte etwas überstehen. Darauf achten, dass keine Löcher entstehen.

Die Apfelmasse einfüllen und den Rest Teig auf die Größe der Springform ausrollen. Den ›Deckel‹ vorsichtig aufsetzen und mit dem Rand zusammendrücken. Mit den Zinken einer Gabel einige Male einstechen, so dass beim Backen Dampf entweichen kann. Bei 200 °C auf den untersten Einschub des Backofens schieben. Sollten Sie gesondert Hitze von unten zuführen können, wäre das optimal. So lange backen, bis die Oberfläche schön gebräunt ist. Herausnehmen, den Ring der Springform entfernen und abkühlen lassen. Den Puderzucker mit dem Zitronensaft von 1/2 Zitrone zu einer dicken Paste verrühren. Mit einem Messer auf dem Kuchen verteilen und fest werden lassen. Den Kuchen mit Schlagsahne servieren.

Karamellisierter Apfelkuchen

Die Franzosen haben wie immer ihre eigene Art der Zubereitung. Beim Apfelkuchen war das allerdings eher ein Unfall der Schwestern Tatin. Und so heißt sie dort eben auch: Tarte Tatin. Wenn doch alle Unfälle derart gut ausgingen: Er wird nunmehr heute freiwillig kopfüber gebacken!

Zutaten

- 200 g Butter
- 200 g Mehl
- 200 g Zucker
- 100 ml Sahne
- 1 1/2 kg säuerliche Äpfel
- 1 Prise Salz

Zubereitung

Für den Teig (kann schon am Vortag gemacht werden) 100 ml Wasser, 100 g Butter und die Prise Salz in einem Topf aufkochen. Das Mehl in eine Schüssel sieben und die heiße Butter-Wasser-Mischung darüber gießen. Gut durchkneten, bis ein homogener Teig entstanden ist. In ein leicht angefeuchtetes Küchentuch wickeln und in den Kühlschrank legen.

Für den Kuchen brauchen Sie eine unten geschlossene Tortenform von 25 cm Durchmesser und mindestens 5 cm Höhe.

180 g Zucker und 100 ml Wasser in einen Topf geben. Bei großer Hitze so lange kochen, bis der Zucker dunkelbraun karamellisiert. Jetzt die flüssige Sahne hineinschlagen (Achtung: kocht mächtig hoch!) und dabei vom Herd ziehen. Dann nach und nach die eiskalte Butter in kleinen Stückchen einschlagen. Die so entstandene Karamellcreme in die Backform gießen. Abkühlen lassen. (Auch dieser Arbeitsgang kann vorbereitet werden.)

Den Backofen auf 250 °C vorheizen. Die Äpfel schälen und in Viertel schneiden. Auf einem Backblech verteilen und mit dem restlichen Zucker bestreuen. Das Blech für 10 Minuten in den heißen Ofen schieben. Anschließend die Apfelstücke sehr eng in der Form auf den Karamell setzen. Abkühlen lassen. Den Teig etwa 2 cm dick ausrollen und über die Form legen. Ringsherum an den Rändern gut festdrücken und mit einer Gabel mehrfach einstechen, damit der Dampf entweichen kann. Den Kuchen jetzt so lange in den Ofen schieben, bis der Teig schön gebräunt ist. Herausnehmen und mit einer Kuchenplatte bedecken. Jetzt mit allem Mut und viel Hoffnung in einer einzigen, schnellen Bewegung den Kuchen umdrehen. Wenn alles geklappt hat, steht jetzt ein unglaublich duftender Apfelkuchen vor Ihnen und zwar wie es sich gehört: Der Teigboden ist unten und die jetzt oben liegenden Äpfel sind von zähflüssigem Karamell umhüllt. Unbedingt warm essen. Wer zu dünn ist, sollte noch etwas Schlagsahne oder vielleicht etwas Vanilleeis dazureichen.

Tipp Die Karamellsauce ist auch ein wunderbarer Begleiter zu Vanilleeis.

Teekuchen

Zutaten

- 250 g Butter
- 1 Päckchen Vanillezucker
- 220 g Zucker
- 125 g Mehl
- 125 g Mondamin
- 2 TL Backpulver
- 5 Eier
- 1 Prise Salz

Tipp

Es gibt einige Abwandlungen. Zitronenteekuchen: Hier wird dem Teig die Schale 1 Limette beigefügt. Anschließend eine Zitronenglasur über den Kuchen geben (siehe Rezept Omas Apfelkuchen Seite 270). Schokoladenteekuchen: Hier geben Sie dem Teig 150 g grob gehackte Vollmilchschokolade bei. Dann allerdings auf den Guss verzichten.

Zubereitung

Zimmerwarme Butter, Vanillezucker und Zucker mit dem Handmixer schaumig schlagen. Anschließend Mehl, Mondamin, Backpulver, Eier und Salz dazugeben und 2 Minuten auf höchster Stufe rühren (nicht länger!). Die Masse in eine Teekuchenform (Kastenform) füllen und bei 200 °C im Backofen backen, bis die Oberfläche braun ist.

Glühweinkuchen

Die einzig mögliche Form Glühwein zu mir zu nehmen, ist diese! Sie benötigen hierfür allerdings kleine Gugelhupfformen, ersatzweise kleine Porzellantassen.

Zutaten

125 ml Rotwein	220 g Puderzucker
1 Zimtstange	5 Eier, getrennt
Schalen von je 1/2 Zitrone und Orange	1 Messerspitze Zimt
	100 g Zartbitter-Schokolade
1 EL Zucker	250 g Mehl
250 g Butter	1 TL Backpulver

Zubereitung

Den Rotwein mit Zimtstange, Obstschalen und 1 EL Zucker erhitzen. Kurz vor dem Siedepunkt vom Herd nehmen und abkühlen lassen.

Die zimmerwarme Butter schaumig schlagen. Nach und nach die Hälfte des Puderzuckers einschlagen. Die 5 Eigelb, den Zimt, die fein geriebene Schokolade und den durchgesiebten Glühwein unterrühren. Die 5 Eiweiße steif schlagen und den restlichen Puderzucker unterheben. Mit der Schokomischung verrühren. Mehl und Backpulver dazugeben und gut unterheben. Die Förmchen mit Butter auspinseln und die Masse zwei Drittel hoch einfüllen. Den Backofen auf 180 °C erhitzen und die Kuchen darin 30 Minuten backen. Kurz abkühlen lassen und aus der Form stürzen. Mit Puderzucker bestreut servieren.

Mandelkekse
Eigentlich kein Nachtisch, sondern eine Kleinigkeit zum Naschen zwischendurch.

Zutaten

250 g Mehl	25 g Butter
180 g Zucker	2 Eier
1 TL Backpulver	1/2 kleine Flasche Bittermandelaroma
2 Päckchen Vanillezucker	180 g ganze, geschälte
1 Prise Salz	und enthäutete Mandeln

Tipp: Dieses italienische Gebäck, Cantucci genannt, schmeckt ausgezeichnet zu einem Glas Dessertwein. In Italien heißt der dazu gehörige Tropfen Vin Santo.

Zubereitung

Mehl, Backpulver, Zucker, Vanillezucker und Salz mischen. Butter, Eier und Bittermandel in die Mitte geben und gut verkneten. Sollte der Teig zu klebrig sein, noch etwas Mehl beifügen. Zum Schluss die ganzen Mandeln einkneten und zur Kugel geformt für 30 Minuten kalt stellen.

Den Backofen auf 200 °C vorheizen. Ein Backblech vollständig mit Backpapier auslegen. Jetzt den Teig in 6 gleiche Teile teilen und jedes Teil zu einer gleich dicken Rolle formen. Die Rollen mit ausreichend Abstand auf das Blech legen und dieses für 15 Minuten in den Ofen schieben. Danach heraus nehmen und abkühlen lassen. Mit einem scharfen Messer die Rollen schräg in 1 cm breite Scheiben schneiden. Diese mit einer Schnittfläche nach unten auf das Blech setzen und nochmals für ca. 10 Minuten in den Backofen geben. Achtung: Die Kekse sollten nicht zu braun werden, sondern nur leicht Farbe nehmen! Auskühlen lassen und in einer gut verschlossenen Blechdose aufbewahren.

Weihnachtsgebäck

Kennen Sie das? Weihnachten werden Sie eingeladen und ein wohlmeinender Mensch bietet Ihnen die selbst gebackenen Plätzchen seiner Mutter mit den Worten: »Die besten Plätzchen der Welt« an. Schon bei dem Gedanken zucke ich zusammen. In der Regel ist das ganze Zeug ungenießbar. Und weil das so ist, verrate ich hier erstmals das Rezept der Plätzchen meiner Mutter – der besten Weihnachtsplätzchen der Welt.

Spritzgebäck

Zutaten

- 375 g Butter
- 250 g Zucker
- 4 Eigelb
- 2 Päckchen Vanillezucker
- 500 g Mehl
- 1 Prise Salz
- 1 TL abgeriebene Zitronenschale

Zubereitung

Für Spritzgebäck braucht man ein kleines Maschinchen oder einen Aufsatz für die Küchenmaschine. Ähnlich wie beim Fleischwolf kommt hier der Teig oben in einen Trichter und unten kommen die Plätzchen heraus, die Sie so lang abstechen, wie Sie wollen. Anschließend auf ein mit Backpapier ausgelegtes Blech setzen und im 200 °C heißen Ofen goldbraun backen.

Ach ja: Zuerst alle Zutaten mit der zimmerwarmen Butter mit der Hand (sehr wichtig!!!) zu einem schönen Teig kneten, den Sie dann in die Maschine geben.

Vanillekipferl

Zutaten

- 300 g fein gemahlene Mandeln
- 300 g Mehl
- 300 g Butter
- 180 g Zucker
- 1 Päckchen Vanillezucker
- Mark von 1 Vanillestange
- 2 Eigelb
- 1 Ei
- 1 Prise Salz
- Puderzucker zum Bestäuben

Zubereitung

Alle Zutaten mit der zimmerwarmen Butter zu einem schönen Teig kneten. Diesen dann in 5 Stücke teilen und mit der Hand ausrollen. Mit einem Messer 1 cm breite Streifen schneiden und diese zu Hörnchen geformt auf ein mit Backpapier ausgelegtes Blech legen. Bei 200 °C im Backofen so lange backen, bis sie eine goldgelbe Farbe genommen haben. Anschließend auskühlen lassen und mit Puderzucker bestäuben.

Tipp Weihnachtsplätzchen, genau wie alles andere Gebäck, immer in geschlossenen Blechdosen aufbewahren. Niemals in Plastik, Tupperware oder Ähnlichem. In der Blechdose bleiben die Plätzchen 2 Wochen schön frisch und bis zu 4 Wochen leidlich genießbar.

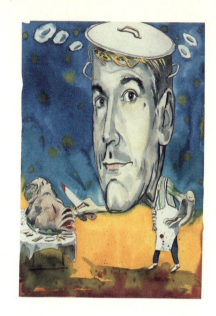

Detlef Kellermann

Geboren 1957 in Hildesheim. Lebt und arbeitet als freischaffender Künstler und Illustrator in Aachen. Regelmäßige Beiträge für namhafte Verlage, Magazine und Zeitschriften.
Zahlreiche Einzelausstellungen im In- und Ausland. Auszeichnungen u. a.: ›Best examples of illustration worldwide‹ und ›Leonardo-Kunstpreis 2000 für Malerei‹.
1987, zum ersten Mal von Werner Köhlers Kochkunst verführt, begann eine lebenslange Abhängigkeit und ›dicke‹ Freundschaft.

Werner Köhler

Geboren 1956 in Trier. Lebt und arbeitet als Verleger und Unternehmensberater in Köln. Mitbegründer und Mitveranstalter des größten europäischen Literaturfests ›lit.COLOGNE‹.
Werner Köhler ist engagierter und begeisterter Hobbykoch und veröffentlichte auf diesem Gebiet zahlreiche Beiträge und Bücher als Autor und Herausgeber.

Von Wörtern und ihrer Bedeutung

Ablöschen Nach dem Anbraten werden Fleisch, Gemüse oder Mehlschwitze mit Wein, kalter oder warmer Flüssigkeit abgelöscht. Mittels dieser Flüssigkeit wird der erste Bratansatz losgekocht.

Abschäumen Beim ersten Aufkochen von Suppen, Brühen oder Saucen entsteht ein mehr oder weniger intensiver Eiweißschaum. Dieser wird mit einem Schöpflöffel entfernt. Tut man dies nicht, wird die Brühe trüb.

Alufolie In Alufolie kann schonend gegart werden. Gut verschlossen gart der Fisch, das Fleisch oder das Gemüse im eigenen Saft. Alufolie ist geschmacksneutral. Oft wird die Folie auch zum Warmhalten gebraucht. Dafür die glänzende Seite nach innen nehmen. Diese Seite reflektiert die Hitze. Die matte Seite ist demnach ideal, um etwas kühl zu halten.

Anrösten Zwiebeln oder anderes Gemüse in Fett leicht oder stark anbraten. Dadurch wird der Geschmack intensiviert.

Arborioreis Italienischer Rundkornreis, ideal für Risotto. Ersatzweise kann ein anderer Rundkornreis, notfalls auch Milchreis genommen werden. Das Ergebnis ist allerdings nicht das Gleiche. Eine andere, sehr gute italienische Sorte ist der Carnarolireis.

Auslösen Fleisch oder Fisch von den Knochen befreien.

Balsamessig Mit diesem wunderbaren Essig aus Norditalien wird derzeit viel Schindluder getrieben. Dabei hilft den Verkäufern die Begriffsverwirrung bei den Konsumenten. Man unterscheidet im Wesentlichen zwischen Aceto Balsamico Tradizionale, dem Top-Produkt, bei dem aus etwa 100 l bestem Rotwein nach Jahren der Lagerung in kleinen Holzfässchen nur noch 4 l Balsamessig übrig bleiben, und dem minderwertigen Balsamico di Modena. Leider wird nur noch dieser in den Geschäften angeboten. Vom Tradizionale reichen einige wenige Tropfen, um eine Speise zu veredeln, während man mit dem Namensvetter aus Modena schon verschwenderischer umgehen kann.

Beurre manié Kommt aus dem Französischen und meint Mehlbutter. Diese braucht man zum Binden von Saucen und Suppen. Dafür werden gleiche Teile Mehl mit kalter Butter vermengt. Am Ende dieses Prozesses wird die kalte Butter-Mehl-Mischung in die jeweilige Flüssigkeit eingeschlagen und sollte dann noch etwa 2 Minuten köcheln, damit das Mehl ausquellen kann.

Blanchieren Der Begriff stammt aus dem Französischen (blanchir = weiß machen) und meint das Überbrühen von Lebensmitteln mit kochendem Wasser. Dies kann zwei Gründe haben. Man will ein bestimmtes Gemüse vorgaren, um es hinterher dem Rezept entsprechend weiterzuverarbeiten (in diesem Falle wird das Gemüse nach dem Blanchieren unter eiskaltem Wasser abgeschreckt, um den Garprozess zu stoppen). Der andere Grund ist, eventuell anhaftende Bitterstoffe, Geruchsspuren o. ä. bei Gemüsen zu beseitigen.

Bouquet garni Ein mit Küchengarn zusammengebundenes Kräutersträußchen, das Suppen, Saucen oder auch Schmorgerichten während des Kochvorgangs beigefügt wird. Anschließend wird es entfernt. So verhindert man ein allzu starkes Würzen. Meist besteht das Bouquet garni aus Petersilie und einem Lorbeerblatt.

Bresse-Poularde Die Bresse ist eine französische Grafschaft nordöstlich von Lyon. Poularden sind etwa 6 Monate alte Tiere, deren weißes Fleisch hervorragend für die Küche geeignet ist. Die besten Tiere kommen aus der Bresse. Heute ist der Name Bresse-Poularde zum Synonym für beste Qualität geworden.

Brunoise Gemüse, das in sehr feine Würfelchen geschnitten wird. Der Laie muss lange üben, um so fein und gleichmäßig schneiden zu können wie die Profis. Die Übung lohnt aber sehr, da ein gutes Ergebnis nur bei entsprechend feinem Schnitt erreicht wird.

Butter klären Butter besteht aus 80 Prozent Milchfett und 20 Prozent Wasser. Dieses Wasser soll beim Klären entweichen. Dafür die Butter in einem Topf zerlassen und bei niedriger Temperatur köcheln lassen. Sie darf sich nicht verfärben. Dabei steigen Bläschen auf und es ›sprudelt‹ leicht – das Wasser entweicht. Bei diesem Vorgang entsteht ein Schaum, den man abschöpfen muss. Zum Schluss das Butterfett vorsichtig in ein Töpfchen gießen, ohne den Bodensatz mitzunehmen. In geklärter Butter kann wesentlich besser gebraten werden.

Carpaccio Ursprünglich aus Italien stammende Bezeichnung für hauchdünn aufgeschnittenes rohes Rindfleisch. Um gute Ergebnisse zu erzielen, empfiehlt es sich, das Rindfleisch vor dem Schneiden leicht anzufrieren. In der gehobenen Küche ist heute mit dem Begriff Carpaccio eher die Schnitttechnik, also die dünnen Scheiben, gemeint. So werden auch Fisch oder Meeresfrüchte, ja sogar Gemüse mit diversen Marinaden als Carpaccio serviert.

Chili Scharfe Verwandte der Paprikaschoten. Sie stammen meist aus Südamerika und sind sehr scharf. Leider kann sich der Koch jedoch nicht darauf verlassen, daher empfehle ich, wenn es wirklich darauf ankommt, getrocknete Chilischoten zu nehmen. Die sind immer sehr scharf. Ob getrocknet oder frisch, wenn Sie die Kerne entfernen, werden die Schoten wesentlich milder. Übrigens, die roten, getrockneten Chilischoten werden gemahlen zu Cayennepfeffer.

Crème double Besonders dicke Sahne, Doppelrahm. Wird vor allem für Suppen verwandt.

Crème fraîche Eigentlich das Gleiche wie die handelsübliche Sahne. Sie wird nur aus Sauermilch statt aus süßem Rahm gemacht. Die Crème hat genau wie die normale Sahne etwa 30 Prozent Fettgehalt.

Croûtons Kleine in Würfel geschnittene Weißbrotstücke, die in viel Butter oder Olivenöl in der Pfanne goldgelb geröstet werden. Dabei darf zum Schluss gerne etwas frischer Knoblauch dazugegeben werden. Abschließend auf Küchenkrepp entfetten lassen.

Eier Zunächst einmal verlangen manche Rezepte nach Eiern bestimmter Gewichtsklassen oder Handelsklassen.

Handelsklassen:
A = hochwertige frische Eier
B = Eier zweiter Wahl

Gewichtsklassen:
Klasse 7 = unter 45 g
Klasse 6 = 45–50 g
Klasse 5 = 50–55 g
Klasse 4 = 55–60 g
Klasse 3 = 60–65 g
Klasse 2 = 65–70 g
Klasse 1 = über 70 g

Eier immer im Kühlschrank mit dem dicken Teil nach oben zeigend aufbewahren. Um zu prüfen, ob Eier frisch sind, diese in kaltes Wasser legen. Frische Ware bleibt flach auf dem Boden liegen. Weniger frische Eier stellen sich auf.

Flambieren Flambieren ist etwas aus der Mode gekommen, deshalb aber nicht weniger interessant. Normalerweise werden Cognac, Whisky, Rum oder andere Branntweine in einer Schöpfkelle entzündet und dann über das Bratgut gegossen. Auf diese Weise entweicht der Alkohol und nur die Aromastoffe dringen in das Fleisch oder den Fisch. Profis machen das direkt in der Pfanne. Aber Achtung: Sollte über der Pfanne eine Dunstabzugshaube mit Fettfiltern aus textilen Stoffen sein, könnte es zum Wohnungsbrand kommen.

Fleur du Sel Meersalz wird dadurch gewonnen, dass in riesigen Salzfeldern das Meerwasser in große Becken (Salinen) geleitet wird. Unter der Sonne des Südens verdampft nun das Wasser. Das Salz bleibt zurück. Die ersten feinen Salzkristalle, die an der Oberfläche des Wassers erscheinen, nennt man Salzblüten, Fleur du Sel. Diese Kristalle werden in Handarbeit geerntet, in Bastkörben zum Trocknen unter der Sonne ausgelegt. Das weiße und glänzende Salz wird also absolut unbehandelt zum Verbraucher gebracht. Der Geschmack des sehr magnesiumreichen Salzes ist äußerst intensiv. Darum braucht man auch nur sehr wenig zum Verfeinern einer Speise. So viel Handarbeit hat heute ihren Preis. 100 g Fleur du Sel sind selten unter 3 Euro zu bekommen.

Flotte Lotte Große runde Blechform, auf deren Boden verschieden feine Siebe montiert werden können. Mit Hilfe einer an einer Seite offenen, darüber liegenden Scheibe werden feste Bestandteile einer Sauce, weich gekochte Gemüse und anderes mehr durchgedreht. Eigentlich ein Passiersieb mit Kurbelantrieb. Sehr zu empfehlen.

Fontina Italienischer Käse aus dem Aostatal. Er ist mittelfest und kann gerieben werden. Sehr gut geeignet zum Gratinieren oder zum Füllen von Nudeln.

Geflügel teilen Wenn Geflügel zum Schmoren geteilt werden soll, so meist in 8 Teile. 4 x Brust, 2 x Keule und 2 x Flügel.

Gelatine Gelatine ist reines kollagenes Eiweiß und wird als Blatt oder in Pulverform angeboten. Sie sollte in kaltem Wasser eingeweicht werden, gut ausgedrückt und unter kräftigem Rühren in warme Flüssigkeit eingeschlagen werden. Nach dem Abkühlen wird die Masse durch die Gelatine steif.

Gewichtsangaben
ein gestrichener Esslöffel:
– Kaffeebohnen 10 g
– Mehl 12–15 g
– Kartoffelmehl 15–20 g
– Reis 25 g
– Grieß 25 g
– grobkörniges Salz 25 g
– getrocknete weiße Bohnen oder Linsen 20 g
– Zucker 20 g

Gewürzsäckchen Kleines Mullsäckchen, in dem Kräuter oder Gewürzmischungen eingebunden werden. Diese Mulltücher können im Küchenfachhandel gekauft werden. Sie haben einen Durchmesser von etwa 10 cm und werden nach dem Füllen mit Küchengarn verschlossen. Auf diese Weise den Speisen beigegeben, können sie nach dem Kochen leicht wieder entfernt werden. Besonders empfohlen bei Schmorgerichten mit langer Garzeit. Dafür werden dann ungemahlene, ganze Gewürze verwendet. Gemahlene Gewürze werden bei längerer Garzeit leicht bitter. Tipp: Sollte kein Mullsäckchen vorhanden sein, können Sie auch ein Tee-Ei verwenden.

Glacieren Das Überziehen von Speisen, vorzugsweise Gemüsen mit dem eigenen Saft, mit Fond, Gelee oder auch Zucker.

Gratinieren Ein Gericht unter dem Grill bei starker Oberhitze überbacken, so dass eine braune Kruste entsteht (franz.: gratin = Kruste). Meist wird mit Käse und Sahne gratiniert.

Gruyère In Deutschland Greyerzer genannt. Es ist ein Schweizer Hartkäse aus dem oberen Saanetal. Der Gruyère ist ideal zum Überbacken und Gratinieren.

Hartweizengrieß Der Hartweizen ist besonders kleberreich, weshalb er zur Herstellung von Nudeln verwendet wird. Die original italienische Spaghetti besteht nur aus Hartweizen und Wasser. Anderen Nudelsorten werden Eier beigefügt und ein bestimmter Anteil an Hartweizen.

Julienne Die zweite häufig gebrauchte Schnitttechnik für Gemüse, neben der Brunoise, ist die Julienne. Hier werden anstatt Würfelchen Stifte geschnitten. Auch diese müssen sehr fein sein. Ansonsten so verfahren, wie unter Brunoise beschrieben.

Karamellisieren Karamell ist zunächst einmal gebrannter Zucker, der über 200 °C erhitzt wurde. Je nach Dauer wird er leicht bis stark braun. In der Küche fügt man dem Zucker etwas Wasser bei. Unter Karamellisieren versteht man, einen leichten Karamellgeschmack zumeist an Gemüse zu bringen. Dafür lässt man Butter aus und gibt Zucker dazu. Hellbraun anschwitzen und anschließend das Gemüse zufügen. Dann wird meist mit etwas Brühe abgelöscht.

Kartoffelsorten Über das Thema Kartoffeln können ganze Bücher geschrieben werden. Hier nur so viel: Man unterscheidet zwischen
fest kochend: geeignet für Salate, Pellkartoffeln oder Bratkartoffeln (z. B. Hansa, Nicola, Selma oder Sieglinde)

vorwiegend fest kochend: geeignet für Pellkartoffeln, Gratin, Rösti (z. B. Clivia, Hela, Desiree oder Gloria)
mehlig kochend: geeignet für Püree, Knödel, Suppen, Reibekuchen (z. B. Aula, Bintje, Irmgard oder Datura)

Kräuter Frische Kräuter sind ein wichtiger Bestandteil der Küche. Sehr viele können im Garten oder auf der Fensterbank gezüchtet werden. Sollten Sie unbedingt machen! Den Rest kaufen.

Basilikum harmoniert mit Pfeffer, Knoblauch, Zwiebeln, Rosmarin, Salbei, Estragon und Dill. Nur mit der Schere schneiden, damit es nicht schwarz wird. Nur kurz mitkochen.

Dill passt zu Fisch, Lachs, Salaten, Mayonnaisen und jungen Kartoffeln.

Estragon wird meist getrocknet verwendet, da die frischen Sorten häufig geschmacklos sind. Wichtig bei Sauce béarnaise, aber auch in Verbindung mit Sahnesaucen, Kräuterbutter oder Salaten interessant. Sehr geeignet zum Aromatisieren von Ölen.

Ingwer wird frisch als Knolle oder bereits geschält in Sirup eingelegt angeboten. Er hat einen scharfen, zitronigen Geschmack und passt zu fast allen asiatischen Speisen. Er wird geschält und anschließend gerieben den Speisen beigefügt.

Koriander wird als Frucht (Korianderbeere) oder frisch (Koriandergrün) angeboten. Er wächst hervorragend im Garten und aromatisiert viele asiatische Speisen. Mit der geriebenen Beere werden Fleisch oder Geflügel eingerieben. Die Würze ist sehr modern und wird daher leider etwas übertrieben angewendet. Sie schmeckt dann leicht penetrant.

Kümmel wird zum Würzen von Brot, Wurst, Fleisch oder Kohlgerichten benutzt. Die aus Nordeuropa stammenden Samen sind besonders geschmacksintensiv, wenn sie vor dem Gebrauch zerstoßen werden.

Kurkuma ist ein Bestandteil des Currypulvers. Es besitzt dessen gelbe Farbe und kommt nur als Pulver auf den Markt. Sein Geschmack ist leicht bitter.

Minze wird wenig in der Küche verwendet. Häufiger findet man sie in erfrischenden Tees oder Long Drinks. Sehr gut aber harmoniert die Minze mit Tomatensauce.

Petersilie wird in glatte und krause Petersilie unterschieden. Die glatte ist wesentlich geschmacksstärker. Sie passt zu beinahe allem, widersetzt sich aber oft den Zuchtversuchen im Garten (jedenfalls bei mir). Die Wurzeln und Stängel können als Schmorbeigabe bei Fleischgerichten verwendet werden.

Rosmarin sollte immer frisch verwendet werden. Er wächst hervorragend im Garten, also gibt es immer Nachschub. Die Nadeln passen zu fast allen Fleischarten, zu Tomatengerichten, aber besonders zu Lamm. Er verträgt sich gut mit Thymian, Oregano und Knoblauch. Auch Öl kann gut mit Rosmarin und Thymian aromatisiert werden. Damit dann Grillgut einreiben.

Safran ist das teuerste Gewürz der Welt, wenn man den Kilopreis zugrunde legt. Da man aber nur wenig der hauchdünnen Fäden benötigt, relativiert sich der Preis stark. Der beste Safran kommt aus Südfrankreich und wird dort vor allem in der Fischsuppe zum Einsatz gebracht. In vielen Gerichten wird Safran nur wegen seiner Farbe verwendet. Er färbt alles in ein schönes Gelb.

Salbei bitte auch nur frisch verwenden, denn getrocknet schmeckt er grässlich. Er wächst wie Unkraut im Garten. Wunderbar zu Nudeln, Kalbfleisch, Leber, Lamm oder Schweinebraten.

Schnittlauch ist ein Verwandter der Zwiebel. Frisch geschnitten schmeckt er in Salaten, Omeletts und Suppen.

Thymian wächst ebenfalls wunderbar im Garten. Grillfleisch ohne Thymian ist nur schwer vorstellbar. Überhaupt zu allen südländischen Schmorgerichten und Gemüsen auf Tomatenbasis wie z. B. Ratatouille.

Limette Kommt ursprünglich aus Ostasien. Heute werden die Limetten vorzugsweise in den USA angebaut. Sie haben eine dünne grüne Schale, schmecken aber ansonsten wie eine Zitrone.

Marinieren Einlegen von Fleisch (z.B. Schlachtfleisch, Wild, Geflügel, Fisch) in Flüssigkeit aus z.B. Essig, Milch, Zitronensaft unter Zugabe von Kräutern und Gewürzen etc., um das Fleisch haltbar, zarter oder würziger zu machen.

Mayonnaise Wahrscheinlich ist der Name von der Hafenstadt Mahón auf Menorca abgeleitet. Es ist eine kalte Sauce aus Öl und Ei mit Gewürzen. Bei der Grundzubereitung wird Eigelb mit einer Messerspitze scharfem Senf und einem Spritzer Weißweinessig verrührt. Anschließend wird unter ständigem Schlagen ein sehr feiner Strom von Pflanzenöl zugefügt, bis die Mayonnaise die richtige Konsistenz hat. Wichtig: Alle Zutaten müssen die gleiche Temperatur haben. Olivenöl nur zum Schluss und zum Verfeinern verwenden. Eine Mayonnaise nur aus Olivenöl schmeckt deutlich bitterer.

Mehlsorten Es gibt unterschiedliche Getreidearten, aus denen Mehl hergestellt wird. In diesem Buch wird nur Weizenmehl benutzt, das sich über die Jahrhunderte als bestes Backmehl herausgestellt hat. Dies liegt an seinem hohen Anteil an Kleber. Kleber ist ein spezieller Eiweißstoff, der in Verbindung mit Wasser fadenziehend und klebrig wird. Der Kleber speichert das Wasser und gibt es als Dampf während des Backvorganges wieder ab. Der Kleber ist also für den ›Griff‹ des Mehls zuständig. Der Begriff ›doppelgriffiges Mehl‹ bedeutet also: besonders reich an Kleber. Außerdem wird innerhalb der einzelnen Mehlsorten in verschiedene Typklassen unterschieden. Das bei uns weitaus gebräuchlichste ist die Type 405. Die Zahl gibt den Ascheanteil pro 100 g Trockensubstanz an. Allgemein spricht man hierbei jedoch vom Ausmahlungsgrad. Je höher der Ausmahlungsgrad, desto hochwertiger wird das Mehl. Type 1600 ist also Vollwertmehl.

Montieren Aus dem Französischen: monter = in die Höhe aufsteigen. Eine Sauce oder auch eine Suppe wird mit eiskalter Butter so lange aufgeschlagen, bis sie eine sämige Konsistenz hat.

Morcheln Sie sind bei uns von März bis Mai zu finden. Leider sind sie frisch nur selten anzutreffen. Wenn, dann müssen sie zuerst gut vom Sand gesäubert werden. In aller Regel gibt es getrocknete Morcheln, die zunächst in etwas Wasser gelegt werden, um auszuquellen. Das Quellwasser kann nach einem Siebvorgang zum Aromatisieren der jeweiligen Speisen genommen werden.

Moulinette Maschine zum Zerhacken von nahezu allen festen Teilen. Dabei spielt es keine Rolle, ob das Essen roh, gekocht, hart oder weich ist. In der Moulinette kann altes Weißbrot zu feinstem Paniermehl, Fischfilet zu Fischfarce oder Basilikum zu Pesto werden. Ohne Moulinette ist das Küchenleben schwerer. Nur Flüssiges, wie Suppen, Saucen etc., gehört nicht in die Moulinette. Dafür brauchen Sie eher einen Mixer.

Mozzarella Ist eine italienische Käsespezialität aus Kampanien. Der richtige Mozzarella besteht dabei aus Büffelmilch und nicht aus Kuhmilch. Er muss strahlend weiß sein und sehr schön weich. Kaum zu glauben, was uns aus den Supermarktregalen alles so als Mozzarella anlacht. Gummibällen wäre dafür der bessere Ausdruck. Büffelmozzarella ist teuer, aber unvergleichlich lecker und sollte roh mit etwas Olivenöl gegessen werden. Kuhmilch-Mozzarella der besten Qualität taugt gerade mal zum Überbacken.

Nussbutter 1. Französisch = beurre d'avelines, bestehend aus 100 g Butter und 50 g fein geriebener Haselnuss. Vermischt und durch ein Sieb gestrichen.
2. Französisch = beurre noisette, die häufigste Verwendung, wenn im Deutschen von Nussbutter gesprochen wird. Dabei wird die Butter so lange gebräunt, bis sie eine nussähnliche Farbe angenommen hat.

Oberhitze/Unterhitze Fast alle Backöfen erlauben heute mehrere Möglichkeiten der Hitzezufuhr, z. B. Rundumhitze, Oberhitze, Unterhitze, Umluft. In den meisten Fällen kann auch jeweils noch der Grill dazugeschaltet werden. Oberhitze nimmt man, um Speisen zu gratinieren und zu überbacken. Unterhitze für alle Kuchen, Pizzas und ähnliche Backwaren.

Oliven Man unterscheidet in grüne, unreife und schwarze, reife Oliven. Das Fruchtfleisch der Olive enthält ungefähr 30–35 Prozent Öl. Kleine, schwarze Oliven kommen immer mit Kernen in den Handel. Das Entkernen dieser reifen Früchte macht sehr viel Arbeit und kann nicht maschinell geleistet werden. Leider sind dennoch immer häufiger solche Angebote zu finden. Bitte Vorsicht: In aller Regel ist hier Betrug im Spiel. Es handelt sich um grüne Oliven, die mittels Chemie gefärbt werden. Merken werden Sie es erst beim Kochen. Die Sauce wird nämlich nicht schwarz, sondern doch wieder nur grün.

Olivenöl Dies Thema würde auch wieder ein eigenes Buch vertragen. Hier nur ein paar wesentliche Erklärungen und Hinweise. Ein wenig ist es mit dem Olivenöl wie mit dem Fisch. Viele mögen den Geruch nicht. Aber dies verhält sich so wie beim Fisch, gute Ware duftet und riecht nicht streng. Man sollte bestes Öl kaufen oder darauf verzichten. Da bei diesem Öl alles Handarbeit ist, muss es teuer sein. Bei uns ist gute Ware unter 10 Euro pro 500 ml kaum zu haben. Die Qualitätsstufen:
Die beste Qualität ist die jungfräuliche, das extra vergine. Dies ist das Öl, das nur durch das Gewicht der aufeinander lagernden Oliven ausgepresst wird. Bei diesem Öl beträgt der Ölsäuregehalt lediglich 1 g pro 100 g.

Die zweite Stufe ist das native Olivenöl der ersten maschinellen Pressung. Es wird ohne chemische Zusätze und ohne Wärmebehandlung aus besten Oliven gepresst und ist ebenfalls sehr zu empfehlen.

Die nächste als feines oder mittelfeines Olivenöl bezeichnete Qualitätsstufe ist das Öl der nachfolgenden Pressungen. Es wird gereinigt und gefiltert, nicht aber raffiniert. Zum Braten oder Frittieren geeignet.

Danach kommen die raffinierten Olivenöle, die man meiden sollte. Sie haben eben diesen strengen Geruch und unappetitlichen Geschmack.

Olivenöl sollte nicht unter 6 °C gelagert werden, da es sonst ausflockt. An einem dunklen Ort bleibt es etwa 1 Jahr schön frisch.

Parmaschinken Der Schinken aus der oberitalienischen Emilia Romagna ist bis 10 kg schwer. Um als Parmaschinken verkauft werden zu dürfen, muss er 2 Jahre in den hohen Schinkenhäusern aufgehangen reifen. Sein Geschmack ist leicht nussig und kommt besonders gut zum Tragen, wenn er hauchdünn aufgeschnitten wird. Der Schinken ist wesentlich milder und salzärmer als seine deutschen Verwandten.

Parmesan Hier wird ähnlich wie beim Mozzarella viel Müll verkauft. Guter Parmesan ist Parmiggiano Reggiano, ist mindestens 3 Jahre gereift und kann hervorragend hauchdünn geschnitten gegessen werden. Bei uns scheint man zu glauben, Parmesan müsse so hart sein, dass er nur zum Reiben taugt. Irrtum!! Wenn Sie den Parmesan mahlen, dann immer erst kurz vor Gebrauch. Die geriebene Ware verliert schnell ihren Geschmack. Auch hier ein Hinweis zum Preis. Guter Parmesan ist nicht unter 25-30 Euro pro Kilogramm zu erhalten.

Passieren Wieder einmal aus dem Französischen: passer = vorübergehen. Hier wird eine zuvor gekochte Flüssigkeit durch ein Sieb gestrichen, um alle festen Bestandteile aufzulösen oder im Sieb zu belassen. Man nimmt auch das Passiersieb (besonders fein) oder ein Passiertuch. Aber auch die alte ›Flotte Lotte‹ tut beste Dienste, wenn die festen Bestandteile nicht aussortiert, sondern lediglich zerkleinert werden sollen.

Passiertuch Ein spezielles Passiertuch kann man in allen Küchenläden kaufen und es sollte in keiner Küche fehlen. Es besteht zumeist aus einem gazeähnlichen Stoff mit Namen Etamin und eignet sich dazu, Saucen, Suppen und Pürees zu passieren (durchzudrücken). Dadurch werden die groben Partikel aus der jeweiligen Masse ›gefischt‹.

Pfeilwurzelmehl/Tapioka Stärkemehl aus den Wurzeln des Maniokbaumes. Das Tapiokamehl findet als Stärkepulver vor allem in der feinen Küche Verwendung, weil es geschmacksneutral ist. Sie finden es in fast allen Bioläden.

Pilze braten Pilze enthalten bis zu 90 Prozent Wasser. Diese Tatsache stellt ein entscheidendes Problem bei der Zubereitung und hier besonders beim Braten dar. Die Pilze immer zuerst in etwas Öl ausbacken. Das heißt, so lange braten, bis das gesamte Wasser verdampft ist. Sollen sie in einer Sauce benutzt werden, einfach hinzufügen. Wenn Sie ungebratene Pilze beifügen, wird die Sauce wässrig. Wollen Sie gebratene Pilze servieren, zum Schluss ein zweites Mal in etwas Butter scharf anbraten.

Pinienkerne Die harten Samen der südländischen Pinie werden wie Erdnüsse roh oder geröstet und gesalzen gegessen. In Italien verwendet man sie für Saucen (Pesto), Suppen oder auch Wurst.

Pochieren Ist eigentlich das Gleiche wie gar ziehen lassen. Das meint, dass man eine Flüssigkeit bis kurz unter den Siedepunkt (100 °C) erhitzt und ein Lebensmittel darin gar ziehen oder auch pochieren lässt. Der Ausdruck pochieren wurde früher nur bei verlorenen Eiern benutzt. Bei diesem Vorgang legt sich das Eiweiß um das Eigelb, steckt es bildlich gesprochen quasi in die Tasche (franz.: poche = Tasche).

Pulen Unter Pulen versteht man das küchenfertige Präparieren von Schalentieren. Man entfernt den Kopf und bricht das Tier aus der Schale. Anschließend entfernt man durch einen Schnitt längs der Oberseite des Tieres den Darm. Dies geht sehr gut mit einer Nadel.

Pürieren Zu Mus verarbeiten. Dies geht mit dem Pürierstab, der ›Flotten Lotte‹, dem Mörser oder durch das Drücken durch ein Passiersieb oder Tuch. Püriert wird vor allem aus optischen Gründen oder wenn man keine festen Bestandteile in einer Speise wünscht.

Rauke/Rucola Rucola oder Rauke ist ein Blattsalat aus Süditalien. Die grünen Blätter schmecken leicht pfeffrig. Da er sehr in Mode gekommen ist, wird auch die angebotene Qualität immer schlechter. Kaufen Sie keinen Rucola in diesen kleinen Plastikschalen. Das Zeug sollte eher Rucolastiele heißen und als Viehfutter verkauft werden. Die Blättchen sollten recht klein sein und der Stiel muss entfernt werden. In der Saison ist die deutsche Rauke dem italienischen Rucola mindestens ebenbürtig.

Reduzieren Der Wortstamm kommt aus dem Französischen (reduire = einkochen). Durch heftiges Einkochen einer Flüssigkeit, Sauce oder Brühe wird der Wassergehalt stark vermindert und der Geschmack in gleichem Maße verstärkt.

Saucen: Fond, Brühe, Bisque, Jus Nur um die Begrifflichkeit zu klären, sei hier die Verwendung o. g. Begriffe erläutert.
- Brühe kann aus Gemüse, Fleisch oder Fisch gemacht werden. Sie ist die Basis für Suppen.
- Fond ist entweder angedickte Brühe oder der stark eingekochte Extrakt der Brühe.
- Bisque ist das französische Wort für eine Fischbrühe.
- Jus ist der beim Braten austretende Fleischsaft ohne jeden Zusatz.

Schnitttechniken Gemeint sind hier die häufig im Buch auftauchenden Begriffe fein, sehr fein, hauchdünn etc. Für das Gelingen der Rezepte ist es wichtig, diese Angaben genau zu beachten. Gemüse und Kartoffeln werden in der feinen Küche meist hauchdünn geschnitten, um den Garprozess so kurz wie möglich zu halten. So behalten die Gemüse ihre Vitamine. Da der ungeübte Hobbykoch meist nicht so gut mit dem Messer umgehen kann wie die Profis, sei diesem die Anschaffung einer Aufschnittmaschine empfohlen.

Sieden Das Sieden bezeichnet einen Garprozess, in dem die Speisen in siedender Flüssigkeit gegart werden. Ursprünglich stammt der Begriff aus dem Österreichischen und meint kochen.

Speck
Grüner Speck
Beim Speck unterscheidet man in grünen Speck (ganz frisch) und die diversen geräucherten Speckarten. Der grüne Speck ist vollständig weiß, ihm haftet kein Fleisch an. Heute muss man ihn in aller Regel beim Metzger bestellen, da er nur selten verlangt wird.
Durchwachsener Speck
Hier handelt es sich nicht um reinen Speck, sondern um mit Fleisch durchwachsenen Speck. Das in Deutschland gebräuchliche Wort hierfür ist Bauchspeck.

Speisestärke Man findet Stärke vor allem in Kartoffeln, Weizen oder Reis. Ab 70 °C quillt die Stärke aus und bindet Suppen und Saucen, aber auch Teigwaren. Siehe auch Pfeilwurzelmehl.

Steinpilze Geschmacklich hochwertiger Waldpilz. Sie werden von Mai bis August gesammelt und frisch angeboten. Die Qualitätslage ist allerdings miserabel. Im freien Handel landen meist nur sehr große, matschige Exemplare. Sie sollten aber klein und fest sein, dann schmecken sie hervorragend. Wenn Sie keine guten Pilze erhalten, besser auf getrocknete Ware ausweichen, die ein sehr passables Aroma hat.
Zum Braten siehe *Pilze braten*.

Stocken lassen Flüssige Masse im Wasserbad fest werden lassen.

Tomatenmark/Tomates Concassées/dicke Tomatensauce Wieder eine leichte Begriffsverwirrung. Alles oben Stehende ist im Grundaufbau das Gleiche. Tomates concassées heißt so viel wie geschmolzene Tomaten. Auf Deutsch: frisch gemachtes Tomatenpüree oder -mark, also eine sehr dick eingekochte Tomatensauce. Dazu werden gehäutete und entkernte Tomaten fein gehackt und mit Zucker, Salz und Pfeffer bei kleiner Flamme auf dem Herd so lange geköchelt, bis fast alle Flüssigkeit verdampft ist.

Traubenkernöl Wird aus den getrockneten Kernen der Weintrauben gewonnen. An einem dunklen und nicht zu warmen Ort hält es etwa 1 Jahr seinen frischen, leicht bitteren Geschmack. Das Öl ist nicht billig und gehört neben dem Olivenöl in jede Küche.

Trüffelöl Mit weißen oder schwarzen Trüffeln aromatisiertes Olivenöl. Hiermit kann Püree oder Risotto ideal verfeinert werden. Das Öl immer dunkel und kalt aufbewahren.

Vanilleschoten Schlauchförmige Fruchtkapsel einer Kletterorchidee. Die Kapsel ist zunächst grünlich und wird nach dem Ernten fermentiert. Dadurch erst entsteht ihr Duft und auch die bekannte schwarze Farbe. Man verwendet in aller Regel das Mark der Vanilleschote. Dazu wird die Schote aufgeschnitten und das Mark mit einem spitzen Messer ausgekratzt. Vanillezucker oder ähnliches sind kein Ersatz für frische Vanille.

Zitronenschale Wird genau wie Limettenschale immer häufiger in den Rezepten verlangt. Die Schale von unbehandelten (!!!) Früchten muss sehr fein abgerieben werden. Dazu legen Sie ein Stück Backpapier auf ihre feinste Küchenreibe und reiben die Zitrone ab. Dies hat zwei Vorteile. Sie erhalten beim Abziehen des Papiers die ganze Menge Schale und die Reinigung der Reibe wird deutlich erleichtert. Die Schale enthält eine hohe Menge an ätherischem Zitronenöl und wird neben der normalen besonders in der süßen Küche verwendet.

Register

Aglio e olio 117
Apfelkuchen, karamellisierter 271
Apfelkuchen, Omas 270
Auberginen mit Tomaten und
    Schafskäse 16
Auberginen, gefüllte 48
Auberginenauflauf 46
Auberginenpüree mit gebratenem
    Knoblauch 48
Auberginenrouladen 47

Balsamico-Schalotten mit Chili 18
Bohnen, dicke, mit Salbei 50
Bohnen, eingelegte weiße 17
Bohnen, grüne 50
Bohnen, grüne, mit Sardellen 50
Bohnenpüree 51
Bohnensalat mit Schinken 30
Brathähnchen 231
Bratkartoffeln 88
Bruschetta s. Knoblauchbrot 19
Buttermilchparfait 24

Caesar's salad 30
Calamares, geschmorte 188
Carpaccio s. Rindercarpaccio 25
Champignons, eingelegte 22
Crêpes mit heißen Äpfeln 261
Crostini mit Hühnerlebercreme 21
Crostini mit Olivenpaste 20
Crostini mit Meerrettich-
    Mandel-Creme 22
Curry-Garnelen 177
Currysuppe mit Hähnchenkeulen 145

Entenbrust, marinierte 233
Entrecôte mit Schalottenbutter 221
Erbsen mit Schinken 54
Erbsenpüree 97
Erbsengemüse, grünes 53
Erbsensuppe mit Minzblättchen 146

Fenchel, gebratener 55
Fenchel, überbackener 55
Fenchelpüree 56
Fischbrühe 242
Flammkuchen, Elsässer 39
Frikadellen mit Speck 199
Früchte, passierte 258

Gänseleber, gebratene, mit Birnen und
    Rucola 232
Garnelen mit Kokosmilchsauce 178
Garnelen s. Curry-Garnelen 177
    • s. Riesen-Garnelen 178
Garnelen-Buletten 177
Garnelenquiche 36
Geflügelbrühe 240
Gemüse, glaciertes 81
Gemüsebrühe 239
Gemüsepfanne, gemischte 81
Gemüsequiche 36
Glühweinkuchen 273
Goldbrasse im Salzmantel 162
Goldbrasse in Alufolie 162
Gorgonzolasauce 120
Gulaschsuppe 151

Hackbraten, griechischer 224
Hähnchen s. Brathähnchen 231
Huhn in Rotweinsauce 231
Huhn s. Schmorhuhn in Calvados 227
    • s. Schmorhuhn in Weißwein 225
    • s. Schmorhuhn in
        Zitronensauce 226
    • s. Zitronenhuhn, scharfes 229
Hühnercreme mit Champignons 150
Hühnerfrikassee 232
Hummerfond 243

Jakobsmuscheln mit Honigkuchen und
    Risotto 181
Jakobsmuscheln mit Vinaigrette 180

Kabeljau gebraten 163
Kabeljau-Frikadellen 163

Kalbfleisch in Zitronensauce 193
Kalbfleisch mit Thunfischsauce 27
Kalbsfilet in Calvadossauce 197
Kalbsfilet in Gorgonzolasauce 196
Kalbsfilet-Carpaccio 198
Kalbsgeschnetzeltes 195
Kalbshaxe, geschmorte 196
Kalbsleber mit Whisky 207
Kalbsröllchen in Weißwein 193
Kalbsschnitzel mit Salbei 194
Kaninchen in Weißweinsauce 234
Kapernbutter mit Fleur du Sel 249
Kartoffel-Apfel-Püree 94
Kartoffel-Gemüsepürees 97
Kartoffelgnocchi 104
Kartoffelgratin 100
Kartoffel-Knoblauch-Suppe 147
Kartoffelknödel 101
Kartoffelkroketten 99
Kartoffelkroketten, frische 100
Kartoffel-Limetten-Püree 96
Kartoffeln s. Ofenkartoffeln 85
  • s. Pellkartoffeln 84
  • s. Salzkartoffeln 84
  • s. Scheibenkartoffeln, rohe 88
  • s. Topfkartoffeln mit
      Knoblauch 87
  • s. Würfelkartoffeln, rohe 85
Kartoffelplätzchen 91
Kartoffelpüree 94
Kartoffelpüree mit Kürbis
  und Petersilie 96
Kartoffelquiche 38
Kartoffel-Zucchini-Plätzchen 75
Käsekuchen, dünner 268
Kerbelsuppe 148
Knoblauchbrot, geröstetes 19
Knoblauchsabayon 248
Knoblauchzehen, eingelegte 16
Kohlrabi-Nudeln 60
Königsberger Klopse 198
Krabben mit Knoblauchmayonnaise 176
Kräuterbutter, frische 246
Kräuterpüree 97

Kürbissuppe mit Zimtcroûtons 146

Lammfrikadellen 204
Lammkeule, gekochte 203
Lammrücken mit Kräuterkruste 200
Lamm, Sauce zum 252
Lammscheiben, marinierte 200
Lasagne 127
Lauchgemüse 62
Lauchquiche, kleine, mit Garnelen 37
Lauchtorte 35
Leber, gebackene, mit Zwiebeln
  und Äpfeln 206
Leber, venezianische 208
Leberknödel mit Speckbutter 208
Limettenrisotto mit Möhren 137
Linsengemüse 63

Mandelkekse 274
Maronensuppe 152
Mascarpone-Limetten-Mousse mit
  karamellisierten Pfirsichen 259
Mayonnaise 244
Meerrettichsauce 253
Mehlbutter 245
Mehlschwitze 245
Miesmuscheln, gedämpft 184
Möhren, glasierte 65
Morchelquiche 35
Mousse au chocolat 263
Mürbeteig 266
Muscheln mit Tomatensauce 185

Nudeln mit Butter und Parmesan 112
Nudelsaucen s. Aglio e olio 117
  • s. Gorgonzolasauce 120
  • s. Olivensauce 120
  • s. Pesto 119
  • s. Tomatensauce 112
  • s. Tomatensauce alla
      Bolognese 116
  • s. Tomatensauce mit
      Balsamessig 116
  • s. Tomatensauce mit Oliven und

Kapern 114
- s. Tomatensauce, kräftige 113
- s. Tomaten-Specksauce, scharf 114
- s. Zitronennudeln mit Erbsen und Zuckerschoten 126

Nudelteige 110, 111

Obatzda 18
Obatzda, grüner 19
Ofenkartoffeln 85
Oktopussalat 189
Olivensauce 120
Omelett 42
Omelett mit Ziegenkäse 43

Panna Cotta 265
Paprikagemüse 67
Paprika-Kapern-Sauce 248
Paprikasauce (für Pizza) 42
Paprikaschoten, eingelegte 14
Paprikaschoten, gefüllte 66
Paprikaschoten, gefüllte – vegetarisch 66
Paprika-Tsatziki 249
Parpadelle mit Hirschragout 124
Parpadelle mit Steinpilzen 122
Pellkartoffeln 84
Penne all'arrabiata 130
Penne mit Spinat 130
Pesto 119
Pfirsich Melba 265
Pfirsiche, weiße, mit Himbeersauce 260
Pfirsichsuppe mit Garnelen 144
Pizzateig 40
Polenta 140
Pommes frites 90

Quarkmousse mit Balsamicoerdbeeren 260
Quarktorte 266
Quiche Lorraine 34
Quiche
- s. Garnelenquiche 36
- s. Gemüsequiche 36
- s. Kartoffelquiche 38
- s. Lauchquiche 37
- s. Morchelquiche 35
- s. Zwiebelquiche 37

Quicheteig 33

Ratatouille 47
Ravioli alla Genovese 122
Ravioli mit grünem Spargel 123
Reibekuchen 92
Reis 133
Reisbällchen, frittierte 134
Remouladensauce 247
Rhabarbercreme 261
Riesengarnelen mit Knoblauch 178
Rinderbrühe 241
Rindercarpaccio mit Pesto 25
Rinderfilet in Pfeffermarinade 218
Rinderfilet mit schwarzem Pfeffer 220
Rinderfilet, ganzes, mit Coppa di Parma 221
Rinderfilet, gedämpftes 220
Rinderfilet, Sauce zum 252
Rindergulasch in Rotwein 219
Risotto 134
Risotto mit Geflügelleber 139
Risotto mit grünem Spargel 136
Risotto mit Pilzen 135
Risotto mit Scampi 138
Risotto mit Spinat 138
Risotto s. Limettenrisotto mit Möhren 137
Roastbeef, gebratenes 223
Rosenkohl in Sahnesauce 60
Rotkohl 57

Salat niçoise 29
Salat
- s. Zwiebel-Orangen-Salat 28
- s. Bohnensalat 30
- s. Caesar's salad 30
- s. Waldorfsalat 32

Saltimbocca vom Reh   234
Salzkartoffeln   84
Sauce béarnaise   244
Sauerbraten   217
Sauerkraut   58
Schalotten s. Balsamico-Schalotten   18
Scheibenkartoffeln, rohe   88
Schmorhuhn in Calvados   227
Schmorhuhn in Weißwein   225
Schmorhuhn in Zitronensauce   226
Schokoladenkuchen   268
Schweinebraten in Milch   215
Schweinebraten mit Kräutern   212
Schweinefilet in Starkbier   214
Schweinefilet, mariniertes   10
Schweinegulasch mit Sauerkraut   210
Schweinemedaillons in Senfsauce   213
Schweinsbraten mit Schwarte   213
Seeteufel mit Balsamicosauce   164
Seeteufel mit Sardellen   160
Seeteufel-Saltimbocca   164
Seezunge gebraten   167
Seezungensalat   167
Sellerie, panierter   71
Semmelknödel   103
Senfsauce   250
Serviettenkloß, Thüringer   104
Shrimps, marinierte, mit Fenchel und Rösti   176
Spaghetti Carbonara   121
Spaghetti mit gefüllten Lammhackbällchen   128
Spargel, gekochter   69
Spargel aus der Folie   69
Spargel, überbackener grüner   70
Spargelcremesuppe   148
Spargelragout mit Morcheln   70
Spinat mit Birnen   73
Spinat, überbackener   73
Spinatauflauf mit Kartoffeln   72
Spinatgemüse   72
Spitzkohl mit Speck   59
Spritzgebäck   275
Steinbutt mit Rucola und Tomaten   168
Suppen
  • s. Currysuppen mit Hähnchenkeulen   145
  • s. Erbsensuppe mit Minzblättchen   146
  • s. Hühnercreme mit Champignons   150
  • s. Kartoffel-Knoblauch-Suppe   147
  • s. Kerbelsuppe   148
  • s. Kürbissuppe mit Zimtcroûtons   146
  • s. Maronensuppe   152
  • s. Pfirsichsuppe mit Garnelen   144
  • s. Spargelcremesuppe   148
  • s. Tomatensuppe   154
  • s. Zwiebelsuppe, französische   155

Tagliatelle mit Morcheln und Kalbsleber   127
Tagliatelle mit Zitronen-Parmesan-Sauce   126
Teekuchen   272
Thunfischcreme   250
Tintenfische, frittierte   188
Tiramisu   262
Tomaten, gefüllte   74
Tomatensauce (für Nudeln)   112
Tomatensauce, kräftige (für Nudeln)   113
Tomatensauce (für Pizza)   40
Tomatensauce alla Bolognese   116
Tomatensauce mit Balsamessig   116
Tomatensauce mit Oliven und Kapern   114
Tomaten-Specksauce, scharf   114
Tomatensuppe   154
Topfkartoffeln mit Knoblauch   87

Vanillekipferl   275
Vanillesauce   258

Waldorfsalat   32
Wiener Schnitzel   194

Wildfond   242
Wirsingrouladen mit Pfifferlingen   59
Wolfsbarsch in Safransauce   170
Wolfsbarsch in Tomaten-Oliven-
   Sauce   169
Würfelkartoffeln, rohe   88

Zanderfilet, gebraten   172
Zanderterrine   172
Ziegenkäse, eingelegter   24
Zitronenhuhn, scharfes   229
Zitronennudeln mit Erbsen und
   Zuckerschoten   126
Zitronensabayon mit Kapern   247
Zucchini in Tomatensauce   12

Zucchini mit Joghurt   12
Zucchini mit Schalottenmousse   77
Zucchini s. Kartoffel-Zucchini-
   Plätzchen   75
Zucchini, eingelegte   12
Zucchini-Gratin   75
Zucchinikroketten   76
Zuckerschoten   54
Zwiebeln, Confit von roten   80
Zwiebeln, glasierte   78
Zwiebeln, rote, mit Orangensaft   80
Zwiebel-Orangen-Salat   28
Zwiebelpüree   80
Zwiebelquiche, Elsässer   37
Zwiebelsuppe, französische   155

Genehmigte Lizenzausgabe für Marix Verlag GmbH, Wiesbaden 2005
Copyright © by Labonté Köhler Osnowski Verlagsgesellschaft mbH, Köln 2002
Copyright © für alle Bilder by Detlef Kellermann, Aachen
Covergestaltung: Thomas Jarzina, Köln, auf der Grundlage der Originalausgabe
gestaltet von Detlef Kellermann, Aachen
Gesamtherstellung: Sachsendruck GmbH, Plauen
Printed in Germany

ISBN: 3-86539-027-7
www.marixverlag.de